명시 최지수의
깨침과 울림이 있는
글쓰기 교육

이 책에 나와 있는 아이들 이름은 모두 가명임을 밝힙니다.

딸새 최진수의

깨침과 울림이 있는
글쓰기 교육

참 글쓰기

최진수 지음

맘에 드림

그동안 모아온 글을 책으로 묶으면서 먼저 부끄러움이 앞선다. 제대로 내가 글쓰기 공부와 삶을 가꾸기를 한 것이냐는 물음을 스스로 던져보면 할 말이 없다. 함께 공부하는 글쓰기 식구들에게 조심 된다. 그런데도 이렇게 모아낸 까닭은 아이들과 함께 글쓰기를 공부하려는 분들에게 이 작은 실천이 디딤돌이 되어 아이들과 관계가 더 넓고 더 깊게 되었으면 하는 바람이다.

글을 '쓰기'보다는 모았다. 아이들과 함께 주고받고 생각하면서 써두었던 수업 일기를 엮었다. 내가 쓴 글을 내가 읽으며 다듬고, 생각을 보태면서 또 공부가 되었다.

아이들이 교사의 성장을 돕는다. 아이들이 들려준 말과 글이 나를 성장시켰다. 단지 나는 모아서 정리하면서 아이들 말과 생각, 글을 익혀갔다. 아이들 성장에서 우러나는 글을 자주 만나다 보니 그게 내 글이 되었다. 가르치고 배우고, 배우면서 가르치는 글쓰기가 되었다.

아이들의 말과 행동에는 갖가지 감정, 느낌, 관심, 고민 따위가 드러난다. 그것이 말과 글이 된다. 그것을 잘 잡아두었다가 교사 성장의 밥으로 짓는다. 잡아두는 방법을 알고 성장의 밥으로 짓기 위한 알맞은 물의 양과 온도, 뜸을 들이는 시간이 필요하다.

잡아두는 방법을 아는 데 몇 년, 알맞은 물의 양과 온도, 뜸 들이는 시

간에 아는 데 몇 년이 걸렸다. 몇 년 걸렸다고 해도 그것은 한 가지 종류
의 밥일 뿐이었다. 정해진 규격화된 방법은 없다. 늘 같은 방법을 쓰지
만 다 다른 밥이 지어진다. 그래서 재미있다. 살맛난다. 다 다르니까 또
하고 싶고, 또 어떤 밥이 나올까 궁금하다. 아이들 삶이 다 다르니까, 글
도 다 다르다. 맛있는 밥은 씹을 때마다 맛이 다르다. 그렇게 느껴진다.
글쓰기는 아이나 어른 모두 성장의 밥을 짓는 일이다. 함께 아이들 삶과
글로 성장의 밥을 같이 짓지 않겠습니까?

　새내기 시절부터 함께 온 우리 글쓰기 식구들이 늘 고맙다. 일주일에
한 번씩 만나서 아이들 이야기, 수업 고민, 함께 책을 읽으며 서로의 이
야기를 스스럼없이 다 들어주고 나누며 함께 성장해왔다. 해오고 있다.
어른이 되어서도 함께 커가는 즐거움이 성장의 거름이 되었다. 성장하
면서 배우고, 배우면서 성장한다. 배움은 멈출 수 없다. 본능이다.

땀흘려 "일하고" 샘처럼 맑게 살자
춤드리 최진수

아이든 어른이든 글을 쓴다는 것은 밥 먹는 것만큼 소중한 일입니다. 삶을 아름답게 가꾸는 데는 글쓰기가 아주 좋은 선물이기 때문입니다.

땀과 정직함을 가슴에 품고 사는 최진수 선생은 아이들과 20년 넘게 글쓰기를 하면서 보고 듣고 겪고 느끼며 깨달은 것이 참 많을 것입니다. 하루하루 옥수수 자라듯이 쑥쑥 자라는 아이들의 생각과 삶을 보면서 가슴이 설렜을 것입니다. 그 감동을 혼자만 알고 있기에는 가슴이 벅찼을 것입니다.

이 책은 머리로 쓴 것이 아니라 따뜻한 가슴으로 한 줄 한 줄 기도하는 마음으로 쓴 것이라는 걸 누구나 알 수 있을 것입니다.

이 책은 부모와 자녀, 스승과 제자, 모두에게 '삶의 새순'을 키워 나갈 수 있는 참된 길로 나아갈 수 있도록 도와 드릴 것입니다.

— 서정홍(농부 시인)

'땀 흘려 일하고 샘처럼 맑게 살자'라는 철학을 오랫동안 실천해 오셨다. 아이들을 사랑하는 마음과 실천의 삶이 고스란히 담겼습니다. 15년간 삶을 가꾸는 글쓰기 공부를 함께하면서 때로는 자극제로, 때로는 길잡이가 된 것처럼 이 책을 읽는 분들은 모두 느낄 것입니다.

— 백기열(김해 봉황초등학교 교사)

고집스럽다(?) 싶을 정도로 아이들과 글쓰기를 실천해 왔고 자신도
글쓰기로 삶을 가꾸고 길을 찾아갔습니다. 그런 삶과 실천이 고스란히
담겼습니다. 참 선생님다운 책입니다. 책을 읽는 동안 선생님 말소리가
들립니다. 생각, 말, 글 그리고 삶이 하나가 됩니다. 누구나 이 책을 읽
으면 아이들 글이 그리워지고 당장 실천해 보고 싶을 것입니다.

— 최자옥(김해 봉황초등학교 교사)

　교실에서 아이들과 늘 마주치며 마음을 알아 주고 보살피는 교사로서
글쓰기는 무엇보다 훌륭한 소통과 공감의 길이 됩니다. 어떻게 글쓰기
교육을 실천할지 어렴풋할 때 책 속의 글쓰기 정신과 갈래별 글쓰기 지
도 방안은 많은 선생님께 도움이 될 것입니다.

— 전진우(김해 구봉초등학교 교사)

　최진수 선생은 참 독한(!) 교사다. 고집스럽게 아이들과 부대끼고 글
쓰고 문집을 만들어 왔다. 그 결과물이 어엿한 책으로 묶여 나왔다. 삶
을 가꾸는 글쓰기가 어떤 건지 눈앞에 훤히 펼쳐 놓았다. 책을 쥐자마자
그 독한 고집에 묻었던 삶의 향기가 은은하고 기분 좋게 스며든다.

— 이정호(김해 진영금병초등학교 교사)

일기 쓰기, 보고서, 논설문, 문집 만들기 꼭지가 가장 눈에 들어왔습니다. 그건 아마도 최진수 선생님의 꼼꼼함, 성실함, 몸에 밴 습관이 드러났기 때문이 아닐까 싶네요. 해마다 틈틈이 아이들 글을 정리하고 기록해 놓고 또 글을 엮고 있는 선생님의 모습이 눈에 선합니다. 땀내 나는 책이 우리 곁에 와서 정말 기쁩니다.

— 공정현(김해 봉황초등학교 교사)

'글은 삶의 사진기와 같다'라고 말합니다. 이십 년 넘게 초등학교에서 글쓰기로 함께 가꾸고 키운 삶의 이야기들이 오롯이 찍혀 있습니다. 새내기 선생 시절 교실 빈자리에 앉아 아이들 눈으로 썼던 시로 예비 교사의 마음을 젖게 하더니 이제 삶의 사진을 잘 찍기 위한 진수(?)들을 '초등 글쓰기'로 아낌없이 쏟아 내었습니다. 조금 전 있었던 아이들과 생생한 삶의 인증 사진 우리도 찍어 볼까요? 삶이 푸짐해집니다.

— 김경래(창원 반송초등학교 교사)

술술 쉽게 읽히는 글쓰기 길잡이. 글의 겉보다 바탕과 내용을 어떻게 채워갈까를 깊이 생각하게 하네요. 곧 스스로의 삶을 뚜렷이 바라보고 가꾸어가게 하는 글쓰기정신을 각 장마다 만납니다. 선생님들과 아이들이 올곧게 삶과 글을 찍어나갈수 있는 재미와 힘을 주는 책이 되기를 바랍니다.

— 조은영(김해 구봉초등학교 교사)

차 례

7장 학급 문집 펴내기

1장
글쓰기 지도의 원리

01 자신을 비추는 사진기 같은 글쓰기

　시간은 흐른다. 붙잡을 수 없다. 다만 글을 쓰면 그 순간은 잡아 둘 수 있다. 순간의 감정과 생각, 상황을 잡아 두었다 현재의 자신과 견줄 수 있는 것이다.

　서너 살 때의 모습을 찍은 사진이나 유치원 졸업식 때 찍은 자기 사진을 한번 보자. 찍을 당시에 분명 귀엽고 깜찍했을 텐데 몇 년 지난 현재와 비교해 보면 촌스럽다고 느낀다. 촌스럽다는 게 좋지 않다는 건 아니다. 현재의 자기가 그만큼 성숙, 성장했다는 증거다.

　우리 삶과 생각, 감정도 이런 사진처럼 찍어 둘 수 없을까. 우리의 몸과 얼굴처럼 삶도 성장한다. 글쓰기는 생각과 마음의 성장을 글로 찍어 두는 것과 같다. 글은 우리 삶의 사진기와도 같다. 성장 전후의 자기 모습을 보고 웃기도 하면서 미래를 준비하고 가꾸어 간다. 살아가는 목표와 방향도 생각한다. 자기 삶을 관찰하고 관심을 두면서 삶을 가꾸어 간다. 그래서 솔직한 자기 삶과 생각이 소중하다.

　자기 이야기, 자기 생각의 기록이 스스로를 키우는 힘이다. 그러나 억지로 시켜서, 점수를 따기 위한 수단으로 쓴 글에서는 자기 생각이나 삶을 담기 힘들다. 오래가지 못한다. 시간이 지나 다시 봐도 자기 것이 아니기에 낯설다. 자기 글인데도 의심이 든다. 얼굴에 탈을 쓰고 찍은 사진 같다. 자기 고민과 생각, 이야기가 담기지 않아서다.

　'왜 글을 쓸까?'라는 질문에 아이들 대부분은 어른들이 쓰라고 해서,

칭찬이나 상을 받기 위해 써 왔다고 답한다. 또 공부나 시험에 도움이 되고 좋은 성적을 올리기 위해서란다. 검사를 받거나 벌을 받지 않으려고 써 왔다는 답도 나온다.

국어 공부나 시험, 논술에 도움이 된다는 말에는 어느 정도 수긍하지만 글쓰기를 가르치는 까닭으로 삼기엔 탐탁지 않다. 여전히 많은 아이가 선생님이나 부모님이 시켜서 어쩔 수 없이 글쓰기를 해 왔다는 말이다. 외적 동기로 길들여진 글쓰기를 되풀이하고 있다는 것이 안타깝다. 이오덕 선생님이 삶을 가꾸는 글쓰기를 강조한 게 몇십 년 전인데도 여전히 글을 왜 써야 하는지에 많은 고민이 머물고 있다.

길들여진 글쓰기를 하는 아이들은 '길들여진' 것에서 벗어나려고 많은 시간을 보낸다. 기회 있을 때마다 피해 보려는 데 초점을 둔다. 제대로 된 글쓰기를 익히기 전에 싫증 내거나 재주나 재능이 없다고 여겨 노력을 포기한다. 글쓰기의 재미와 즐거움은 겪지 못하고 초등학교를 졸업하면 가장 먼저 일기장을 덮는다. 이제는 그만 둬도 된다는 해방감만 느끼게 된다. 글쓰기를 가르쳤는데 결국은 글쓰기를 포기하게 한 결과가 된 것 같아 안타깝다.

이건 아이들 탓이 아니다. 이런 삶의 방식이 글쓰기뿐 아니라 운동, 악기, 예술 분야에서도 나타난다. 시험과 점수, 검사를 위한 잠시의 체험, 맛보기 정도의 노력과 경험의 반복 외엔 결국 아무것도 남는 것 없이 시간만 보내고 만다. 주도적인 배움이 없으면 결국 시간만 소비하고 순간 자극에만 그친다. 이런 자극의 되풀이에 끊임없이 많은 시간과 돈을 쏟아붓고 있는 듯하다.

글쓰기는 생산적인 작업이다. 자기 스스로 자기 것을 만들어 내는 작업이다. 이미 있는 자기 것을 정리하는 과정이기도 하다. 자기 것으로 제대로 만들어 가는 실천이기도 하다.

지금 어른들이 배우고 익힌 방법을 생각해 보자.

'이렇게 하는 것이다'라는 방법만 외우며 시험을 보고 검사를 받았지 여러 방법으로 써 보고 고쳐 본 적은 별로 없을 듯하다. 왜 써야 하는지도 모른 채 끊임없이 과제 해결 수단으로 쓴 경험이 많았을 것이다.

잘 쓰는 아이는 알아서 잘 쓰고(사실 이것도 잘 쓰는 것인지 의문이지만) 못 쓰는 아이는 늘 그 자리에 머문다. 쓰고 싶은, 쓰고 싶을 만한, 잘 쓸 수 있는 글감으로 쓰는 것이 아니라, 시키니까 지어 내고 짜내어 만들려니 그것 자체가 힘든 경험으로 남는다. 경험이 풍부하지 않아 쓸 거리도 마땅찮고, 그러다 보니 글은 특별하거나 재능 있는 사람만 쓰는 것으로 여기기까지 한다.

보고 듣고 말하고 생각한 것을 솔직하게 말할 줄 알면 누구나 쓸 수 있다. 이런 것까지 써야 하느냐며 눈치를 보니 쓸 수 없다. 당당하게 쓸 줄 아는 힘과 분위기가 필요하다. 결국 글을 쓰려면, 보고 듣고 말하고 생각해 본 것들이 많아야 한다. 마음껏 움직이며 생각할 줄 알아야 쓸 거리도 풍부해진다.

글쓰기는 글감을 찾아 쓰고, 고치고, 다듬는 과정을 거친다. 그 과정에서 주변의 자연, 물건, 사람, 상황에 관심을 갖게 되고, 사람이 사는 문제로 이어지면서 자기 삶을 풍부하게 보며 가꾸게 된다. 자기 삶을 쓰게 된다. 그래서 글쓰기 지도의 초점은 글 자체보다 글쓴이의 삶에 돋보기를 대도록 하는 것이다.

글감을 찾아 제목을 쓰고 풀어 내고 고치고 다듬고 발표하는 과정은 글쓰기의 기능적인 측면이다. 형식일 수도 있다. 어른들 역시 이런 형식의 과정을 거쳤다. 그런데 지금은 쓰지 못하고 있다. 책 읽는 사람들은 보이는데 글 쓰는 이들은 눈에 잘 띄지 않는다. 요즘같이 컴퓨터로 글을 쓰고 저장하는 기술과 환경이 발달했어도 여전히 글쓰기는 어렵고 힘들어 한다.

글쓰기 지도에서는 먼저 글을 왜 써야 하는지 그 까닭을 찾고, 글을 쓸 수 있는 동기를 꾸준히 이어 갈 만한 장치를 마련해야 한다. 좋은 글을 보여 주고, 함께 쓴 것을 보면서 나누는 활동이 이어져야 한다.

아이들은 어른들에게 글쓰기를 배운다. 가르치는 어른의 방향에 따라서 아이들의 글은 크게 달라진다. 기능적이고 단편적인 짜깁기식 글이 되기도 하고, 남에게 감동을 주고 자기 삶을 가꾸기도 한다.

글쓰기를 국어 교과의 한 갈래로만 여기지 않았으면 한다. 글쓰기는 모든 교과와 삶과 이어져 있다. 글쓰기는 글을 쓰는 실력이 아닌 자기 삶을 가꾸는 데 중심을 두었으면 한다. 글을 쓰면서 잃어버린 삶의 가치를 찾고 되돌리는 데 힘써야 한다.

글쓰기 지도는 지도하는 사람과 받는 사람이 따로 있는 것이 아니라 함께 쓰고 함께 나누는 과정의 실천이다. 서로의 성장을 돕는 활동으로 관계를 맺고 가꾸어 가며 삶을 공부한다. 글쓰기는 스스로 자신의 성장을 돕는다. 모르는 건 '모른다'고, 잘못은 '잘못이다'라고, 싫은 건 '싫다'고, 좋은 건 '좋다'고 솔직하게 드러낼 때 올바른 성장으로 이어진다. 그런 면에서 글쓰기는 성장의 도구다. 손쉽게 누구나 할 수 있는 삶을 가꾸는 도구다. 결국 아이들을 정직하고 진실한 사람으로 키우는 데 글쓰기를 지도하는 큰 까닭이 있다.

02 아이들이 쓴 글을 보는 관점

교과 공부, 행사, 생활 등 아이들은 글을 쓸 기회가 많다. 국어, 사회, 과학, 수학과 같은 과목에서는 글쓰기의 글감이나 주제가 정해진다. 조사하거나 함께 의논하고 쓰는 글은 그 교과의 특성과 목적에 맞는 글의 관점을 따르면 된다.

여기에서는 일기와 같이 아이들이 평소 쓰는 글을 기준과 관점에 대해 살펴본다. 아이들의 글을 보는 관점은 여러 가지이다.

나 역시 한 학급에 서른 명 남짓 되는 아이들과 여러 해 동안 지내면서 나름의 관점이 생기고 뚜렷해지는 듯하다. 아이들의 성격과 삶의 모습에 따라 관점의 우선순위가 바뀌기도 하고, 해마다 차이가 드러나기도 한다. 열 명 남짓 아이가 있는 학급은 지도교사와 아이들의 관계가 가까워 글을 보는 관점이 깊어질 수 있다. 아이들 하나하나 만나서 이야기하고 풀어 내고 고치는 과정이 잦다면 관점도 더 많아진다.

아이들이 한 반에 서른 명 남짓 되면 개별적으로 만날 기회가 줄어든다. 물론 노력 여하에 따라 한 명당 열 번 남짓 만날 기회를 만들기도 한다. 수업을 마치고 아이들과 만날 수 있는 기회가 해마다 조금씩 줄어들어가는 느낌이다. 경력이 쌓일수록 아이들과 만날 기회가 오히려 줄어드는 것 같아 안타깝다.

아이들이 쓴 글을 가지고 함께 이야기를 나누고 고치고 댓글도 달아 주다 보면 아이들의 글에서 많이 나타나는 문제점이 보인다. 공통된 반응과 형태가 드러난다. 그리고 그것이 자연스럽게 아이들의 글을 보는 관점이 되었다.

(1) 자세히 쓰고 있는가?

글을 쓰려면 언제, 어디서, 누가, 무엇을, 어떻게, 왜 했는지를 자세히 써야 한다는 건 많은 사람이 안다. 하지만 실제 그렇게 쓰고 있는지 되묻는다면 섣불리 답하기 쉽지 않다. 학교 행사 글이나 일기 글에서 가장 눈에 띄는 글은 대충 빨리 쓴 글이다. 자세히 쓰지 못해서가 아니라 시간에 쫓겨 검사받고 빨리 끝내려고 쓰는 글은 어김없이 '했다, 갔다, 보았다. 맛있었다, 재미있었다'로 이어진다. 그래서 글을 쓰려면 차분히 글을 쓰는 마음부터 다져 가는 노력이 먼저이다.

별을 쫓는 아이

오늘은 영화 '별을 쫓는 아이'를 보았다. '별을 쫓는 아이'인데 제목하고 내용이 좀 안 맞는 것 같았다. 여자가 주인공인데 남자 선생님과 바다 및 세상에서 여행을 한다. 중간에 좀 잔인한 장면이 나온다. 재미없어 보였지만 꽤 재밌다. 이 영화감독의 다른 작품도 보고 싶다.

특히 여행을 갔다 와서 쓴 글이나 영화를 보고 쓴 글에서 대충 쓴 글이 많이 보인다. 무엇인가를 보았다는 말만 있고, 그것이 어떻다는 것인지는 쓰여 있지 않다. 무슨 내용인지 뚜렷하지 않아 재미가 없다.

글을 쓰는 사람에게 자세히 쓰라고 하면 전체 줄거리를 다 쓰라는 의미로 받아들이고 잘못된 부담감을 느끼기도 한다. 그래서 쓰기 귀찮고, 쓸수록 쓰고 싶은 마음은 자꾸 사라져 간다.

'갔다, 했다, 봤다, 재미있었다'로 풀리는 글은 글 쓰는 사람도 재미없다. 인상 깊은 한두 가지 사건만 집중해서 풀면 좋겠다. 앞의 글에서는 밑줄 그은 부분을 자세히 풀어 써야 한다.

계곡

오늘 계곡을 갔다. 계곡을 가서 다이빙했다. 그리고 고기도 구워
먹었다. 또 다시 다이빙하고 놀았다. 그리고 집으로 왔다.

어딘가를 갔다 온 일을 쓴 글에서는 '갔다', '했다', '먹었다', '재미있었다'와 같은 말이 규칙처럼 나오는 글도 자주 본다. 요즘은 사건 한두 개를 잡아서, 보고 들은 대로 대화글처럼 곧잘 쓰는 아이도 많다. 하지만 여전히 결과를 보고하듯 몇 줄 끝내고 마는 글이 많다. 자세히 쓴다는 개념을 제대로 이해하지 못했을 수도 있다. '재미있었다', '맛있었다', '즐거웠다'와 같은 추상적인 말 대신 보고 듣고 말한 사실대로만 써도 된다. 자신이 겪은 상황을 자세히 묘사해서 그대로 써 보면 좋겠다.

그래도 어제보단 나은 날씨

천보연(김해 덕정초등학교 6학년)

오늘 우리 가족은 한라봉을 먹었다. 쩝쩝 냠냠거리며 맛있게 먹
고 있는데 동생이 한라봉을 달라고 하였는데 "엄마, 나 한라봉!"을

"엄마, 나 달라봉!"이라고 들은 것이다. 심지어 아버지께서는 "엄마, 나 달라고!"라는 줄 알고 "달라고 한 거 아니었어?"라고 물어보셨다.

그렇게 우리 가족은 한라산의 한라봉이 아닌 달나라에서 온 달라봉이 되었다.

처음에는 "달라봉이라고? 그게 뭐야?" 하며 깔깔대었는데, 이제는 내가 오히려 "엄마, 저 달라봉 까 주세요."라고 말한다.

솔직히 난 동생의 실수가 우리 가족이 사용하는 그런 유일한 단어가 될지는 몰랐다. 그때는 그냥 웃길 뿐이었다. 근데 지금은 꽤나 괜찮은 것 같다. 왠지 세계 어디에는 '달라봉'이라는 이름이 있을 것 같고 잘 지은 것 같았다. 그리고 '달라봉'이라고 하는 것이 가족이 웃으며 대화하는 것 같다. 근데 동생은 기분 나쁠 것 같았다. 그래서 '놀리는 기분 같지 않을까?'라고 생각했는데 요즘에는 동생도 "달라봉 주세요!"라고 말해서 편안하게 쓰고 있는 것 같다.

보연이는 가족과 주고받은 말을 그대로 글로 썼다. 이런 경험은 누구나 한 번쯤 있을 것이다. 일부러 우스운 이야기를 만들지 않아도 생활 속의 작은 실수가 글 한 편으로 즐거운 사건, 잊을 수 없는 즐거운 일로 바뀔 수 있다.

(2) 재미있게 쓰고 있는가?

재미란 읽는 맛을 말한다. 그러려면 자세히 써야 한다. 무엇을 말하는지 읽는 사람의 머릿속에서 그려지도록 뚜렷하게 써야 한다.

바느질 실습

나는 바느질 준비를 해오지 않고 바느질 실습만 했다. 바늘에 찔릴 뻔했고, 침핀에도 찔릴 뻔했다. 하지만 계속 열심히 바느질을 했다. 참 재미있었다.

지리산

지리산에 눈이 왔다. 눈이 많이 쌓여 있어 눈싸움을 했다. 재미있었다. 갑자기 뭔가 먹고 싶었다. 꾹 참고 집에 가서 점심을 먹기로 했다. 차 안에서 나는 토스트 빵, 음료수, 과자를 먹었다. 집에 도착해서 컴퓨터 게임으로 스타크래프트, 뿌요뿌요와 총싸움, 축구를 했다. 참 재미있었다.

이런 글들은 내용은 '재미있다'고 결론을 내리지만 읽는 사람은 별 재미가 없다. '재미'있는 그 이야기를 쓰지 못했기 때문이다. 이렇게 쓴 글은 시간이 지나면 무슨 내용인지 알 수 없다. 그래서 처음 쓸 때부터 남이 보더라도 무슨 내용인지 뚜렷하게 알도록 자세히 써야 한다.

재채기

김시진(김해 덕정초등학교 6학년)

오늘 수업시간에 재채기가 나올락말락했다. 정말 짜증난다. 겪어본 사람들은 다 이 기분을 알 것이다. 재채기가 내 콧구멍에 들어갔다 나왔다 해서 기분이 더러웠다. 그래서 잠바를 뒤집어쓰고, 휴지를 뾰족하게 말아서 내 콧구멍을 후벼 팠다. 스슥슥~ 그래도 안 나왔다. 친구에게 휴지를 빌려 다시 도전했지만, 또 실패했다. 그렇게 하다가 이제 더러워서 못하겠다 싶어서 포기했다. 근데 그로부터 정확하게 10분 뒤에 드디어 재채기가 나왔다. 와! 정말 천국에 간 기분, 세상을 다 가진 기분이었다. 근데 그건 둘째 치고 난 참 부끄럼이 없는 것 같다.

이 글은 누구나 한 번쯤 겪어 봄직한 일이어서 읽는 사람도 공감하는 재미가 있다. 이처럼 읽는 사람으로 하여금 공감을 불러일으키는 내용이 있다. 즐거웠던 기억보다 실수나 잘못한 일들은 부담 없이 쉽게 글로 쓸 수 있다. 그러니 글을 쓰고 싶다면 자신을 솔직하게 마음껏 드러내는 일부터 시작해 보자.

밥표?

이채아(김해 덕정초등학교 6학년)

나랑 내 친구들은 3교시만 되면 배고프다고 난리다. 그러면 늘 식단표를 본다. 식단표에는 맛있는 것에 줄이 쳐져 있다. 식단표를 받자마자 형광펜으로 줄을 긋기 시작한다. "아, 이번 달에는 맛있는 거 별로 없다" 혹은 "이번 달은 수요일만 기다려야 됨" 등 밥에 대한 이야기가 오고간다. 이 모습에 나도 자연스럽게 끼는데 웃기다.

우리 밥표 당번은 유라다. 원래 명칭은 식단표이지만 애들끼리 쉽게 부른다고 밥표가 돼 버렸다. 차민곤이 밥 먹을 때가 되면 유라 보고 "야, 밥표" 이런다. 유라는 자연스럽게 밥표를 건네는데, 그러면 나도 끼어서 본다. 고기 나온다고 좋아할 때도 있고 맛없다고 싫어할 때도 있다. 밥표를 보고 기분이 엇갈려서 왠지 웃겼다. 이

애기를 엄마께 해드리면 아직 학생이라고 웃으신다. 몇 달 후면 이런 것도 못하겠지. 이런 소소한 재미도 곧 지난 추억이 될 것이다. 그래서 이 순간순간 밥표를 보는 순간도 소중히 여기려 한다. 그런 의미로 지금 내일 먹을 밥을 보러 가야겠다.

세상에는 글감이 많다. 학생이라면 학교와 학급 교실에서 일어났던 일, 아이들끼리 약속한 이야기, 사건이 많다. 농담과 은어도 좋은 글감이 된다. 재미났다고 느낀 사건은 시간이 흘러 다시 생각해도 재미가 살아난다. 글로 쓰면서 재미를 한 번 더 느끼게 된다. 읽는 사람도 끝까지 읽고 싶게 한다. 어떻게 풀리나 알고 싶어지기 때문이다.

라면

박건우(김해 덕정초등학교 6학년)

나는 오늘 영어 학원을 마치고 집으로 한 6시쯤에 왔다.
곧 있으면 학원을 또 가야 되는데 배가 고파 동생한테
"내가 준비할 동안 라면 좀 끓여."라고 했다.
동생은 "알았어. 제발 서두르지 마."라고 했다.
준비가 끝나니 한 6시 27분 정도 됐다. 동생은 나에게 라면이 다 됐다고 했다.
나는 학원에 빨리 가기 위해 라면을 조금만 덜었다. 그래도 얼마 안 돼 학원 갈 시간이 됐다. 나는 어쩔 수 없이 종이컵에 라면을 넣고 나무젓가락을 챙기고 집을 나섰다. 근데 승강기에서 만난 아주머니가 나를 보고 웃었다. 너무 쪽팔렸다.

〈라면〉은 쪽팔리는 일을 솔직하게 쓴 글이다. 동생과 함께 라면을 먹는 평범한 이야기이지만 종이컵을 들고 다니며 먹는 일은 흔하지 않은데, 글감으로 잡아 잘 썼다. 재미있다. 직접 겪었기 때문에 생생하게 잘 전달할 수 있는 것이다.

빨갛게 부어오른 내 얼굴을 보라

조민경(김해 덕정초등학교 6학년)

이건 과학 시간에 이지예가 고무줄로 튕기면서 장난치면서 내 팔을 맞추려다가 조준을 잘못해서 내 얼굴에 튕겨 버렸다. 나도 모르게 엄청 따끔해서 안 울려고 그랬는데 너무 아픈 나머지 눈물이 핑~ 하고 나 버렸다. 그랬더니 날 맞춘 범인은

"울지 마~! 내가 잘못했다. 자! 날 때려!"

하면서 냅다 내 손을 잡고는 자기 머리를 때리기 시작했다. 난 웃기기도 해서 울면서 웃어 버렸다. 거기다 범인이 내가 해라는 대로 다 해주었다. 쌤한테 말하지 않겠다는 조건으로.

학급 교실에서는 담임선생님이 모르는 일이 하루에도 몇 번씩 일어난다. 기분 나쁜 일이나 오해, 참고 넘어가는 일도 많을 것이다. 아이들이 아주 짧은 시간에 일어난 감정, 상황, 분위기를 놓치지 않고 본 대로 들은 대로 쓰면 재미가 솟는다. 이런 이야기가 아이들의 삶을 볼 수 있는 기름진 재료가 되기도 한다.

엉뚱한 엄마

양○○(6학년)

내일 교과서를 챙기려고 내 방으로 들어갔는데 엄마가 대신 싸 주고 있었다. 내가 뭘 챙길지 말해주고 있는데 내가 수학을 말하자 수학이랑 생활의 길잡이를 싸 주셨다.

내가 황당해 하자 엄마가 나에게 화를 내며

"뭐 잘못 됐나?"

라고 하셨다. 그래서 생활의 길잡이는 도덕이랑 세트라고 엄마한 테 말하였더니 엄마는 웃기만 하였다. 이번에는 사회를 챙기려고 했는데 엄마는 사회랑 생활의 길잡이를 싸 주셨다. 내가 엄마한테 몇 번을 말해도 도덕이랑 생활의 길잡이랑 세트라고! 라고 했더니 엄마는 변함없이 웃음만 지으셨다.

재미는 우스갯소리나 개그, 장난만이 아니다. 억지웃음이 아니다. 사 건에 대한 재미가 사람의 마음을 움직이게도 한다. 〈엉뚱한 엄마〉에서 는 요즘 교과서를 제대로 알지 못한 엄마에 대한 이야기다. 엄마들이 초 등학교 시절에 배운 책과 요즘 아이들이 공부하는 책이 많이 바뀌었다. 이름도 생소하고 낯설기도 하다. 자주 보지 않아서 제대로 구분하기도 쉽지 않다. 어른들도 가끔 아이들 책을 한 번 보면 좋겠다. 어떤 내용이 담겼는지, 어떤 식으로 공부하는지를 알면 아이들을 이해하는 데 도움 이 될 것이다.

<h1 style="text-align: center;">연가</h1>

강현애(김해 진례초등학교 6학년)

오늘 연가라는 노래를 배웠다. 오늘 저녁에 엄마가 설거지를 하고 있는데 내가 옆에 가서 연가 노래를 불렀다.

"비바람이 치던 바다♪" 노래를 열심히 부르다가

"저 하늘에 반짝이는"부터 엄마가 따라 불렀다.

"어? 엄마도 아네"라고 하자 엄마는

"니도 아나? 나는 니가 알고 있는 게 더 신기한데."

라고 했다. 둘이서 웃으면서 계속 같이 노래를 불렀다.

이 글은 엄마도 알고 있는 노래를 모녀가 함께 부르는 행복한 모습을 느끼게 하는 내용이 재미있다. 식구들과 겪으며 보고 들은 이야기가 삶의 재미를 느끼게 한다. 이런 재미가 마음을 따뜻하게 한다. '재미있다'라는 말을 쓰지 않아도 사건 자체를 자세히 쓰고 솔직하게 드러내면 읽는 사람 마음에 재미를 느끼게 한다.

(3) '자기 이야기(삶)'를 쓰고 있는가?

자기 이야기에는 자기 생각, 자기 삶이 담긴다. 앞에서 말한 '자세히 쓰고 있는가?'에서 풀지 못한 부분이다. 보고 들은 것을 자세히 쓰다가도 어떤 한 사건과 상황에서 자기 생각을 물으면 곧잘 말문이 막히기도 한다.

"그래서 넌 이 상황을 어떻게 생각하니?"

"네 마음은 어때?"

아이들에게 이렇게 생각과 기분, 느낌을 물으면, 십중팔구 대답할 말을 찾지 못해 이야기의 맥이 끊긴다. 아이들은 생각 자체를 귀찮아하거나 어떻게 생각을 말해야 할지 몰라 머뭇거리다 입을 꾹 다물어 버린다. 혹은 생각은 있는데 말이 터지지 않으니 답답해하면서 따분하고 지루해한다. 오랫동안 이러면 결국 상황을 벗어나려는 노력이 버티기로 바뀌기도 한다.

줄거리만 나열하는 글이 있다. 이런 글은 대부분 책이나 인터넷을 검색해 남의 생각과 의견을 끌어 와 끼워 맞추듯 한 글이다. 답을 맞히듯 자기 생각과 느낌이 없이 끼워 맞춘다. 이런 글은 읽는 맛도, 글 쓰는 재미도 얻기 힘들다.

글쓰기 지도의 목적이 자기 삶을 가꾸고 정직하고 진실한 사람을 키우는 데 있다고 했으니, 좋은 글이란 자기 삶을 가꾸고 정직하고 진실하게 써야 한다는 말이 된다. 그렇다면 반대로 좋지 않은 글은 삶이 없는 글, 정직하지 못하고 진실하지 못한 글이 된다.

삶이 없다는 말이 무엇일까? 오래된 글이지만 다음에 나오는 시 두 편을 보자. 초등학교 2학년 아이가 쓴 시이다.

고마운 어머니

어머니
우리 어머니
힘들게 일하시며
우리를 돌보시고

스마일 어머니

힘들 때는 미소를
행복할 땐 호호호
사랑이 넘칠 때는
하하하, 하하하

언제나　　　　　　　　　어머니의 웃음 속에는
웃음 가득한　　　　　　　사랑, 웃음이 가득하다.
즐거운 우리집
천사 같은 어머니
세상에서 제일 좋아요.

　두 시 모두 어머니에 대한 이야기이다. 거짓말은 아니다. 그런데 글 내용이 막연하고 공중에 붕 뜬 느낌이다. 어떤 힘든 일인지, 어떻게 돌보았는지, 행복할 때, 사랑이 넘칠 때가 언제인가 감을 잡기 힘들다. 선명하지 않다. 글맛이 없다.

　누구나 겪을 만한 상황이 아닌가. 〈고마운 어머니〉의 '어머니' 대신 아버지나 선생님으로 넣어서 바꿔 보자. 말이 금방 바뀐다. 〈스마일 어머니〉의 '어머니'를 강아지, 아버지, 친구라고 바꿔도 마찬가지다. 자기 어머니, 자기 집에서 겪은 일이 아닌 누구나 상상하거나 짐작할 수 있다. 머리로 짜내어 만든 삶이 없는 글이다.

　운율이나 글자 수를 맞춰 좋은 말로 끼워 만드는 이런 형태는 현재 학교 교육과정 내용에도 잘 맞지 않다. 하지만 현재 학부모 세대는 이런 형태로 동시를 써야 한다고 믿거나 알고 있는 사람이 많을 것이다. 동시는 일정한 틀에 따라 써야 한다고 믿고 있다. 고정관념이다.

　이런 시를 쓰려면 어떤 노력을 기울여야 할까.

　즐겁고 행복한 상황을 생각해 내고, 좋은 말이나 찬양하는 말을 찾는다. 자기 경험보다는 말 찾기, 말 꾸미기에 신경 쓰게 된다.

　이렇게 쓴 글을 시간이 지나도 다시 찾아서 읽어 볼까. 그렇지 않을 것이다. 검사를 받고 나면 그만이다. 혹 학교 신문에 실리기라도 하면 그때 자기 이름만 확인하는 정도일 것이다. 많은 학교 신문이나 글쓰기 행사에 이런 형식과 틀에 얽매인 글이 여전히 많이 나온다.

난 엄마가 이해가 안 가

최○○

난 엄마가 이해가 안 가
집에서 공부를 하려고 하면
"야이, 가시나야. 공부 안 하나!"
청소를 하려고 하면
"니 방은 와이라노.
와 이리 머리카락이 많은 건데!"

책을 읽으려고 하면
"인문 고전 좀 읽어라. 좀! 책 좀 읽어!"
그럴 때마다 나는
"엄마, 내가 지금 하려고 하잖아!"
"니 지금 엄마한테 큰소리 했나?"
"엄마, 엄마 내 이야기도 좀…."
그럴 때마다 내 소리는 점점 낮아지고
"최○○, 너는 왜 청소를 안 하나?
누굴 닮아서 게을러 가지고는…."
늘 엄마가 내 말을 막아버린다.
정말, 나는 엄마가 이해가 안 간다.

〈난 엄마가 이해가 안 가〉는 초등학교 6학년 학생이 쓴 글이다. 2학년 학생이 쓴 글과 차이가 있지만, 여기 나오는 엄마는 우리도 매일 보는 보통 엄마다. 그래서 공감이 간다. 앞에 나온 〈고마운 어머니〉, 〈스마일 어머니〉의 추상적인 막연한 엄마와는 성격이 다르기 때문이다.

생생하게, 솔직하게 썼다. 엄마와 딸의 성격이 보인다. 엄마의 좋지 않는 모습이라서 숨길 수도 있지만 솔직한 이야기가 생생한 삶의 모습을 보여서 글이 살아 있다.

이런 내용의 시를 쓸 때는 어떤 노력을 할까.

말 꾸미기, 상상해서 말 만들기를 하지 않아도 된다. 할 필요가 없다. 자기 생각을 솔직하게 쓴다. 본 대로, 들은 대로 자신의 생각, 느낌, 감정을 묻는다. 어떤 행동과 생각이었는지 풀릴 수밖에 없다.

좋은 글에는 먼저 삶이 드러나야 한다. 솔직하고 정직하게 써야 한다. 물론 솔직하고 정직하다고 다 좋은 글은 아니다. 생명을 까닭 없이 죽이거나 남을 괴롭혀서 기쁨을 느낀다면 문제다. 아이들에게 자기 모습을 깨닫고, 바르게 참되게 살아가는 길을 찾아 주어야 한다. 그런데 남에게 피해와 고통을 주고 그것을 즐긴다면 고쳐야 한다.

그러나 글에 나타난 행동이나 생각이 옳든 그르든 정직하게 쓴 태도 자체, 솔직함은 인정해 주는 것이 좋다. 그다음으로 쓴 글에 대해 문제점과 고민을 나눠 보고 자기 생각과 삶을 바꾸는 노력이 있어야겠다. 그게 삶과 더불어 글도 고치는 방법이다.

다음은 가치 있는 글이어야 한다. 가치 있는 글은 많은 사람이 관심을 가지고 걱정, 고민, 생각하는 문제를 글감으로 한 글이다. 그래서 다른 사람 이야기도 새겨 듣다 보면 생각의 폭이 넓어진다. 몸이 커지는 것처럼 마음도 커진다. 삶이 있는 글은 삶을 가꾸고, 정직한 글은 정직하게 살게 하고, 가치 있는 글은 가치 있는 삶을 살게 한다.

(4) 글에 감동이 있는가?

자기 삶과 이야기를 솔직하게 쓴 것만으로는 부족하다. 겪은 일들을 보고 들은 대로 솔직하게 썼다고 해도 남을 괴롭히는 일이나 정직하지 못한 일, 속이는 일들은 사람들에게 공감과 감동을 주지 않는다. 다른 사람의 마음을 움직이지 못한다. 그래서 솔직하고 정직하게 쓰면서도 글에 가치가 있어야 한다. 감동이 있어야 한다. 그렇다고 행동은 그렇게 하지 않으면서 글로만 착한 일을 하듯 감동을 억지로 만들어 내서는 안 된다. 글을 쓰는 목적이 삶을 가꾸는 일이라고 했으니 글을 고치기에 앞서 그 삶부터 고쳐 나가야 한다. 고친 삶을 그대로 솔직하게 쓰면 글이 살아난다. 가치가 생기고 읽는 이의 마음까지 변화와 감동을 준다. 글에 힘이 생긴다. 따라 하고 싶은 마음이 생기고 본받으려고 한다.

호떡 주인

조민경(김해 덕정초등학교 6학년)

호떡 냄새가 솔솔 풍긴다. 난 방금 자전거를 타고 호떡을 사와 다 먹어 치웠다. 그것도 크기가 엄청 큰~ 호떡을. 그 호떡은 좀 특별했 다. 기름기도 없고 딴 호떡보다 좀 달랐다. 보통 사람보다 좀 다른 장애인처럼…. 그 호떡 파는 분이 청각 장애인이셨다. 근데 내가 말 하는 것도 알고 글 쓸 줄도 아는 걸 봐서는 원래 정상이었다가 어떤 사고로 소리를 못 듣게 된 것 같다. 그 분은 호떡으로 자신이 정상인보다 좀 다르다는 것을 표현해보고 싶었던 걸까? 가슴이 뭉클해진다.

　난 정상인이 사고로 소리가 들리지 않는다는 점 때문에 절망하고 세상을 원망했을 분이 이렇게 호떡을 팔면서 열심히 사시니 정말 존경스러웠다. 그래서 많이 파시길 원해 크기도 엄청 큰 것을 8개나 사 왔다. 오늘 다 못 먹으면 내일 또 간식으로 먹으면 되니까 돈 되는대로 많이 사 왔다. 많이많이 파세요, 아저씨! 단지 소리가 안 들린다 뿐이지, 정상인이었다. 청각 장애인이지만, 모든 사람은 다 이 세상에 쓸모가 있다는 엄마 말에 난 격려를 해주고 집으로 돌아왔다.

　호떡 몇 개 사면서 참 많은 생각을 했음을 알 수 있는 글이다. 보통 사람이라면 어려움을 딛고 잘 사는 호떡 아저씨의 모습에 그냥 큰 소리로 인사만 하거나 고맙다는 마음만 담아 둘 텐데, 민경이는 한꺼번에 다 먹지 못할 만큼 큰 호떡을 여덟 개나 샀다. 그 행동이 우리 마음을 더 크게 울린다. 그래서 읽는 맛과 감동을 함께 준다.

곱하기와 친구는 같다.

김시진(김해 덕정초등학교 6학년)

　3+7=10. 이 식은 3×2+7×2=10×2와 같다. 또 3×3+7×3=10×3과도 같다.

　분명히 서로 다른 숫자임에도 어떻게 같아질까? 곰곰이 생각해 봤는데 A라는 사람이 있다. 그리고 B라는 사람이 있다. 이 둘에게 똑같이 C라는 사람을 붙여준다. 그럼 이 둘은 모두 같아진다. 어떻게? 친구로서 말이다! 이 셋은 친구로서 같아졌다. 자, 이제 이해가 되는지? 식도 똑같다. 3과 7에 ×2라는 친구를 붙여도 서로 같고, ×4라는 친구들 붙여도 마찬가지이다. 어디에서, 어떻게든 친구는 같아진다. 곱하기는 친구와 같다. 그리고 친구는 대단하다.

발견과 깨치는 기쁨이 보이는 글이다. 하나의 문장에 마음이 꽂혀 생각을 깊게 하는 것이 보인다. 그러다 보면 사고력이 넓어진다. 단순한 계산식이지만 그것을 이해하는 과정에서 나오는 나름의 해석이 공감을 불러일으킨다. 위 글처럼 책을 읽거나 공부를 하다 보면 머릿속을 스치는 무엇인가가 떠오르기도 한다. 바로 발견하는 기쁨이다.

참새가 죽었다

이주송(김해 진례초등학교 6학년)

금호가든에서 새끼 참새가 무리에서 떨어져 죽어 가는 것을 내가 잡아다 키워 주었다. 그런데 학교 갔다가 참새를 풀어서 놀리고 하니 잘 움직이지 못하였다. 아빠가 점심에 슈크림이 든 빵을 주었다고 한다. 점점 참새가 다리가 굳어갔다.

두 시간 뒤 통을 열어보니 참새가 죽어 있었다. 나도 모르게 눈물이 났다. 얼굴에 눈물이 다 젖었다. 생각해보니 참새에게 너무 미안했다. 전봇대 앞 가지런히 묻어놓은 참새 무덤. 지나갈 때마다 가슴이 너무 아프다. 우리 엄마는 어렸을 때 키우던 병아리가 죽어 날마다 제사 지내주었다고 한다. 차라리 그냥 놔둘걸. 너무 후회되고 잠이 오지 않았다. 앞으로는 동물을 함부로 데리고 오면 안 되겠다.

나 좋다고 한 일이 한 생명이 사라졌다. 미안하다. 참새야.

생명에 대한 사랑이 느껴지는 글이다. 누구나 죽어 가는 생명을 불쌍히 여긴다. 불쌍하게 여길 정도의 생각으로만 머문다면 밋밋해지기 쉽다.

위 글은 여기에 머물지 않고 죽어 가는 생명을 살려 보려는 노력과 움직임이 보인다. 그런 마음이 우리에게 한 차원 높은 공감과 생각을 갖게 한다. 본받고 싶은 행동이다. 본받고 싶게 한다는 것은 글을 읽는 사람의 행동에 변화를 줄 수 있다는 뜻이다. 좋은 글은 좋은 행동의 변화를 이끌어 낸다. 행동이 글이 되고 글이 다시 행동으로 옮겨진다.

흰머리

안승기(김해 덕정초등학교 6학년)

저녁에 아빠가 흰머리를 뽑아 달라고 했다. 그래서 나는 10개에 100원을 달라고 했다. 아빠가 그래라고 해서 20분 동안 뽑기 시작했다. 뽑기 시작하니깐 손이 아프고 허리가 아파서 아빠보고 소파 밑에 내려가라고 하고 나는 소파에 앉아서 흰머리를 뽑았다. 약 40개 정도 뺀 것 같았다. 아빠가 돈을 주려고 했지만 안 받았다. 이런 일은 당연히 해야 하는 일이기 때문이다. 다음에 또 뽑아 드려야겠다.

식구들에 대한 사랑과 애정이 담긴 글이다. 읽는 이의 마음까지 따뜻하게 데운다. 아빠의 흰머리를 보고 고생하신다, 힘드셨나 보다, 고맙다는 마음에만 머물지 않았다. 흰머리 몇 개를 뽑으면 돈을 얼마 받겠다고 했지만 실제 행동은 그렇지 않았다. 변화가 있었다. 마음이 행동으로 바뀌어 나타났다. 당연한 일로 받아들이고 있다. 한 순간 성큼 성숙해진 느낌이다. 아이들은 이렇게 마음이 커 간다. 철이 들어간다. 진실하고 올바른 삶의 변화가 감동을 준다. 글의 가치를 높인다.

앞서 아이들의 글을 보는 관점 네 가지를 이야기했다. 아이들의 글에서 자주 보이는 문제점이기에 네 가지를 먼저 다루었다. 주로 내용적인 면이었다. 내용이 튼튼하면 읽을 맛과 재미, 감동을 주기 때문이다.

- 자세히 쓰고 있는가?
- 재미있게 쓰고 있는가?
- 자기 이야기(삶)를 쓰고 있는가?
- 글에 감동이 있는가?

'솔직하게 썼는가?', '생명을 소중히 여기는 마음이 담겼는가?'를 살펴보는 것도 여기에 포함될 것이다. 좀 더 깊이 있게 본다면 이런 관점의 내용도 덧붙이고 싶다. 문제 상황이나 개인차에 따라서 우선순위가 바뀌기도 한다. 솔직함을 먼저 강조해야 할 아이가 있고, 자세히 풀기를 많이 지도해야 할 아이도 있다. 이런 관점은 글을 고칠 때 기준이 되기도 한다.

내용적인 면이 아니라 다른 여러 면에서도 아이들 글을 볼 필요가 있다.

- 쉬운 우리말로 썼는가?
- 우리말과 말법, 맞춤법에 맞는가?

이런 관점은 형식적인 면이다. 형식도 필요하지만 먼저 내세우지는 않는다. 내용을 충실히 풀어 가면서 조금씩 들어가면 좋겠다. 형식까지 너무 완벽함을 쫓다 보면 부담스러워져 정작 글을 쓰고 싶은 마음을 해칠까 봐 조심된다. 가장 먼저 마음껏 쓸 수 있는, 쓰고 싶은 마음을 지니게 하는 것이 중요하다.

무엇인가를 쓰지 않는다면 내용도 형식도 다룰 수 없다. 잘 쓴다거나 못 쓴다는 평가의 관점에서 벗어나, 부담감을 떨치고 속 시원하게 쓰게 하는 것이 첫 번째다.

03 교과에 따른 글쓰기와 갈래별 글쓰기

글을 교과 따로, 생활 따로 쓰는 건 번거롭고 부담된다. 교육과정에서 익히는 글쓰기도 결국 생활과 이어진다. 교과서의 지식들은 우리 삶에 도움을 주려고 모아 놓은 것이다. 생활 습관으로 자리 잡으면 삶을 풍요롭게 해 준다.

교과서의 글은 문제에 답하듯이 쓰고, 평소 글은 주제 없이 마음껏 풀어 써야 한다는 생각의 틀을 갖지 않았으면 한다.

갈래별 글 형식에 맞춰 쓰기보다 먼저 주제에 맞는 자기 경험과 생각을 드러내는 것이 중요하다. 일기 글처럼 자신이 겪은 일을 마음껏 풀어내고, 글을 고치는 과정에서 교과에서 배운 체계를 적용해 보면 좋겠다.

형식에 맞춰 쓰는 글도 필요하다. 그렇지만 대부분 학교에서 쓰는 글쓰기가 틀에 맞춰 써야 할 상황이 잦아, 실제 쓰고 싶은 글감이나 주제로 풀 기회가 적다. 그래서 더욱 자기 경험과 생각을 풀지 못한다. 자기 경험과 생각 풀기가 앞서지 못하니 글을 형식에 끼워 맞추게 되고, 검사를 받고 나면 그것으로 글의 생명이 끝나 버린다. 생활 글, 일기를 쓰는 중요한 까닭 한 가지를 여기서 찾을 수 있다.

교과 활동이나 행사에 쓰이는 글은 주제와 글감이 주어진다. 그래서 제목이나 주제에 대해 신경이 덜 쓰인다. 글을 쓰려고 필요한 정보를 조사하고 인터뷰나 면담, 토의와 같은 방법을 써서 논리 있게 맞춰 나간다.

교과 활동에서는 과제 해결이나 평가 목적으로 글을 쓰거나 강제하기도 한다. 확인받기 위한 마음이나 의무감 때문에 자기의 삶과 잇기가 쉽지 않다. 겪지 못했거나 생각나지 않아 결국 남의 의견을 끌어들여 말맞추기로 정리하기도 한다. 이런 형태의 글쓰기 습관이 굳어지면 글쓰기의 재미와 맛을 잃게 된다.

글쓰기의 재미와 의미, 필요성을 알고 평소 꾸준히 써 온 이들(어른이나 아이 모두)은 어떤 주제라도 자기만의 경험을 살려 낸다. 자기 삶이 녹아 있어 공감과 재미, 감동으로 이어진다. 설득과 공감의 힘으로 글의 영향력도 커진다.

교과서의 글을 갈래별로 보면 편지글, 기행문, 설명문, 시, 주장글(논설문), 관찰 기록물, 조사 보고문, 극본, 기사 등이 있다. 또한 행사 글로는 기행문, 설명문, 생활 감상문이 있다.

일기나 생활 글은 교과에서 다루는 글보다 자유롭다. 주제와 글감을 스스로 정할 수 있어 선택 범위가 넓으며, 자기 삶과 경험에서 먼저 찾아보려고 한다. 글감이 폭넓다는 장점은 있지만 오히려 막막해서 힘들다는 아이도 있다. 차라리 주제와 글감을 정해 주기를 바라기도 한다. 글쓰기가 과제 해결과 검사, 빨리 끝내는 게 목적이 되면 일정한 형식의 틀에 고정된다. 일정한 형태에 갇힌 아이들은 오히려 이런 형식에 맞추어서 쓰는 글을 편안해한다. 그런데 이런 글쓰기에 익숙해진 아이들은 글쓰기를 쉽게 포기한다. 일정한 틀에 얽매인 경험과 막막함, 귀찮음, 힘듦만 남아 어른이 되어서도 자기 경험을 풀어 쓸 줄 모르거나 생각을 못 하게 된다.

자기 생각을 펼쳐 나갈 기회를 자주 가져야 한다. 이는 교과 활동 시간 갈래별 글쓰기와도 연결된다. 일기를 잘 쓰는 아이가 교과 활동 글쓰기에도 좋은 글감을 찾아내서 쉽게 풀어 내는 것만 봐도 알 수 있다.

04 글감 찾기

우리 삶에는 답답한 이야기, 억울한 이야기, 부끄러운 이야기, 우스운 이야기, 짜증나는 이야기, 숨기고 싶은 이야기와 같이 다양한 이야기가 있다. 그런데 그 가운데 쓸거리로 즐겁고 재미있는 것만 고르려 하니 쓸거리가 없다고들 한다. 즐겁고 재미있다는 글, 잘 먹고 잘 놀았다는 글을 보면 별 재미가 없다. 했다는 것만 나열할 뿐, 감동과 가치를 느끼기가 쉽지 않다. 오히려 힘들고 억울하고 답답하고 부끄러운 이야기가 읽는 이에게 공감을 불러일으킨다.

다음은 어느 신문사 글쓰기 대회 작품에서 글 제목만 뽑아 놓은 것이다.

- 물건: 연필, 지우개, 공, 저금통, 가방
- 자연: 가을, 무지개, 눈, 비, 낙엽, 구름
- 사람: 엄마, 가족, 선생님, 동생, 아기
- 행사: 교통안전, 불조심, 환경, 양성평등, 자연보호

학교에서 아이들이 참여하는 글쓰기 대회에 나오는 글 제목도 이와 비슷하다. 환경보호, 자연보호, 불조심, 저축, 통일, 안보, 양성평등, 교통안전, 물 사랑, 한글 사랑과 관련한 행사도 끊임없이 이어진다. 과제나 평가, 의무로 쓰는 글도 많다. 이런 주제로 글을 쓰다 보면 환경보호,

자연보호, 불조심, 저축에 교육 효과를 볼 것이라 여기고 시켰겠지만 이런 시간과 노력이 정말 효과가 있었을까 의문이다.

행사에 따른 글감들은 아이들의 삶과 멀리 떨어져 있다. 직접 겪기보다는 겪을 만한 일을 만들어 그럴듯하게 꾸미거나 다른 사람 글을 모아 짜 맞추게 된다. 상상하여 짓는 글이 된다. 언제든, 누가 써도 글 내용이 별로 바뀔 게 없다. 해마다 이런 비슷한 고민, 비슷한 글 형태가 되면서 글쓰기에 싫증과 귀찮음만 키우는 것이 아닌가 싶다. 나중에는 결국 많은 아이가 스스로 글쓰기엔 재주가 없다고 포기한다. 글은 재주 있는 아이만 쓸 수 있다고 믿는다.

주장하는 글쓰기 수업을 할 때 일이다.

먼저 아이들이 지금까지 써 온 주장 글의 제목을 물어 보았다. '교통질서를 잘 지키자', '분리 배출을 잘하자', '불량 식품을 사 먹지 말자'와 같은 글감이 나왔다. 다 좋은 말이지만 여전히 잘 지켜지지 않는 일이기도 하다. 아이들이 써 온 글감이나 주제들은 바른 생활이나 도덕 교과서에 나오는 사회 규칙이나 규범에 필요한 교훈적인 말이 많다. 이런 글감들은 아이들이 평소에는 잘 생각하지 않는다. 글쓰기를 할 때만 나타나는 글감과 주제들은 자기가 겪은 일과 별 관계가 없는 것들이다.

그래서 본보기 자료를 준비했다. 한국글쓰기교육연구회 회보에서 뽑은 아이들 글 제목을 모아서 알려 주었다. 아이들에게 공감이 갈 만한 제목들을 모았다.

남의 말을 귀 기울여 듣자
책상에 올라가지 말자

자기가 맡은 청소를 잘하자

나가 놀고 들어와서 꼭 씻자

공부 시간에 화장실에 가지 말자

칠판에 낙서하지 말자

남의 것을 베끼지 말자

남의 작품을 함부로 만지지 말자

지우개를 자르지 말자

장난 전화를 하지 말자

선생님이 말할 때 떠들지 말자

어른들에게 말대꾸를 하지 말자

유행을 따라가지 말자

입에 음식을 넣고 말하지 말자

사람이 많은 곳에서 트림을 하지 말자

밥 먹을 때 더러운 말을 하지 말자

나는 아이들이 쓸거리, 글감이 떠오르지 않아 힘들어 하면 이렇게 비슷한 또래 아이들의 글감을 모아서 보여 주곤 한다. 교과 시간에도 교훈적인 글감에만 고정되어 있는 생각을 풀기 위해 글감 목록을 만들어 두었다 보여 준다. 이렇게 하면 자기가 공감하는 제목이나 글감이 떠오를 가능성이 높다. 막연한 글감에서 현실적인 자기 문제로 좁혀지기 시작한다. 그런 다음 스스로 글감을 정해서 칠판에 나와 써 보게 한다.

이렇게 본보기 글감을 주더라도 도덕규범적인 글감에서 벗어나지 못하는 아이가 있기 마련이다. 어쩔 수 없는 일이다. 그런 습관은 하루아

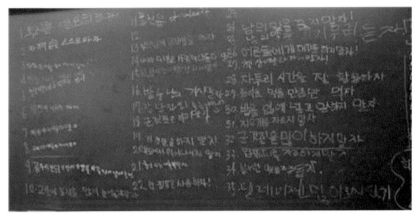

공감하는 제목을 칠판에 모두 쓰게 해서 공유한다.

침에 고쳐지지 않는다. 쓰고 싶은 글감을 찾을 기회가 많지 않아서일 수도 있다.

아이들이 정한 글감을 칠판에 쓰게 하면 공유가 된다. 서로 어떤 글감이나 주제를 잡았는지 보면서 감을 잡는다. 또래끼리의 생각을 공유할 수 있는 방법이다. 교사의 지시보다는 이렇게 서로의 의견을 볼 수 있는 자리에서 스스로 고칠 수 있는 힘과 용기가 생긴다. 한 번에 정할 것이 아니라 다시 바꿀 수도 있다. 다른 사람의 생각과 경험을 살피면서 생각의 폭을 넓혀 갈 수 있다.

집에 오자마자 손과 발을 씻자
물건을 조금만 늘어놓자
형제, 자매들과 싸우지 말자
남의 음식을 받아먹지 말자

동생이 까불어도 참자

혼자서 밤길을 다니지 말자

천필통을 쓰자

지우개를 잘라서 장난을 치지 말자

청소 시간에 도망치지 말자

공부 시간에 연필을 깎지 말자

책 읽을 때 내용을 말하면서 읽자

밥을 먹고 빈 그릇은 물에 담가 놓자

자투리 시간을 잘 활용하자

자기가 쓰고 싶은 글감이 구체적이고 현실적이면 자연스럽게 자기 삶을 살피게 된다. 생생하게 겪었기 때문이다. 기회가 되면 꼭 한 번 말하고 싶은 일이기도 하다. 글쓰기는 그런 기회를 주는 일이다.

자기 삶에서 글감을 찾다 보면 답답한 일, 억울한 일, 짜증난 일, 불공평한 일들이 많이 드러난다. 내가 지도한 아이들의 경우, 처음에는 문제점을 찾는 글감이 많았다. 그런데 글을 쓸 기회가 잦아지면서 조금씩 문제를 해결하는 쪽으로 글감이 발전해 갔다. 꾸준히 글을 쓰면서 성장해 갔다. 이런 성장의 발전을 보는 것이 글쓰기 지도의 기쁨과 보람이기도 하다.

모든 아이가 제대로 된 글감을 찾아 내지는 못한다. 주제에 따라서 늘 잘 쓰는 아이도 어떤 때는 막막해한다. 지금까지 늘 어떤 틀에 맞춰서 글을 썼던 아이들은 그 틀을 벗어나는 데 오랜 시간이 필요하다. 솔직하게 자기 이야기를 써 보지 않아서 낯설어 하거나 자신의 삶이나 생각이 드러나는 것을 두려워하는 아이도 있다. 이런 아이들은 글 내용보다 먼저 솔직하게 자기 이야기를 써 보는 것이 중요하다. 부담 없이 편안하게 쓰고, 그런 이야기를 편안하게 받아들였을 때 글은 쉽고 편해진다. 부담감과 막연함이 없어지면 글쓰기는 자연스럽게 재미가 붙게 될 것이다.

글감은 먼저 자기가 쓰고 싶은 것을 찾아야 한다. 쓰고 싶은 글을 쓰지 않으면 앞으로 써야 할 글에 자기 시간과 삶을 끼워 맞추게 된다. 써야 할 글에는 아무래도 자기 경험보다는 끼워 맞추기에 빠지기 쉽다. 물론 써야 할 글도 자기가 겪었거나 고민한 문제점이라면 개성 있는 글이 된다. 경험이 많거나 생각과 고민을 많이 해 본 사람은 쉽게 글을 쓸 가능성이 높다.

학년이 올라갈수록 써야 할 글이 많아진다. 그때마다 자기가 쓰고 싶은 글과 서로 어울리거나 호흡이 맞으면 좋겠지만, 딱 맞아떨어지지는 않을 것이다. 그래서 더욱 평소에 쓰고 싶은 글을 자주 쓸 필요가 있다. 쓰고 싶은 글감을 찾아 쓰면서 학교에서 배우고 익힌 것을 글을 고치는 데 활용하면 좋겠다.

좋은 글감은 멀리 있지 않다. 지금 현재 내가 고민하고 비판하고 감동하고 깨치는 순간에 있다. 그 순간 본 대로, 들은 대로, 말한 대로, 생각한 대로 솔직하게 쓰면 된다. 쉬우면서도 꾸준히 실천하기가 힘들지 모른다.

글쓰기는 생각이 아닌 실천에 있다. 행동에 있다. 행동이 글이 되고, 그 글이 다시 행동으로 이어지고 올바른 삶으로 가꾸어져 다시 글로 드러나 공감과 감동을 준다.

05 맞춤법, 문법을 어떻게 가르칠 것인가?

   내가 초등학교에 다닐 때, 글을 써서 내면 선생님께서는 주로 틀린 글자와 맞춤법을 봐 주셨다. 빨간 볼펜으로 고칠 부분을 표시해 주었다. 글 내용에 대해서는 이렇다 할 말씀이 없었다. 그래서 글을 쓸 때는 오타와 맞춤법에 더 신경을 썼다. 무슨 내용을 주로 썼는지는 기억에 없다.

   글을 쓸 때 맞춤법과 문법은 두 번째 문제다. 맞춤법과 문법 때문에 정작 쓰고자 하는 내용, 마음껏 쓰려는 마음을 방해받아서는 안 된다. 지금도 아이들 글을 지도하려고 보면 틀린 글과 문장이 먼저 눈에 들어온다. 그렇지만 먼저 쓰려고 하는 것을 잘 풀었는지부터 살펴야 한다.

   마음껏 쓰고 나서 차근차근 맞춰 가면 된다. 아이들마다 주로 틀리는 글자와 문장, 문법이 다양하다. 말하고 글을 쓰는 성향에 따라 자주 틀리는 글자와 문장이 있다. 아이들 글을 자주 보면 이런 성향을 파악하게 된다. 아이들마다 글을 쓰는 습관과 특성, 반복되는 실수가 보이면 한 사람씩 만나서 이야기해 줄 수 있다.

   개인별로 자주 틀리는 맞춤법과 문법을 모아 보면 반 아이들 모두가 자주 틀리는 글자와 문장, 표현, 맞춤법도 드러난다. 이런 것들을 모아서 복사물로 만들어서 나누어 주고, 공책 표지 뒤쪽에 붙이도록 한다. 그리고 자투리 시간 때 반 아이들에게 설명을 해 주면 더 좋다. 물론 한 번만 설명해서는 잘 고쳐지지 않으니, 학급 게시물과 같은 늘 눈에 띄는 곳에 붙여 두는 방법도 좋다.

워드프로세서에 자동으로 맞춤법과 문법을 고쳐 주는 기능이 있다. 편리해서 권하기도 하지만 한 번 고친 글도 또 틀리는 모습을 자주 본다. 자동으로 고쳐 준다고 해도 왜 틀렸는지 살펴보지 않고 넘어가면 또 틀리게 된다.

초등학교 교육과정만으로 완벽하게 맞춤법과 문법이 완성되지 않는다. 중·고등학교 교육과정에서 더 많이 배울 기회가 있다. 글을 자주 쓰고 고치는 과정에서 실수하거나 틀린 부분이 드러나면 익혀 나가면 된다. 자주 써 보면 자주 쓰는 표현과 실수가 나온다. 글을 쓰고자 하는 마음과 동기를 잃지 않도록 하는 데 애를 쓰자. 평소 아이들 글에서 자주 나타나는 맞춤법이나 우리 말법, 문법이 잘 맞지 않는 예를 뽑아 보았다.

띄어쓰기와 마침표(온점)

원본	고친 것
요즘너무덥다 여름이라서 당연히 덥지만 작년여름보다 더더워진거같다 지구온난화 때문인가? 오늘형이 개학을했다 정상수업이여서 4시정도에 마칠줄알았는데 2시쯤에 마쳤다	요즘 너무 덥다. 여름이라서 당연히 덥지만 지난 여름보다 더 더워진 거 같다. 지구 온난화 때문인가? 오늘 형이 개학을 했다. 정상 수업이어서 4시 정도에 마칠 줄 알았는데 2시쯤에 마쳤다.

요즘은 어른이고 아이들이고 간에 손 글씨보다 워드프로세서로 글을 많이 쓴다. 글자판으로 치다 보니 띄어쓰기를 잘 생각하지 않는다. 또한

문장이 끝나도 마침표(온점)를 잘 찍지 않는다. 온점은 평소 손 글씨를 쓸 때도 잘 찍지 않는다.

문장부호, 채팅 말 고치기

원본	고친 것
***는 공부 대박잘함yo!! hum….end ***is cute!!!!! 　ㅋㅋㅋㅋㅋㅋㅋㅋㅋㅋ미모의소유　ㅋ 아 완죤웃기다?! 일단 ***는 손이 맵다. 맞으면으앙 쥬금ㅠ	***는 공부를 너무 잘한다. 음, ****는 귀엽다. ㅋㅋㅋ 너무 예뻐. 아, 완전 웃기다. 일단 **** 손이 맵다. 맞으면 으앙 죽음이다.

요즘은 각종 미디어에서 느낌표와 물음표를 일종의 상징 이미지처럼 두 개, 세 개 연달아 붙여 쓴다. 그런 게 자연스럽게 이어져 댓글이나 일기장, 글쓰기에도 겹으로 쓰는 문장 부호가 많다. 또한 자음만을 이용한 은어도 자주 쓴다. 맞춤법을 말하기에 앞서, 처음 글을 쓸 때는 마음껏 쓰더라도 고칠 때는 제대로 쓰는 버릇을 들여야 한다.

'～라고 말했다', '～라고 생각했다', '～라고 느꼈다'

원본	고친 것
아빠가 "내가 그렇게 하지 말랬지" 고 말했다. '그럼 어떻게 말해라고?' 라고 생각했다. 나는 목줄맺인 강아지 같다고 느꼈다.	"내가 그렇게 하지 말랬지." 아빠가 목소리를 높였다. '그럼 어떻게 말하라고?' 답답했다. 나는 목줄 매인 강아지 같다.

'~라고 말했다, ~라도 생각했다, ~라고 느꼈다'는 표현은 영어 번역에서 주로 쓰는 말로, 쓰지 않아야 하는 말이다. 아예 빼거나, 그때의 속마음으로 풀면 될 일이다. '기쁨을 느꼈다, 슬픔을 느꼈다, 만족을 느꼈다'보다는 '기뻤다, 슬펐다, 만족했다'가 우리 말법에 맞다. 이런 문장을 자주 보고 쓰다 보니 요즘은 말을 할 때도 '~라고 생각합니다', '~하고 느꼈습니다'라는 표현이 흔해졌다.

이와 비슷한 말로 '~인 것 같다'가 있다. '기분이 좋은 것 같아요, 기쁜 것 같아요. 지금 슬픈 것 같아요'라고 자기 기분을 마치 남의 마음을 보고 짐작하듯 하는 말로 쓴다. '기분 좋다. 기쁘다. 슬프다'라고 명확하게 말하고 써야 한다. 말이 뚜렷해야 글과 행동도 뚜렷해지고, 자신감과 책임감 있는 삶으로 이어진다.

06 글 고치기

　글 고치기에도 글을 쓸 때만큼 비슷한 시간이 걸린다. 때론 더 길어지기도 한다. 교과 활동 시간은 크게 얼거리 짜기(개요 짜기)와 내용 조사, 글 마무리 단계로 이어진다. 따로 시간을 내어 글을 고쳐 볼 시간이 빠듯하다.

　누군가의 글을 고치는 일은 조심스럽다. 잘못된 '글 고치기'는 오히려 안 하는 것보다 못하다. 그래서 지도하는 처지에서는 힘든 일이다. 글을 지도하는 사람은 아이들 글을 보는 힘을 기르기 위해 끊임없이 노력하고 공부해야 한다.

　글 고치기는 글을 쓴 사람이 스스로 하도록 지도해야 한다. 교사의 눈에는 고칠 부분이 많이 보인다. 그래서 한꺼번에 말해 주고 싶을 때가 있다. 하지만 그것 역시 어디까지나 글은 쓴 사람이 해야만 좋은 글이 나온다. 아무리 고칠 거리가 많아도 스스로 깨쳐서 고칠 기회와 시간을 빼앗으면 안 된다. 교사의 의도대로 이끌어 가 버리면 글 쓰는 주체가 바뀌어 버린다. 서툴고 모자라도 글쓴이의 의견을 존중해서 스스로 고치도록 한다.

　하나에서부터 열까지 고쳐 주기를 바라고 기대는 아이도 있다. 글쓰기는 한 번으로 끝나지 않는다. 평생 써야 한다. 자신의 말로 진실하게 쓰고 자신의 관점으로 고쳐야 한다. 글 고치기의 원칙은 앞서 말한 아이들의 글을 보는 관점과 비슷하다. 거기에 두 가지를 덧붙이면, 내용 면에서 다음과 같은 점을 살펴보아야 한다.

- 자세히 쓰고 있는가?
- 자기 이야기(삶)가 있는가?
- 재미있는가?
- 감동(가치)이 있는가?
- 필요 없는 말, 줄여도 되는 말은 없는가?
- 자기가 평소에 쓰는 말로 썼는가?

그밖에도 여러 가지 기준을 넣을 수 있다. 지도하는 반 아이들의 글에서 공통으로 드러나는 문제점을 찾아보면 자기 반만의 두드러진 관점도 생길 것이다. 그러면 자연스럽게 고쳐야 할 부분도 드러난다. 만나는 아이들마다 조금씩 차이는 있다. 하지만 큰 원칙에는 변화가 없을 것이다.

- 틀린 글, 빠진 글, 필요 없는 글자는 없는가?
- 문단은 알맞게 나뉘어졌나?
- 굳이 들어가지 않아도 되는 어려운 말이나 한자말, 다른 나라 말은 없는가?
- 우리말과 말법, 맞춤법에 맞는가?
- 띄어쓰기, 문장 부호를 알맞게 쓰는가?

이렇게 틀린 글자, 띄어쓰기, 문법 등 형식적인 면도 챙겨 볼 수 있지만, 앞서 이야기했듯이 형식을 지나치게 강조하면 쓰고 싶은 마음이 흔들리기 때문에 조심해야 한다.

〈글 고치기 약속 기호〉

◯ 틀린 글자

∨ 띄어쓰기

⌒ 붙여 쓰기

♂ 필요 없는 말, 없어도 되는 말

〰〰〰〰〰〰〰〰 자세히 써야 할 부분(빨간색)

〜〜〜〜〜〜〜〜〜 잘 쓴 부분(파란색)

‾‾‾‾‾‾‾⌐ 줄 바꿔 쓰기

　처음에는 고칠 부분을 표시만 해 준다. 자세하지 못한 내용, 무슨 말인지 뚜렷하지 않는 부분이다. 글쓰기를 지도할 때는 한 반의 학생 수가 많더라도 한 사람씩 만나 이야기했으면 한다. 아이와 마주 앉아서 자세히 써야 할 부분에 대해 누가, 언제 했는지, 왜 그랬는지, 그때 무슨 말을 했는지 묻고 답한다. 방금 말한 대로 그대로 써 오게 한다. 이런 방식으로 나머지 부분도 스스로 묻고 답하면서 쓰게 한다. 이렇게 쓰면 내용이 풍부해진다. 그다음으로 주제에 불필요한 부분, 없어도 되는 부분을 줄여 나가면서 중심을 잡아 간다.

　교사와 함께 몇 번 글 고치기를 하고 나면 짝이나 모둠끼리 글 고치기를 하게 지도한다. 아이들끼리 제대로 글을 고치겠느냐는 의심이 들겠지만 고치지 못해도 괜찮다. 서로 글을 봐 주는 과정 자체가 중요하다. 또래끼리 글을 보면서 자기 글의 수준을 가늠해 볼 수 있어 글쓰기의 집중도를 높여 준다.

또한 서로의 글을 고쳐 주면서 함께 이야기한다는 것이 중요하다. 내가 쓴 글이라도 내가 읽는 것과 남이 읽는 것에는 큰 차이점이 있다. 내이야기를 내가 쓰는 경우, 자세히 쓰지 않아도 나는 쉽게 이해한다. 그렇지만 남의 눈은 다르다. 자세히 쓰지 않으면 잘 모른다. 뚜렷하게 머리에 그려지지 않는다. 내가 쓴 글도 시간이 지나면 흐려진다. 그래서무슨 글을 쓰든 남이 읽어도 생생할 만큼 자세히 써야 한다. 그렇게 고쳐 써야 한다. 다른 사람은 미래의 나다.

서로 고쳐 주기도 처음에는 교사가 먼저 기준과 방법을 알려 준다. 예를 들어 "자세히 쓸 부분은 파란 펜으로 그어 주세요."라든지, "틀린 글자는 동그라미를 쳐 주세요."라고 알려 준다. 내용과 형식에서 몇 가지씩 관점을 잡아 준다. 아이들은 문단 나누기도 많이 헷갈려 한다. 따라서 "문단 나누기가 이상한 부분에 별표를 해 주세요." 하고 나름대로 특별한 표시를 약속하기도 한다.

이렇게 서로 고쳐 주기를 했어도 다시 한 번 교사가 봐 주어야 한다. 서로 고쳐 주어도 다 틀릴 수 있다. 이런 경우는 기록해 두었다가 아이들에게 말해 준다. 이런 기록들은 교사의 글쓰기 지도 능력과 성장을 높인다.

혼자 고쳐야 할 때도 있다. 그럴 때는 먼저 천천히 읽도록 지도한다. 읽다 보면 내용이 맞지 않거나 어색한 부분이 드러난다. 말이 글이고 글이 말이다. 말한 대로 쓴다는 마음으로 다가가면 글쓰기가 훨씬 덜 부담스러울 것이다. 이때도 미리 교사가 글 고치기의 기준과 관점을 정리해 복사물로 나누어 준다. 뚜렷한 관점을 두어서 스스로 고쳐 나가게 한다.

글 고치기의 목적은 좋은 작품, 완성본으로 만들려는 것이 아니다. 좋은 글, 좋은 작품으로 만들기 위해 하지도 않는 일을 했다고 고쳐 쓰면 안 된다. 어디까지나 정직하고 진실하게 써야 한다. 우리의 삶을 고쳐서 그것이 글로 드러나야 한다. 삶과는 동떨어진, 글로만 다듬어 완성도 높은 글이어서는 안 된다. 거짓을 숨겨도 글쓴이는 안다. 거짓이 늘어나면 나중에는 머리로만 짜 내는, 삶이 없는 글이 되고 만다.

글 하나를 고치는 마음도 우리 삶을 가꾸어 가는 마음과 같아야 한다. 한갓 국어 공부, 문제집 한 쪽 푸는 공부가 아니다. 무엇보다 삶과 함께 고쳐 나가는 노력이 중요하다.

07 합평

　합평은 작품을 두고 여러 사람이 모여서 서로 비평을 주고받는 일을 말한다. 여기서 여러 사람은 아이들이 될 수도 있고 교사들이 될 수도 있다. 글을 쓰기 전 먼저 본보기글로 합평을 하기도 하는데, 글쓰기 방법이나 내용을 보면서 자기가 쓸 글을 구상하고 글감을 찾는 데 참고가 된다. 글을 쓰고 나서 대표 작품 몇 편을 함께 보면서 글 고치기 합평도 할 수 있다. 아이들이 쓴 글을 하나씩 개별적으로 지도하기에 앞서 아이들이 자주 틀리거나 헷갈려 하는 것을 반 아이들과 함께 다루어 보는 것도 좋은 방법이다.

　학급에서는 교사가 글을 준비해서 반 아이들 모두의 의견과 비평을 이끌어 낸다. 자주 글쓰기를 하다 보면 아이들 글이 많이 모인다. 이런 글 가운데 미리 본보기글을 보여 주면서 많이 틀리는 글자, 문장, 문법, 표현을 일러 준다.

　글 고치기도 자주 틀리는 대표 문장을 뽑아서 스스로 고칠 수 있는 관점과 방법을 일러 줄 수 있다. 무작정 던져 놓고 말을 해 보라고 하면 관점과 기준이 없어 머뭇거린다. 합평 역시 아이들의 글을 보는 관점, 글 고치기 관점이 비슷하다.

　칠판에 관점을 써 놓거나 붙여 놓고 글을 텔레비전 화면 가득 보이도록 만든다. 칠판에 쓰인 관점을 하나하나의 기준에 따라서 함께 살펴본다. 이런 과정은 그대로 자기 글, 짝이나 모둠 아이들 글을 고쳐 주기 할 때도 적용되기 때문에 단계별로 맞춰 정확하게 해 준다. 합평하면서 나온 질문이나 정리 내용은 다시 기록해 학급 누리집에 올리거나 복사물로 만들어 나누자. 그러면 아이들에게 글쓰기와 글 고치기에 좋은 참고 자료가 될 것이다.

교사들끼리의 합평도 추천한다. 같은 학년 모임이나 교사 모임(동아리 모임)에서 자기 학급 아이 글을 가지고 와서 함께 이야기해 보는 것이다. 실제 교사는 아이들과 이야기해 본 것으로 글쓰기를 마무리한다. 교사도 성장해야 한다. 아이들의 글을 보는 눈도 길러야 한다. 비평하고 분석해 보고 원인을 찾는 노력이 꾸준히 이어져야 한다. 다양한 관점으로 글을 보고 해석하는 힘도 필요하다. 그래서 혼자서는 힘들다.

글을 보는 눈도 성장해야 한다. 해마다 지도하면서도 늘 고만고만한 정도의 지도와 글을 보는 힘에 머물러 있다면 성장의 기쁨을 맛볼 수 없다.

교사 모임에서 아이 글을 합평하면 많은 공부가 된다. 글을 통해 아이들의 세계를 이해할 수도 있다. 요즘 아이들이 자주 틀리는 글자와 표현, 문장도 함께 공유하면서 알게 된다. 서로 다른 학교 교사들이 일주일에 한 번 정도 만나서 각자 실천한 결과물을 함께 나누면서 배움의 즐거움과 학습동기도 키운다. 그러려면 용기와 도전이 필요하다. 그것이 교사 성장의 밑거름이 된다.

교사 공부 모임을 꾸준히 이어 갔으면 한다. 뜻이 맞는 서너 사람으로 시작해도 좋다. 교사들도 어렵고 짜증나고 힘들고 속상했던 일을 나누며 보고 듣고 말할 줄 알아야 한다. 기록할 줄도 알아야 한다. 그 과정을 겪으며 부대끼는 과정에서 '현장 감각'이 높아진다. 아이들의 글을 보고 합평하면서 아이들이 보고 듣고 생각한 것들, 마음에 일어나는 움직임

(떨림, 부끄럼, 용기, 자신감, 고민, 답답함)도 함께 공유한다. 아이들 눈높이에 맞게 말할 수 있는 지도 내용과 본보기를 찾을 수 있다.

처음에는 할 말이 없거나 있어도 눈치만 보게 된다. 그러나 편안한 분위기가 되면 부담 없이 말이 나온다. 하고 싶은 말을 나누다 보면 맞장구도 친다. 아이들도 함께 겪는 일이다. 이런 자리가 익숙해질 때 아이들의 마음을 이해하는 힘도 커진다.

교사 모임에서 아이들의 글 '합평'은 더없이 좋은 공부거리다. '합평'하려면 아이들의 글이 있어야 한다. 평소에 아이들의 글을 모아 두어야 한다. 아이들한테도 보이면 좋은 본보기다. 그냥 모은 글만으로도 자기 글과 남의 글을 견주어 보면 글을 보고 고르는 힘이 절로 생긴다. 아이들 글을 두루 살펴서 뽑는 일은 대부분 교사가 한다. 늘 하는 일이고 앞으로도 그럴 것이다. 이런 삶이 몇 년, 몇십 년 지나면 글을 읽고 고르는 힘이 생긴다. 이런 기회는 사실 아이들에게 돌아가야 하는 것이 아닌가?

글을 모아 '문집'을 만드는 까닭도 이런 기회를 주는 한 방법이기도 하다. 쓴 글을 모아서 엮기만 해도 자기 글을 고쳐 볼 기회가 된다. 교사가 일일이 다 말하지 않아도 틀린 내용을 찾고, 자세하지 못한 내용을 덧붙이거나 추리고, 앞뒤 말이 맞지 않으면 바꾸기도 한다. 교사들은 글을 모아 엮는 부지런함과 용기, 믿음으로 지켜 나가면 된다. 참 부지런해야겠다. 튼튼한 믿음이 없다면 꾸준히 이어 갈 수 없다. 교사의 꿋꿋한 마음이 필요하다. 글을 모아 꾸준히 함께 나누면 아이들의 세계, 아이들의 생각도 알 수 있다. 글 읽기를 아이들의 삶을 보듯 하자.

2장

일기

01 자기 역사를 쓰는 일기

일기는 자기 역사다. 자신을 되돌아볼 수 있는 자료다. 자기 삶을 되돌아보며 자기를 더 나은 쪽으로 바꿔 나갈 수 있다. 그런 힘과 용기를 스스로에게서 얻는다. 그래서 현재 지금의 일을 자세히 써야 하는 까닭을 자연스럽게 깨친다.

어릴 때부터 자신을 돌아볼 줄 아는 습관, 자기 마음을 들여다보는 힘이 자신을 바르게 가꾸는 힘이다. 억울하거나 답답했던 마음, 설레고 기분 좋았던 일들을 풀어 내면서 남의 마음도 헤아리게 된다. 그것이 바로 성장이다.

일기는 성장하는 자신의 솔직한 감정과 느낌의 기록이다. 시간이 지나서 다시 보면 서툴고 모자란 자신의 모습이 보인다. 그게 소중하다. 서툴고 모자란 모습이라고 느끼는 것은 그만큼 현재 자신이 성장했다는 증거다.

일기를 꾸준히 쓰기는 쉽지 않다. 쓰기를 귀찮아 하는 아이들과 습관으로 들이게 하려는 어른(교사) 사이 팽팽한 줄다리기가 이어진다. 쓰고 싶을 때 쓰라면 한 번도 안 쓰고, 두세 번 쓰라고 하면 일기장 내는 전날 한꺼번에 몰아 쓰고, 날마다 쓰게 하면 쓸 게 없어서 대충 몇 줄 긁적이는 버릇과 눈살 찌푸림만 늘어나서 마음이 편치 않다. 이래도 고민, 저래도 고민이다.

교사는 일기 쓰기를 지도할 때 먼저 일기를 왜 써야 하는지 고민하는 시간을 갖는다. 그런 다음 아이들에게 '일기'를 주제로 첫 일기를 쓰게 한다. 지금까지 써 온 일기에 대해 솔직한 자기 생각을 풀어 내게 한다. 그 일기에 일기를 써야 할 까닭이 담긴다.

아이들과 교사가 둘러앉아 일기를 왜, 어떻게 써야 할까 하는 주제로 이야기하는 방법도 있다. 한 사람씩 돌아가며 말한다. 나는 왜 일기를 좋아하지 않을까, 왜 일기를 쓰려고만 하면 답답해질까, 무엇이 문제일까, 왜 생각이 안 날까, 내가 많이 쓰는 일기 형태는, 거짓말로 썼던 때가 있었나, 대충 썼을 때는, 자세히 쓴 때는, 언제 가장 쓰기 싫었을까, 쓰고 싶었을 때는 없었나, 무엇이 가장 힘들까, 옆에서 일기 쓰기를 도와준 사람이 있었나, 그 사람이 어떻게 가르쳐 주었나, 어떻게 써야 잘 쓰는 것인가….

이런 질문으로 이야기하면 처음에는 낯선 질문에 서먹서먹하다 한 바퀴 돌고 분위기가 익으면 부담감이 사라지면서 조금씩 솔직한 말이 나온다. 이쯤 되면 서로의 얘기에 집중해 시간 가는 줄 모르고 이야기하게 된다.

내가 아이들로부터 가장 많이 들은 말은 '쓰고 싶어서 쓴 게 아니다'와 '아무에게도 일기를 어떻게 쓰라고 제대로 들은 적이 없다'는 것이었다. 그냥 '쓰라'고 하니까 썼고, '열심히', '자세히', '잘', '많이' 쓰라고 했지, 무엇을 열심히 잘 쓰라는 것인지, 어떤 것을 자세히 쓰라는 것인지 일러 주지 않았으니 구름 잡는 이야기만 쓰게 되는 것이다.

일기에 자신의 솔직한 마음을 쓰는 것 자체를 두려워하거나 부끄러워하는 아이들이 아직도 많다. 어른들한테 '검사'를 받을 게 뻔해 마음을 숨기고 써 왔다는 것이다. 그러다 보니 진짜 마음을 드러낼 기회가 없었고, 글은 지어 내고 만들어 내야 하는 일이 돼 버린 것이다.

내 경험으로는, 아이들과 서로의 생각을 묻고 공감하는 시간은 소중했다. 믿음의 관계를 만드는 시작이었다. 어찌 보면 일기 쓰기든 교과 지도든 모든 교육과정에서 아이들의 마음을 알고 이해하는 게 '시작점'일 것이다. 교과에서 '진단'이란 어려운 말을 쓰지만 사람을 아는 것, 무슨 고민과 문제점인지 안다면 무엇을 어떻게 배우고 익힐 것인지에 대한 해답은 스스로 찾을 수 있다.

일기를 쓰는 데 뚜렷한 목표가 없으면, 쓰면 쓸수록 지겹고 필요한 양을 채우기에 급급해진다. 특별한 내용을 써야 한다는 생각에 부담감만 커지고 나중에 읽지도 않으니 시간 낭비라고 생각한다. 그래서 생각이 깊어지지 않는다. 필요가 없다고 여긴다.

일기 쓰기 정말 싫다

오늘 진짜 일기 쓸 게 없는 날이다. 그냥 오늘 하루는 특별하지 않았다.

생각 생각을 해보아도 쓸 게 없다.

난 일기를 날마다 쓰지만 일기를 쓰고 싶은 마음은 없다. 학원을 7시 15분쯤에 끝마치고 집으로 돌아오면 8시가 된다. 집에 들어와서 바로 숙제하고 텔레비전 보고, 컴퓨터 하고 이러면 시간이 너무 빨리 가서 금세 10시 아님 11시가 된다. 컴퓨터를 다 하고 나서 일기를 써야 하는데 쓸 것도 없고 하기 싫은데 안 쓰면 혼날 것만 같아서 쓰긴 쓴다. 하지만 쓰기 싫어서 시만 쓰고 끝내는 경우가 많다. 그리고 진짜 쓸 게 없고 하기 싫을 땐 내 방에 가서 누워 자다가 새벽에 일어나서 일기를 쓴다. 엄마가 일기 쓰라 할 때는 쓰는 척 하다가 잔 적도 많고, 귀찮을 때에 엄마가 해라 할 때는
'아 짜증나. 진짜 정말 하기 싫다.'
하고 중얼중얼 댈 때도 많다. 그 때 엄마가
'뭐라고 그러나, 빨리 일기 써.'
라고 할 때 그냥 자 버리고 싶은데 선생님보다 더 무서운 엄마 때문에 눈이 감겨버리질 않는다. 혼날까 봐 그래서 난 일기를 쓴다. 어쩔 때는 일기 내용이 한 장 정도는 넘지만 그래도 보통은 내용이 짧고 글씨를 날쳐 쓴다. 쓰기 귀찮으니까 '일기 쓰기 싫은데'라는 제목을 붙여 일기를 썼다.

바쁜 생활 속에서 일기는 또 더 바쁘게 만든다. 바쁘니까 생각할 시간이 없고, 생각이 나지 않으니 쓸 내용이 없다. 결국 혼날까 봐 검사받기 위한 쓰기가 된다. 이런 경험과 감정이 몸에 차곡차곡 쌓이면 진정 스스로 일기를 선택해서 쓸 기회가 왔을 때는 손을 놓고 만다.
그러나 그런 아이들만 있는 것이 아니다. 일기를 자주 쓰면서 습관이 되고, 일기 쓰기의 필요성을 조금이라도 느끼는 아이도 있기 마련이다.

추억

오늘은 내가 지금까지 썼던 일기들을 찾아보았다. 저학년 때 일기를 보았는데, 일기장 줄도 큼직큼직하고 글씨도 엉망이었다. 내가 이걸 어떻게 썼는지 생각도 들고 맞춤법도 틀려서 너무 웃겼다. 나도 이럴 때가 있었구나, 귀찮아서 시를 쓴 부분도 보이고 만화를 그린 부분도 종종 보였다. 과거의 난 이걸 무슨 생각을 하며 썼을

까 궁금하기도 하다. 맞춤법이 틀려 부모님이나 선생님께서 고쳐 준 부분도 있었다. 내가 지금 쓰고 있는 일기도 언젠간 미래의 내가 보겠지. 그땐 무슨 생각을 하며 과거를 떠올릴까.

2014. 3. 21. 금. 쌀쌀하지만 포근한 날

일기는 자세히 볼 줄 아는 힘과 생각하는 힘을 길러 준다. 아침에 일어나서 씻고, 밥 먹고 학교 와서 공부하고, 학원 갔다 집에 오는 과정은 아이들마다 비슷하다. 다 그렇게 살지만 하루하루가 조금씩 다른 환경, 상황이 펼쳐진다. 하루에도 헤아릴 수 없는 일들이 일어난다. 느끼지 못할 뿐이다. 마음의 그물에 걸리지 않을 뿐이다. 늘 똑같은 날은 없다. 일기는 날마다 되풀이하는 일도 새롭게 볼 수 있는 눈을 길러 준다.

사물과 사실을 자세히 볼 줄 알면 자신도 자세히 보인다. 자신을 자세히 보면 또 사물도 자세히 보인다. 정성을 들여야 자세히 보인다. 느낌과 감정도 풍부해진다. 정성을 들여 쓰면서 자신의 생각, 마음의 그물을 촘촘하게 넓혀 나간다. 자기 안에 숨은 새로움을 발견하게 한다. 생각이 자라게 하는 귀한 실천거리다.

또한 일기 쓰기는 맺힌 마음을 풀어 준다. 살아가면서 생각과 마음이 막히기도 한다. 막힌 곳은 뚫어야 한다. 아이들의 말을 끝까지 들어 주면 스스로 뚫는다. 말이 터지고 생각이 트이면서 서로에 대한 믿음도 생긴다. 말 못 할 일이나 답답한 마음은 글로 뚫는 것이 효과적이다. 맺힌 마음을 풀어야 성장한다.

누구든 일기를 쓰면 사물이 새롭게 보이고 관계를 잇는 이해의 줄이 생긴다. 사물과 자신, 남을 자세히 보면서 생각이 담긴 기록이 된다. 그

기록을 다시 확인하면서 성장한다. 이런 과정을 거치면서 사물과 사건이 새롭게 해석되고 이해된다. 오해가 풀리고 용서하고 배려하는 마음이 길러진다. 남과 함께 사는 기쁨을 느끼게 된다.

일기를 쓰면 자기 삶의 질서가 잡힌다. 남이 만들어 준 계획과 질서는 자기 것이 되기 힘들다. 벗어나려고 애를 쓴다. 스스로 정하지 않으니 머리만 있고 마음을 담지 못해 시간 채우기에만 급급하기 쉽다. 이런 삶에서 나온 일기는 어떤 일을 어찌 해서 마지막에는 어떻게 하겠다는 다짐으로 끝내는 꼴이 많다.

쓰다 보면 자기 생활이 정리되고 질서가 잡힌다. 오늘 하루의 중심이 무엇이고, 어떤 생각이 마음의 그물에 잡혔는지 질서를 잡게 된다. 아무 생각 없이 그냥 사는 것 같아도 마음속은 이런저런 생각으로 가득 차 있다. 오늘 마음속으로 세운 계획이 어떻게 풀렸는지 쓰면서 하루의 중심과 질서를 찾아 간다. 계획한 것이 흔들리지 않고 꾸준하다면 틀림없이 이룰 수가 있다. 일기를 쓰면서 점검하는 셈이니 착실하게 실천해 보자.

일기는 아이만 쓰는 것이 아니다. 아이 때부터 평생 하는 일이다. 가장 좋은 일기 지도법은 어른이 손수 쓰는 모습을 보여 주는 일이다. 아니 보여 주기보다는 좋아서 쓰는 것, 필요해서 쓰는 모습이 생활로서 자리 잡아야 한다. 아이 어른 할 것 없이 누구나 손쉽게 쓰는 일기 글, 자기 성장과 성찰의 동력이 될 것이다.

02 글감 찾기: 하루 일 가운데 자기 마음을 건드리는 것

일기를 편안하게 쓰는 아이들의 공통점은 쓸거리를 쉽게 찾는다는 것이다. 쓸거리가 없어서 못 쓴다는 아이들은 특별한 사건만을 쓰려고 하기 때문이다. 이런 생각부터 고쳐야 쓸거리, 글감을 찾는 눈이 넓어질 수 있다. 재미있거나 놀고, 먹고, 어디 간 것만 쓸 수는 없다. 실제 이런 이야기는 써 놓아도 재미가 없다. 쓸 것이 없으니 날마다 일기 쓰기가 힘겹다. 그렇다면 쓸거리가 있다면 어떨까. 술술 풀어 쓴다면 어떨까. 어떻게 하면 쓸 거리가 있게 만들까.

친구들끼리 만나면 수많은 말이 오간다. 그것을 그대로 글로 쓴다고 생각해 보자. 하루 일 가운데 생각이 나는 것은 자기 마음을 건드리는 것이다. 남들이 다 평범하게 여겨도 자기에게는 특별하고 인상 깊은 일이 있다. 그런 일들이 내 마음의 그물에 걸린다. 그물이 촘촘해야 여러 가지가 걸린다. 촘촘한 마음의 그물이 생각의 폭이다. 생각을 해야 한다.

생각하지 않으면 쓸 수 없다. 여기서 생각하란 말은 가만히 앉아서, 상상해서 지어 내라는 말이 아니다. 보고 듣고 말하고 행동한 것들을 기억하라는 뜻이다. 쓸 거리가 없다는 말은 잘 기억해 내지 못한다는 말이다. 날마다 보고 듣고 말하고 행동하는데 왜 잘 기억나지 않을까. 그것은 생각 없이 지나치기 때문이다. 같은 길을 걸어도 누구는 바람소리, 물소리를 듣고, 누구는 나뭇잎과 길거리 쓰레기, 사람들 옷차림을 본다. 걸으며 학교에서 있었던 일을 떠올리는 아이도 있다. 많이 움직여도 진지하게 생각한 것, 되돌아본 것, 마음속으로 따져 본 것만 기억된다. 마음속 그물에 걸린 것만 떠오르게 된다. 그것을 그대로 쓰면 된다. 쓸거리가 풍부해진다.

누군가에게 꼭 들려주고 싶은 이야기가 있다. 숨겨 두고 싶은 이야기도 있다. 비밀스러운 일이나 부끄러운 일, 실수한 일, 창피한 일도 좋은 글감이다. 상대가 하는 욕이나 마음을 불편하게 하는 말이나 행동을 봤을 때 마음속에서 일어나는 감정과 하고 싶은 말이 있을 것이다. 생각도 있다. 마음과 생각을 그대로 쓰자. 이런 것도 글감이 된다. 그런 글들이 오히려 재밌게 잘 먹고 잘 놀았다는 글보다 공감을 일으킨다. 억울하고 괴롭고 답답하고 속상한 일을 속 시원하게 풀어 쓰면 좋겠다. 자기 자신에게 솔직했으면 한다. 이런 글은 시간이 지나면 자신을 되돌아보게 하고, 자기 삶의 성장과 생각의 폭을 넓혀 나가게 도움을 준다.

대부분 아이는 본보기글을 몇 번 읽어 주면 어떻게 써야 할지 감을 잡는다. 하지만 몇 번을 읽어 주어도 여전히 감을 못 잡거나 생각이 떠오르지 않는 아이도 있기 마련이다. 이런 아이들에게는 처음에는 쓸 만한 일기 글감이 될 주제 목록을 만들어 주기도 한다.

만들어 준 목록대로 다 하란 말은 아니다. 생각이 떠오르지 않을 때 한 번씩 보고 스스로 골라서 써 본다. 다른 사람은 어떤 주제와 글감으로 많이 쓰는지 보면서 글감 고르는 눈도 키워 나간다. 또래 아이들의 일기 글만 모아 둔 책도 많다. 우리 반 누리집에는 아이들이 쓴 일기와 글이 가득하다. 나는 아이들에게 일주일에 한 번씩 함께 읽을 만한 글을 복사해서 주기도 한다.

글감은 특별한 곳에 있지 않다. 지금 현재 이 자리에서 보고 듣고 한 것, 생각한 순간을 잡아서 쓰면 된다. 때로는 지난 일도 함께 떠올려서 과거의 일을 쓰기도 한다. 일기 글감을 스스로 정할 수 있다면 따로 이렇게 본보기 주제를 따를 필요는 없다. 글감 주제 목록은 처음에 막막해서 생각을 풀기 위한 마중물 효과를 노린 것이다.

일기 쓰기 주제

※ 쓸거리가 없다고 생각할 때 골라 쓰세요. 한 번 쓴 주제는 ○표 하세요.

1	아침에 일어나 눈뜨면 들리는 소리 그대로 쓰기	21	오늘 만난 사람들 이름이나 생김새 쓰기
2	문밖으로 나가서 나무와 풀을 보고 떠오른 생각	22	내가 가지고 싶은 물건 열 개 쓰기
3	길을 가다 내가 만나는 사람과 모습, 주고받은 말	23	내가 하고 싶은 일 열 가지 쓰기
4	늘 똑같이 되풀이되는 일 쓰기	24	공부하다 딴 생각이 난 것 그대로 써 보기
5	중·고·대학생이 된 내 모습 생각해 쓰기	25	내 꿈을 위해 내가 하는 노력 써 보기
6	나와 부모님이 갑자기 바뀐다면 하루 생활은?	26	공부 시간 재미있었던 내용 그대로 쓰기
7	부모 없이 나 혼자 살게 된다면	27	손빨래(설거지)하면서 그 과정과 느낌 쓰기
8	기억에 남은 공부 시간 과정대로 다 써 보기	28	오늘 먹은 반찬을 다 써 보고 맛 느낌 쓰기
9	오늘 읽은 책 줄거리 아는 데까지 써 보기	29	내가 죽는다면 남기고 싶은 열 가지 쓰기
10	밥 먹다 들은 이야기를 대화 그대로 쓰기	30	나한테 소중한 사람 열 명 차례대로 써 보기
11	친구들과 주고받은 이야기 그대로 쓰기	31	내 꿈을 써 보고 바뀌었다면 바뀐 까닭 쓰기
12	부모님 어릴 때 이야기 듣고 기억나는 대로 쓰기	32	내가 애완동물이라면 나에게 해 주고 싶은 말
13	지난 일기를 보고 느낌과 그때 기억을 써 보기	33	나 같은 자식이 있다면 해 주고 싶은 말 쓰기
14	서랍 정리하며 물건들이 한 말을 상상해 쓰기	34	식구들이 늘 하는 행동과 움직임 쓰기
15	집 안 청소 혼자서 해 보고 느낌 적어 보기	35	오늘 하루 고마웠던 일 자세히 쓰기
16	공부시간에 어려웠던 순간 내 행동과 생각 쓰기	36	길거리 사람들 얼굴 표정 관찰해 보고 쓰기
17	식구들이 기뻐할 일을 몰래 해 보고 느낌 쓰기	37	선생님이 수업 시간 가장 많이 하는 말 쓰기
18	공부가 안 되는 까닭을 다 써 보기	38	아끼는 물건 열 가지 정해 써 보고 까닭 쓰기
19	내가 우리 집 화분이라면 어떤 일이 벌어질까?	39	억울하고 답답했던 일을 기억해서 써 보기
20	조용히 문밖에서 들리는 소리 써 보기	40	내 꿈을 위해 내가 하는 노력 써 보기

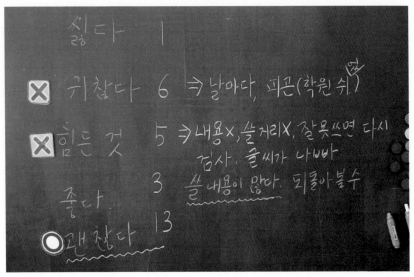

일기에 대한 솔직한 느낌을 말하는 시간을 가져 보자. 객관적인 자기 진단과 발견 그리고 공유가 좋은 출발점이 된다.

　　일기를 써야 할 필요성과 마음을 잡았다면 어떻게 써야 하는지 방법으로 이어져야 한다. 좋은 줄 알면서 행동으로 옮기는 방법을 모른다면 며칠 못 가 시들해진다. 일기 쓰기에 정해진 법칙은 없지만 일기 쓰기를 지도하면서 아이들로부터 많은 호응을 받고 효과를 본 방법을 몇 가지 살펴보자.

　　먼저 쓸거리를 스스로 죽이는 일이 없어야 한다. 쓸거리에 대한 고정 관념을 없애는 일이 먼저다. 특별하고 재미있고 해 보지 못한 경험만 쓰는 게 아니라는 생각만 깨쳐도 쓸거리는 두 배로 늘어난다.

일기는 꼭 이렇게 안 써도 된다

2011. 3. 3. 목

오늘 선생님께서 일기 쓰는 법을 알려 주셨다. 선생님께서 일기를 쓰는 게 좋은지, 귀찮은 건지, 싫다는 건지, 힘든 건지, 괜찮은 건지에 대해 물어보셨다. 일기 쓰는 게 좋은 사람은 3명. 귀찮은 사람은 6명. 싫은 사람은 1명. 힘든 사람은 5명. 괜찮은 사람은 13명으로 나왔다.

왜 싫은 건지, 왜 좋다는 건지에 이유가 다 있다. 좋다는 사람은 쓸 내용이 많고, 그 일을 되돌아 볼 수가 있기 때문에, 귀찮은 사람은 날마다 쓰고, 학원 갔다 와서 피곤하기 때문에, 힘든 사람은 쓸 내용이 없고 잘못 쓰면 다시 내야 하기 때문이라고 한다. 계속 들으니까 맞는 말인 것 같다.

그래서 선생님의 해결 방법은? 꼭 특별한 일, 꽉 채워서 안 써도 된다고 하셨다. 종이 같은 걸 나눠 주어서 읽어보라고 하였다. 종이에는 재미있다고 했는데 재미없는 글이었다. 그 글을 읽으면서 나도 이렇게 했을까 하고 생각하게 된다.

아이들과 함께 일기 쓰기가 왜 귀찮고, 싫고, 힘들고, 좋고, 괜찮은지를 붙임쪽지에 써서 칠판에 붙여 보자. 그 까닭을 서로 공유하다 보면 그 속에서 답을 찾을 수 있다. 한 반에 일기를 꾸준히 쓰고 있는 아이는 꼭 있기 마련이다. 왜 그렇게 꾸준히 쓰는지 이야기를 들으면 답이 나온다. 쓰기 싫은 아이, 귀찮은 아이도 이유가 있다. 누군가가 시켜서 쓰는 게 싫어서일 수도 있고, 혹은 바쁘거나, 안 쓰는 게 습관이 되어서 이제는 모든 것을 싫어하는 자신을 발견하기도 한다.

2011, 3월 3일 (목) 햇볕은 낮지만 바람도 차갑고 많이 불었다
일기 쓰는법 습득   (11:15)

난 오늘 담임 선생님께 '일기쓰기 이렇게 해봐요' 라는 두꺼운 종이를 나누어
주었다 거기엔 일기보기가 힘든 까닭고 여러 일기가 적혀있고
그 밑엔 무엇이 이것은 이렇게 써야 더욱 갈얀수 있다 예를 들면
'쓰레기가 아주 많았다' 를 '쪼그만 쓰레기통이 두봉지 반쯤 차 있었다'
이렇게 써 있었다 정말 웃긴 얘기 기둥도 많았고 가식적인것, 솔직한것 등
여러 가지가 있었다 그리고 일기쓰기 힘든 까닭엔 '일기쓰기 공부라고 생각
하지마세요', '특별한 일을 쓸려하니깐 쓸 계 없어요', '적어도 한쪽은 넘거나
칸을 다 채우려니까 지겹해집니다' 등 솔직히 맛는 말이다
공감이 되었다, 그리고 가장 공감되었던 일기는 '어른이면 단가?'
어린이라고 무시하고 아줌마가 새치기를 하여 커피를 못 배먹여 가족끼리
싱겁 어물한 얘기이다 정말 어른들은 아이라고 어리다고 무시하지 않으면 좋
겠다.   (11:34)

땀샘학급살이 플래시 자료실: [일기 쓰기-잘못된 일기 살펴보고 고치기](http://chamdali.edumoa.com/bbs/zboard.php?&id=M0_main_04)

객관적인 자기 진단과 발견, 그리고 공유는 좋은 출발이 된다. 제대로 자신을 알 때가 시작이다. 일기를 꾸준히 쓰면 좋은 까닭과 필요성을 자주 생각하고 써야만 습관이 된다. 비록 처음에는 누군가가 시켜서 썼지만, 쓰다 보니 즐거움과 재미, 필요성을 찾기도 한다.

처음부터 쓸거리를 마음껏 찾아 어렵지 않게 써 오는 아이도 있지만, 모든 아이가 내용이 어떻든 글쓰기를 삶의 한 부분으로 여겼으면 한다. 억지로, 마지못해 붙은 습관은 오래지 않아 떨어진다. 떨어진 경험은 다시는 붙이고 싶지 않은 마음만 키운다.

03 일기장 쓰는 방법

(1) 줄 공책을 사용하자

요즘은 일기를 일반 공책에 많이 쓴다. 날씨를 표시하게 되어 있는 일기 공책이 따로 있기도 하지만 하루 틀이 정해져 있어 다 채우기가 버겁거나 더 쓸 게 있어도 면이 없어 더 쓸 수 없게 되는 단점이 있다. 그래서 줄 공책을 권한다. 쓰는 양을 조절할 수 있고 빈자리가 생기지 않아 공책도 아낄 수 있다. 일기 공책 하나 바꾼 것만으로도 부담을 하나 줄일 수 있다. 습관을 붙이기 위해서는 부담을 줄이는 일이 먼저다. 고정관념과 형식부터 깨 보자.

(2) 날짜와 날씨 풀어 쓰기

날씨 풀어 쓰기와 쓴 시간과 마친 시간 쓰기는 윤태규 선생님의 《일기 쓰기 어떻게 시작할까》가 나온 뒤로 많이 일반화되고 있다.

날씨는 예전에는 해, 구름, 우산과 같은 그림으로 동그라미표를 하거나 간단하게 한두 글자로 썼다. 그러나 날씨는 하루에도 변화가 많다. 아침, 점심, 저녁에 따라서 흐리거나 맑고, 춥고, 서늘하고, 따뜻하기도 한다. 이런 변화와 어느 정도의 밝기, 기온, 느낌인지 밝혀 쓰면 하루의 삶을 그냥 넘어가지 않고 온몸으로 기억하게 된다.

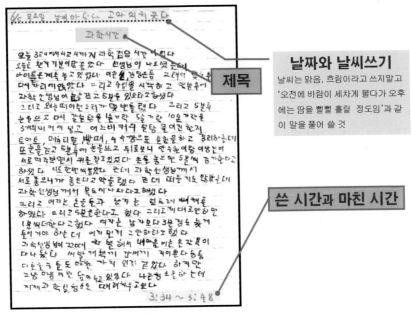

제목

날짜와 날씨쓰기
날씨는 맑음, 흐림이라고 쓰지말고
'오전에 바람이 세차게 불다가 오후
에는 땀을 뻘뻘 흘릴 정도임'과 같
이 말을 풀어 쓸 것

쓴 시간과 마친 시간

마음속에 그림을 그리듯 날짜와 날씨를 풀어 쓴다.

일기를 쓰는 시간과 끝내는 시간도 써 두면 일기 쓰는 일에 몰두하는 마음가짐도 다지게 된다. 쓰는 시간을 재어 보면서 마음을 진지하게 잡는다. 제목을 늘 먼저 쓸 필요는 없다. 자리를 비워 두고, 내용을 다 쓰고 나서 정해도 좋다.

(3) 한 줄 띄우고 다음 날 일기 쓰기

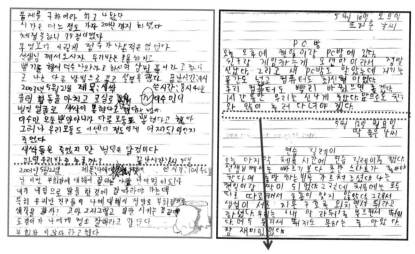

다음 날 일기는 한 줄 띄우고 쓴다.

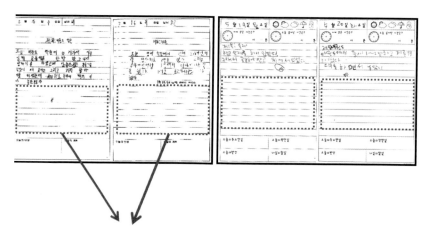

빈 자리를 남기지 말고 한 줄 띄우고 다음 날 일기를 쓴다.

하루의 틀이 고정된 일기장은, 한 장을 다 채우지 못하면 남은 공간을 비워 두고 넘어간다. 아깝다. 이미 이런 공책을 쓰고 있어도 다음 날 일기는 한 줄만 비우고 이어 쓰면 좋겠다. 낭비를 줄일 수 있다. 다음 날 일기를 이어서 쓰라고 하니까 바로 붙여서 쓰는 아이도 있다. 이러면 날짜 구분이 잘 안 되어서 보기가 힘들다. 한 줄 띄워서 쓰도록 한다.

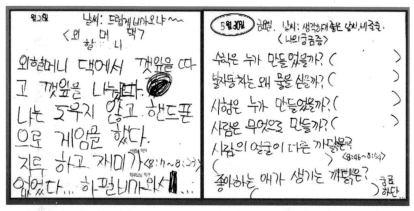

일기 검사를 받기 위해 급하게 쓰다 보면 자간, 줄 간격, 글자 크기, 문제 내기 따위로 양을 일부러 늘리려는 의도가 보이기도 한다.

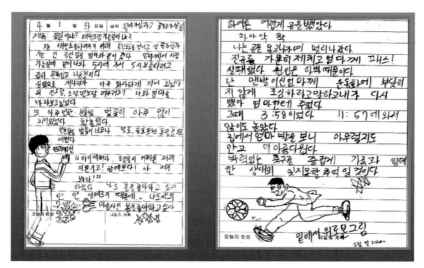

일기 내용에 따른 그림을 그리면서 쓰면 또 다른 재미가 있다.

(4) 일기장은 날마다, 쓰기는 마음껏

아이들과 일주일에 몇 번 일기를 쓸까 토의한 적이 있다. 일주일에 두 번만 쓰자는 아이들의 의견과 날마다 쓰지 않으면 습관이 안 붙는다는 내 의견이 맞붙었다. 이 두 의견을 조정해야 했다. 두 번만 쓰게 하면 목요일, 금요일 일기만 숙제하듯 쓰는 게 단점이다. 날마다 쓰게 하면 마지못해 억지로 쓰는 일기가 많아 별 내용도 없고, 일기 쓰는 의미도 없다. 어느 쪽이든 일기를 재미있게 쓰도록 지도하는 노력은 하겠지만, 습관으로 붙기 전에 손을 아예 놓아 버릴까 하는 걱정도 많았다. 마음대로 풀면 아무도 안 쓸 것 같고, 너무 챙기면 마지못해 하는 눈치라 마음이 편치 않았다. 둘 다 미덥지 않았던 것이다.

다시 아이들과 의논했고, 일기를 쓰지 않아도 일기장은 일단 날마다 내기로 했다. 일기는 일주일에 두 번 이상 쓰고, 못 쓴 날은 날짜는 쓰고 왜 쓰지 못했는지 그 까닭을 한 줄이라도 쓰도록 했다. 부담을 푸는 것도 중요하지만, 풀어만 놓고 너무 오랫동안 쓰지 않으면 그 또한 쓰지 않는 습관으로 자리 잡기 때문이다.

일기 쓰기가 습관으로 자리 잡으려면 몇 번 쓸 것인가의 문제로는 해결할 수 없다. 쓸거리를 챙겨 봐 주고, 글감을 찾는 방법, 본보기 일기 읽어 주기와 같은 방법으로 이어져야 한다. 일기 글감을 마음껏 찾고 편안하게 풀도록 도움을 주는 쪽으로 다가가야 한다. 물리적인 습관보다는 부담을 떨치고 쓸거리를 찾는 재미와 편안하게 내용을 풀어 가는 습관을 붙이도록 해야 한다.

일기 쓰기 공부

이성호

수업시간에 내가 힘들어하는 일기 공부를 했다. 재미있는 일기도 많이 보고 욕이 적혀 있는 속 시원한 일기도 보았다. 일기에 혼날 것 같아서 욕을 적지 못했는데, 욕을 적어도 된다는 선생님 말을 듣고 일기도 재미있을 거라는 생각이 들었다. 일기에 흉을 보면 속도 시원하고 기분도 좋을 것 같기 때문이다. 기분 나쁜 아이들도 적고, 짜증나게 하는 아이들도, 신나는 일도 적고 하지만 아직 일기가 많이 재미있을 거라는 생각은 하지 못하겠다. 이렇게 재미있다고 생각한 것 중에 포기한 것이 많기 때문이다. 아마도 손이 아픈 것 때문에 내가 일기 적기를 싫어하는 것 같은데, 손 아픈 것을 꾹 참고 내가 마음먹었으니 한번 제대로 해보고 싶다. 또 밤에 적어서

잠이 와서 일기를 적지 않는 경우가 많았는데, 낮이나 오전에 적어
도 되니 너무 좋았다. 일기 적는 게 아마 재미있을 것 같다.

　일기 쓰기는 재미가 붙어야 오래 가고, 꾸준해진다. 좋은 습관으로 길
러진다. 한 번씩 빼먹더라도 언제든지 다시 쓸 수 있는 버릇이 담긴다.
기회 있을 때마다 쓰지 않으려는 마음과 쓰고 싶은 마음의 차이는 시간
이 흐를수록 더 벌어진다. 그게 무엇이든 할 게 없는 삶과 할 게 많은 삶
으로 갈린다. 그것은 미래 일이다. 언제든지 바꿀 수 있다. 현재 지금의
내가 실천하느냐에 달렸다. 늦지 않았다. 언제든지 필요성을 느끼고 실
천하는 그 순간이 시작이다. 다른 사람과 비교할 필요가 없다. 과거와
현재의 자기를 견주면서 성장해 나가자. 아이뿐 아니라 어른도 마찬가
지다. 교사도 마찬가지다.

04 교사도 일기를 써서 아이들에게 보여 준다

새내기 교사 시절에는 나는 일기를 쓰지 않으면서 아이들한테 일기의 좋은 점만을 설명하고 막연하게 쓰라고 한 것 같다. 시킨 대로 잘 따르지 않으면 서운해하고 힘들어 하기도 했다. 나도 그때는 철이 없었고, 그래서 아이들이 더 힘들었을 것 같다. 아이들이 무엇을 고민하는지 먼저 알려고 하기보다는 교사랍시고 먼저 가르치려는 것에만 빠졌으니 말이다. 그때는 아이들 일기에 댓글로 '그래, 그렇구나', '재미있었겠다', '잘 해야지', '선생님도 ○○처럼 기분이 들지만 좋은 쪽으로 생각해야지' 하는 막연한 격려와 칭찬 글이 대부분이었다.

서너 해를 지나고 나서는 요일별, 주제별 일기 방법이 나타났다. 월요일에는 신문을 읽고, 화요일에는 책을 읽고, 수요일에는 시 쓰기…. 이런 방법으로 내가 세운 기준을 적용해 다양한 방법으로 요일별로 일기 쓰기를 시켰다. 당시에는 그런 형태의 일기 쓰기가 유행처럼 번진 것 같기도 하다. 쓸거리를 쉽게 찾을 수 있게 나름 노력해서 찾은 방법이다. 지금도 여러 곳에서 이런 방법이 활용되고 있다. 그러나 이런 형식의 일기에도 생각만큼 아이들은 솔직하게 자기 이야기를 풀어 내지 못했다. 몇몇 아이만 내 뜻을 따라 주거나 그런 대로 적응할 뿐이었다.

'왜 그럴까, 내가 지도를 못한 것인가, 공부를 제대로 못한 것인가'고민에 빠졌다. 이때쯤 글쓰기 회보(한국글쓰기교육연구회 월간지)나 글쓰기회 선생님이 낸 책을 사서 아이들이 쓴 글을 자주 들려주었다. 책에 나온 아이들 글을 읽으며, 어떻게 이렇게 솔직하게 자신의 속마음을 드러낼까 많이 부러워했다. 교사 경력이 십 년 가까이 쌓이자 조금 알 듯, 잡힐 듯했다.

너무 글쓰기 '지도'에만 힘을 쏟다 보니 내가 생각해도 내 수업 방식은 딱딱하고 재미가 없었다. 아이들 역시 자기와 상관없는 일을 쓰려니 힘들고 답답했을 것이다. 삶을 가꿔야 한다는 말은 하면서 정작 그 삶을 들여다보려는 노력은 얕았고, 글쓰기 '지도'라며 또 다른 일방적인 지식 공부를 시킨 것 같았다.

어떤 고민과 걱정이 있는지 살피는 노력은 없거나 얕았고, 그냥 책을 읽고, 시로, 삼행시 따위로 해 보라는 말만 해 주고 억지 재미를 붙이려고 한 게 아닌가 되돌아보았다.

하고 싶은 말, 터트리고 싶은 말을 찾으면 쓰는 형식 문제는 그다음 일이다. 할 말, 하고 싶은 말을 들어 주어야 한다. 그런 분위기를 만들어야 한다. 단순한 글쓰기가 아니라 삶을 가꾸어야 글이 나오는 것이다. 들어 줄 수 있는 분위기와 마음을 지니는 것이 지도의 첫걸음이지 싶다.

늘 처음이 힘들고 막막하다. 일기가 왜 중요하고 필요한지를 알고 흔들리지 않는 튼튼한 믿음으로 기다려야 했다. 그런데 몇 번, 몇 해 하다 흔들려서 포기하고, 아이들을 의심하고 오해하는 마음만 남아 굳히고 있지 않았나 조심스럽게 반성하기도 한다.

이제 돌이켜보면 내게 맞는 좋은 방법은 솔직한 모습으로 직접 실천해서 아이들 앞에 보이는 일이었다. 평범한 생활 속에서 감동의 맛을 봐야 쓰는 재미와 믿음이 싹튼다. 꿋꿋하게 아이들과 이야기하고 마음을 알아 가려고 노력하는 삶이 가장 좋은 '지도'인 것 같다.

'일기 잘 쓰는 아이'가 아니어도 좋다. 나와 함께 한 번이라도 속 시원하게 말하고 쓸 수 있어서 후련했다고 하면 그것만으로도 만족이다. 다음 학년이나 졸업하고 나서도 스스로 일기를 꾸준히 쓴다면 큰 보람으로 남을 것이다. 고등학생, 대학생, 사회인이 되어서 자기 생각과 마음을 언제든지 부담 없이 말하고 쓸 수 있다면 좋겠다.

일기를 쓰는 필요성과 목적을 알게 하는 것이 첫 번째 일이라면 두 번째는 함께 쓰는 일이다. 교사와 함께 일기 쓰기다. 아이들은 자기들과 '함께' 한다는 것에 믿음과 관심을 갖고 참여한다.

일기 쓰기는 쓰는 아이만큼이나 지도하는 교사에게도 많은 배움이 된다.

먼저 현재 아이들의 삶을 살필 수 있다. 어른들은 어린 시절을 겪어 왔어도 아이들을 잘 이해하지 못한다. 잊어버렸다. 이해할 것도 같지만 빠르게 바뀌는 아이들을 이해하기란 쉽지 않다. 아이들 일기장에는 반 아이들만의 표현, 생각, 환경, 느낌, 관심을 가지는 것들이 드러난다. 이런 것들이 아이들의 삶을 이해하는 데 큰 도움이 된다.

일기를 쓰다 보면 아이들처럼 여러 가지 감정을 느낄 수 있다. 바빠서 일기를 쓰지 못하거나 빨리 쓰고 넘어가 버리려 할 때, 귀찮고 짜증 나서 쓰기 싫을 때, 너무 쓸거리가 생각나지 않아서 막막할 때의 감정을 느끼게 된다. 힘들어서 하기 싫고, 대충 넘기고 싶은 감정 변화를 느낄 수 있다. 아이들도 느끼는 것들이다.

아이들의 삶을 알고 이해하면 어떤 고민과 문제가 일어났을 때 실마리도 풀고, 상처 입은 마음도 품을 방법을 찾을 수 있다. 이렇게 이어지다 보니 글쓰기(일기)는 아이들의 삶을 살피고 가꾸는 힘이 된다. 또한

일기장 쓰는 법을 처음 알려 주는 시간에는 직접 실물 화상기에 비
추며 함께 쓰는 시간을 가진다.

아이들과 성장하는 기쁨을 누릴 수 있다.

　학기가 시작되고 한두 달 정도는 아이들한테 일기 쓰라는 소리를 많
이 하지 않는다. 내 책상 위에 올려놓은 것만 봐 준다. 아이들이 낸 일기
에는 댓글을 달아 주고, 열심히 쓴 일기에 별표를 할 수도 있다. 별표를
받은 일기는 동의를 얻어 누리집에 올린다.

　댓글로 칭찬의 말이나 용기를 주는 말을 달기도 하고 한 사람씩 만나
서 고쳐야 할 부분을 짚어 가며 이야기를 나누기도 했다. 많이 틀리는
낱말이나 문장을 정리하고 복사해서 공책에 붙이게도 했다. 저마다 나
름의 효과가 있었지만 짧은 시간 잠깐 스치고 말아 깊은 인상으로 남지

2011년 6월 13일 월요일. 아침에 새 소리가 난다.

〈아침〉

오늘은 내가 가장 일찍 왔다. 늘 구민정이나 현지 연아 지승이가 먼저 와 있었는데 오늘은 길이 안 막혀서 8시 10분에 왔다.

교실 창문을 열고 가만히 앉아 있으니 "삐쮸 쩨쩨, 쩨쩨" 하며 운동장 쪽에서 새 소리가 들린다. 아침부터 일찍 일어나서 먹이를 찾아 나선 모양이다. 저 멀리서 고속도로 차들이 쌔에 하며 달리는 소리도 들린다.

연구실 문을 열고, 커피 켜고, 다시 교실로 들어와서 칠판에 "책 읽기. 일기 안 쓴 사람 학교 오면서 보고 듣고 생각한 것 쓰기" 라고 적었다.

아침에 아무 목적 없이 앉아 있기보다 무엇 하나 한 가지 일에 집중하자는 뜻인데 아침마다 써 놓아도 아이들 많이 오면 잊어버리 되기도 한다. 그래도 꾸준히 해야지.

열반 2반에는 벌써 서너 해가 왔다. 우리 반에는 아직 새소리만 들린다. 어제 출장 가서 오후에 있지 않아서 잘 했나 마음 속으로 빈 걱정이었다.

오늘 칠판을 보니 글 쓴 흔적이 제대로 지워지지 않고 아래에 분필 가루가 많다. 낯설다. 과학 과제를 내려는 글도 보인다. 과학 선생님이 써 놓은 모양이다.

열반 여자 셋, 남자 하나가 교실을 뛰고 웃는 게 뒷통 2층에 다 울려 퍼져서 시끄럽다.

연구실로 가면서 교실을 보니 책상 사이를 뛰며 날린다.

"일로 나온나."

골마루에 세웠다.

"여기 가만히 서 있다가, 너희가 생각해도 시끄럽제? 여기 양심껏 서 있다가 스스로 되겠다 생각하면 들어가라."

그렇게 세워놓고 연구실로 와서 커피 한 잔 했다.

아침 6시 50분에서 8시 5분까지 15분 동안 일어난 일이다. 새들이 반긴 월요일 아침, 열반 애들의 요란한 웃음, 커피 한 잔! 오늘은 이렇게 시작이다. 가장 먼저여서 이렇게 쓰는 일기도 좋다.

〈아침에 일기〉 《7:50 ~8:8》

교사가 쓴 일기장은 학기 초에 좋은 본보기 자료가 된다.

않았던 것 같다. 일기 지도 역시 꾸준해야 하지만 쉽지 않다. 깊은 깨침과 마음의 울림이 없으니 이야기나 설명을 들을 때만 잠시 생각했다 잊어버리는 것이다.

아이들의 마음을 움직이게 하는 방법 가운데 하나가 교사도 함께 일기를 쓰는 일이다. 한 해 동안 아이들보다 더 많이 일기를 쓴 적도 있다. 학기 초 아침 시간에 아이들과 함께 같이 썼다. 실물 화상기에 비추어 보고 듣고 말한 것을 그 자리에서 바로 써 보였다. 금방 한바닥이 넘어

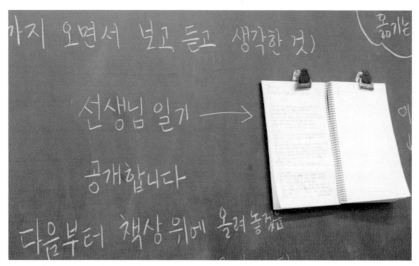

그날 교사가 쓴 일기를 누구든지 볼 수 있도록 했다. 똑같은 하루를 보냈기 때문에 교사가 보는 눈높이를 아이들이 느낄 수 있다.

갔다. 아침에 길을 걷다 들었던 새소리, 교실 문을 들어섰을 때부터 누가 가장 먼저 왔으면 어떤 모습으로 앉아 있었는지, 옆 반에는 몇 명가량의 아이들이 왔는지, 일찍 온 아이들 모습, 뛰어다니는 아이들을 불러서 대화한 것도 그대로 아이들 앞에 말하면서 썼다. 백번 설명하는 것보다 직접 이렇게 써 보이는 것이 상당한 효과가 있었다.

그런 뒤로 '선생님 일기장'도 따로 마련했다. 그날 쓴 일기를 틈틈이 칠판에 붙여 공개했다. 교실 뒤 게시판에 붙이기도 하고, 파일철에 꽂아 두거나 누리집에 올리기도 했다. 아이들은 선생님 일기는 어떤 내용일까, 어떻게 썼을까 궁금해서 자주 보게 된다. 써 놓은 일기에 댓글로 자기 생각과 느낌도 남길 수 있도록 했다. 교사가 먼저 공개했으니 아이들 글도 동의를 얻어서 함께 볼만한 글을 읽어 주기도 했다.

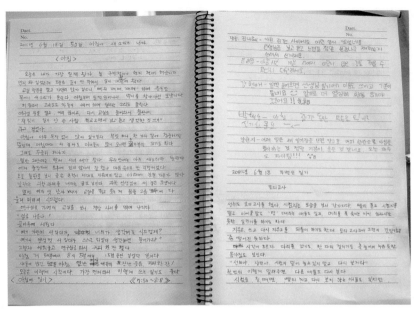

선생님의 일기 뒤에 댓글을 달 수 있도록 해서 참여할 기회도 준다.

이렇게 먼저 교사가 열어 놓으면 아이들도 그 형식과 내용을 쉽게 배우고 익힌다. 무엇보다 아이들과의 믿음 관계가 단단해진다. 선생님은 쓰지 않으면서 우리한테만 시킨다는 말이 나오지 못한다. 선생님이 쓰는 것을 보니 나도 쓸 수 있겠다는 마음도 생긴다.

특히 아이들이 싸운 날이나 수업 분위기가 좋지 않은 날은 일기가 도움이 된다. 교사의 기분과 느낌, 마음도 솔직하게 써 두면 서로의 마음을 이해하는 좋은 수단이 된다. 교사가 먼저 솔직하게 털어놓았으니 아이들 일기장에서도 솔직한 마음이 드러난다. 교사와 아이들 사이에 믿음이 만들어졌다는 증거다. 믿음 관계를 만드는 방법은 여러 가지겠지만 이렇게 일기를 쓰면서 함께 공유해 나가면 더 단단히 할 수 있다.

교사가 먼저 마음을 열고 믿음이 튼튼해지면 다음에는 모둠 일기장을 만들면 좋겠다. 권한다. 모둠 아이들끼리 돌아가면서 하루에 한 사람씩 쓴다. 친구 글을 보면서 서로의 생각을 나눌 수 있어 좋다. 늘 짧게 자세히 쓰지 못한 아이들은 친구 글을 보면서 조금씩 감을 잡아 간다. 풀어 쓰는 좋은 본보기 자료가 되기도 한다.

교사 일기 공개와 모둠 일기 쓰기를 하면서 교사와 학생이 서로의 생각을 주고받는다. 서로 생각을 주고받다 보면 어떤 일은 자연스럽게 풀리기도 한다. 풀어 나갈 수 있는 기회도 얻는다. 일기를 쓰면서 삶의 문제도 함께 푼다. 하지만 이렇게 함께 쓰는 것도 믿음이 확실하지 않으면 오히려 싸움을 부추기거나, 관계가 더 멀어질 수 있으니 조심해야 한다.

2010. 11. 17일. 수.
단풍 든 나뭇잎들이 이제 바람에 다 떨어지기 시작한다.

화분 다시 만들다

3월에 새 화분과 식물을 사서 키웠다. 한 달이 지나고 한 학기가 지나고 가을까지 지나고 나니까 셋 가운데 하나 정도만 살아남았다. 내가 제대로 관리를 못 하는 것 같다. 죽은 것은 다 버리고 화분만 씻어 두었다.

저번 주부터 미술은 생활용품 만들기다. 빈 화분에 여러 모양 꽃으로 꾸며 만들 수 있다. 일주일 전에 예고를 해두어서 오늘 만드는 날이다. 시간표에 나와 있는데 아침부터 미술 언제 하느냐고 묻는다.

그렇게 준비물 챙기라 했는데 준비물 챙기지 못한 녀석은 하나다.

미리 만들어진 꽃, 색종이, 글로건, 종이접기 따위도 보였다. 빙 둘러앉아서 서로 다른 준비물로 서로 다른 꽃을 만들었다. 점심시간이 낀 두 시간을 했는데도 마칠 시간을 훨씬 넘겨서 했다. 한창 열중할 때 청소 때문에 그 맥을 끊고 싶지 않았다.

"오늘은 자기 자리 청소만 깨끗이 하고 가자!"

그렇게 하고 잠시 연구실을 갔다 왔다. 다시 교실로 돌아왔을 때는 대부분 다하고 갔다. 교실을 둘러보니 앞쪽에 쓰레기가 엄청나다. 남아 있는 아이들에게 왜 이러냐고 물으니까 조금 전에 막 마치고 그대로 두고 갔다고 한다. 자기 자리를 깨끗이 청소하고 가라 했는데, 다하기만 하고 뒤처리는 엉망이 돼 버렸다. 이게 무슨 공부인가? 무슨 의미인가?

결과만 중시하고 과정에서 나오는 쓰레기, 좋지 않은 것, 쓰지 못한 것들, 오염된 것들을 깨끗하게 처리하고 정리하지 않으면 이 사회가 어떻게 될 것인가? 괘씸한 얼굴을 뽀로통하고 있으니 아직 만들고 있던 애들 몇몇이 빗자루를 들고 치우려고 한다.

"치우지 마라. 그대로 놔둬라. 내일 이야기해야겠다. 버린 사람이 치워야지!"

내일 아침에 모두 앉혀 놓고 한번 이야기해야겠다. 만들기 완성만 챙기기보다 이런 문제가 더 큰 것 같다. 결과에 너무 집착해서 이런 부분을 그냥 넘어가면 안 되겠지. 이렇게 어지럽혀 놓고 결과만 좋으면 무슨 소용인가.

　남은 아이들마저 다 가고 교실 뒤를 보았다. 화분에 이름표를 붙여 두었다. 자기 화분은 나름대로 다 완성하고 집에 갔다. 교실이 훤해졌다. 앞에는 쓰레기, 뒤에는 화려한 화분! 화분을 예쁘게 만드는 게 교육일까, 쓰레기를 치우는 게 교육일까? 쓰레기가 안 생기게, 생겨도 제대로 치우는 것이 교육이겠지.

류○○ : 교실은 신선해야 공부하기에 알맞다. 그런데 내 눈에는 색깔이 거의 비슷한 것 같다.
　　　(저기에 있는 큰 꽃은 빼고^^)　　　　　　　　　　　　　　　　　　　　2010-12-09

김○○ : 내가 한 미술 중에서 가장 재미있었고 다음부터는 미술을 하면 자리 정리를 잘해야겠다.
　　　　　　　　　　　　　　　　　　　　　　　　　　　　　　　　　　　2010-12-10

박○○ : 색종이로 꽃을 접는데 내가 잘못접어서 류**이 많이 도와주었다. 그리고 쓰레기를 버린
　　　쪽은 다른 사람인데 치우는 사람은 어지르지 않은 사람이 청소해서 억울했다.　　2010-12-10

손○○ : 다음 날 고생은 좀 했지만 화분 만들기 완전 재미있었어요.
　　　다음에 시간이 있으면 집에서도 만들어 봐야겠어요.
　　　방학숙제로 낼까나?　　　　　　　　　　　　　　　　　　　　　　　2010-12-10

주○○ : 나는 버리지 않았는데 나까지 꾸중을 들으니까 기분이 나빴다.
　　　다음부터는 선생님께서 잘못을 한 사람만 꾸중을 하였으면 좋겠다.　　　2010-12-12

05 함께 읽어도 좋은 일기

일기 읽어 주기는 처음 일기 쓰기 지도할 때나 아이들이 글감을 제대로 찾지 못할 때 자주 한다. 학기 초 한 달 정도 아침 시간에 한두 편씩 읽어 준다.

모아 둔 아이들 글이 없다면 아이들 일기만 모아 낸 책(한국글쓰기교육연구회에서 나온 책)에서 몇 편 뽑아 낸다. 우리 반 교실에는 내가 해마다 학급 아이들과 문집을 내면서 정리해 둔 일기가 있다. 본 대로, 들은 대로, 말한 대로, 생각한 대로 쓴 글로 구분해 두었다. 해마다 읽어 주는 글이 비슷하다. 해마다 한두 개씩 덧붙이거나 바꿔 가면서 손바닥 크기의 책으로 만들어 두고 있다.

최근에서 아예 아이들 수만큼 책으로 만들어 스스로 읽을 수 있게도 했다. 편한 방법이지만 그렇다고 혼자 읽게만 내버려 두지 않는다. 듣는 시간도 소중하기 때문이다.

학기 초에는 꼭 하루에 한 번은 직접 읽어 준다. 읽어 주고 나서 읽은 내용에 대해 서로 이야기를 나눈다. 왜 이 일기가 좋은지 이야기도 해 준다. 누구나 겪는 일인데 글감으로 놓치지 않고 잘 잡았다, 대화 글을 잘 듣고 그대로 옮겼다, 순간 지나칠 수 있는 일을 잘 잡았다, 자기만의 솔직한 생각을 잘 풀었다는 등등의 말을 많이 해 주었다. 본보기글은 해마다 엮는 학급 문집에서 가려낸 글이다. 반 아이들 수만큼 책으로 만들어 해마다 재활용이 가능하다.

자주 읽어 주고 읽히는 것은 제법 효과가 있다. 한 번 읽은 것도 되풀이해서 여러 번 읽고 듣게 한다. 아이들은 스스로 반복해서 읽기가 생각만큼 잘 되지 않는다. 한 번 읽으면 '아는 것'으로 여기기 쉽다. 자주 읽거나 듣지 않으면 잊힌다. 잊기 때문에 되풀이한다. 행동과 실천, 마음도 마찬가지다. 보고 싶은 사람은 자꾸 떠올리기 때문에 잊을 수 없다. 실천도 자꾸 하니까 익숙해지고, 익숙해지면 편안하고 쉬워진다. 다양한 방법과 깊이 있는 생각이 담기면서 재미가 붙기 시작한다. 처음부터 재미를 붙여서 쓰기도 하지만, 자주 쓰면 재미가 붙기도 한다.

또래 아이들의 글을 자주 읽고 들으면 글감 찾기와 내용을 풀어 내는 방법이 자연스럽게 떠오르기도 한다. 어떻게 풀어야 할지 스스로 감을 찾게 된다.

나는 우리 반 아이들과 아침 시간에 짬을 내어 많이 읽는다. 새내기 교사 시절에는 아이들이 쓴 자료가 없어서 일기 글 모음 책을 사서 읽어 주었다. 그런데 문집을 만들면서 아이들의 글이 모아졌다. 나와 함께 공부한 아이들의 글이 늘자 그 가운데 몇 편씩 뽑아 읽어 주었다. 그렇게 몇 해 하다 보니 글이 쌓이기 시작해 나름 읽어 주는 주제와 차례가 생겼다.

월	들려 줄 주제	글감 예
3월	들은 대로	학교, 학원, 집, 밥 먹다, 길거리, 가게에서, 욕, 짜증
4월	본 대로	길 가다, 심부름 가다, 내 방, 학원, 교실
5월	말한 대로	친구끼리, 식구끼리, 형제끼리, 수업 시간, 식당에서
6월	글감 찾기	보고 듣고 말한 것, 생각한 것, 고민한 것

7월	솔직하게	답답한 마음, 숨기고 싶은 것, 말 못 한 것, 억울한 것
8월부터	스스로 찾기	

　1학기에는 주제별로 읽어 주었다면 2학기부터는 스스로 읽고 글감을 찾도록 한다. 2학기부터는 반 아이들 글을 뽑아 읽어 준다. 바로 자기 곁에서 사는 또래 이야기라 공감하는 상황이나 주제가 많이 나온다. 자기와 비슷한 상황을 겪은 친구가 어떻게 생각하고 행동했는지에 대해 관심이 높아진다. 남을 이해하고 알아 가는 재미이기도 하다. 서로 생각을 나누며 본받기도 한다.

　주제별로 아이들에게 읽어 줄 만한 글을 뽑아 본다.

(1) 들은 대로 쓴 일기

2013. 4. 17. 꾸물

난폭한 버스 운전자

　오늘 학원에서 버스 타고 오다가 사고 당할 뻔하였다.

　갑자기 버스 운전자가 클랙슨을 '빡! 빠빠바!' 누르는 것이었다.

　그때는 자리도 없어서 친구랑 수다를 떨며 갔는데 중심을 잃어서 넘어질 뻔하였다. 비틀비틀거리다가 한 발이 때지면서 옆으로 쏠렸다. 정신을 차리고 창문을 보는데 버스기사 아저씨가 문을 열고 "어이, 아저씨 뒤에 차도 있는데 그러면 안 되지!" 이러는 것이었다.

　그 차 주인이 "아예, 예. 빨리 갑시다!" 오히려 자기가 더 언성을 높였다.

　그리고 요즘은 버스 클랙슨을 울리는 것이 너무 당연하다는 듯이

한다. 친구하고 버스를 타면 버스가 급정거하거나 클랙슨을 누르
면 놀라지도 않고

"아니, 씨X 똑바로 안 하나! 아저씨 저거 확 그냥!"

이러는 소리도 들린다.

물론 우리도 이제는 그냥 그러려니 한다. 버스 아저씨 좀 안전하게.

사람들이 주고받는 말을 그대로 살려서 썼다. 그래서 더욱 생생하다.
들리는 대로 적는다고 생각하고 들으면 자세히 들린다. 글쓰기에서는
보고 듣는 일이 가장 먼저다. 그 가운데 본 것보다 들은 것을 그대로 잘
쓰지 못하고 있다. 남이 하는 말을 새겨 듣자. 기억하기 위해 수첩에 기
억할 만한 말은 적어 두어도 좋다.

(2) 말한 대로 쓴 일기

2011. 9. 2.(금) 노래하는 햇빛

연가

오늘 연가라는 노래를 배웠다. 오늘 저녁에 엄마가 설거지를 하
고 있는데 내가 옆에 가서 연가 노래를 불렀다.

"비바람이 치던 바다 - ♪" 노래를 열심히 부르다가

"저 하늘에 반짝이는"부터 엄마가 따라 불렀다.

"어? 엄마도 아네."라고 하자 엄마는

"니도 아나? 나는 니가 알고 있는 게 더 신기한데."라고 했다.

둘이서 웃으면서 계속 같이 노래를 불렀다.

엄마와 딸이 서로 알고 있는 노래를 확인하는 순간이다. 서로 주고받는 말이 짧은 순간 이어졌다. 이런 순간순간의 상황이 하루 동안 수십 번 일어나면서 하루가 지나간다. 공감하며 느끼는 기쁨이 대화에서도 풍겨 온다. 많은 상황 설명보다 주고받는 말에 정감이 듬뿍 담겼다.

짧은 순간 스치듯 엄마, 아빠, 선생님, 친구, 동생, 자기 자신과의 대화가 하루에도 몇십 번은 이루어진다. 이런 상황을 놓치지 않고 잡아두는 습관이 말한 대로 쓸 수 있는 글감을 찾는 좋은 방법이다.

(3) 본 대로 쓴 일기

2010. 11. 28.

빵소니

우리는 강민이와 수훈이와 동환이와 수경이와 같이 놀고 있었다. 강민이가 수경이를 아주 좋아했다. 갑자기 쿵 소리가 나면서 전봇대가 흔들렸다.

잉? 이건 무슨 소리 하면서 달려갔는데 어떤 차 한 대가 전봇대를 들이받고 뒤에 있는 차도 뒤로 들이받았다. 이러면서 와 이건 어떻게 해야 하는 판이지 하면서 우리는 조금 당황했는데 나중에 차가 도주를 했다. 그래서 수훈이가 아닐걸. 도주한 게 아니고 뒤에 있어 차가 처음부터 잘못했을 걸 이렇게 말했다. 그래도 신고는 해야지라고 했다. 신고를 하려고 했는데 신고하긴 조금 그렇고 경찰서가 바로 옆에 있었다. 그래서 경찰서 앞으로 갔다. 수경이한테 네가 먼저 들어가라고 했더니 "안 해, 형이 들어가라." 이렇게 답했다. 너무 떨렸다.

　나는 경찰서에 들어가 본 적은 없다. 나는 당당하게 들어갔다. 그러니 왜 왔냐고 경찰 한 분이 답을 해줬다. 지금 저기 옆에서…. 저기 경찰서 뒤에 사고 나서 뺑소니 도주했는데요. 어떡하죠?라고 했더니 아, 이래? 조금 있다 경찰 아저씨와 같이 달려갔다. 아저씨가 멋지게 찰칵찰칵 하면서 사진을 찍었다.

　우와, 멋지다고 감탄사가 나왔다. 이거 '1234번'이다. "12가 1234번인데요."라고 내가 말하니깐 "아, 그렇구나!" 하면서 우리 집 전화번호와 이름을 달라고 하면서 나중에 연락 주면 나중에 꼭 그때 봤던 걸 잘 재연해 달라고 했다.

　흔치 않은 사고 현장을 자세히 보고 썼다. 그때 일어난 상황과 생각과 느낌이 자연스럽게 드러나 있다. 무엇보다 사고가 났을 때 보고만 있지 않고 행동으로 옮겨 신고하는 모습이 돋보인다. 눈으로 보는 것과 보이는 것은 차이가 있다. 보는 것은 자기 힘과 생각, 의지가 담기지만 보이는 것은 자기 노력과 상관없이 이루어지는 일이다. 이 글에서 사고는 보여진 일이다. 처음 사고는 보였지만 나름 생각하며 움직여 보려 했기에 그 뒤 행동은 본 것이 된다. 그래서 보여진 것보다 본 것에 자기 생각과 느낌이 많이 담겨 글에 자세히 드러나 있다.

(4) 한 대로 솔직하게 쓴 일기

2011. 10. 20.(목) 추운 날

불만 그리고 서러움

학원에 가면 불만보다는 서러움이 많다. 똑같은 시간에 문제를 풀라고 프린트 물을 내주고 풀면 빨리 푸는 사람이 있다. 나도 최선을 다한다. 그런데도 거의 내가 늦게 낸다. 빨리 푸는 친구들이 부럽기는 하지만 그래도 내 할 일은 열심히 한다. 다 풀고 내면 늦게 냈다고 뭐라 하고 많이 틀렸다고 뭐라고 하신다. 그때 완전 서럽다. 나도 열심히 해서 낸 건데 친구들 앞에서

"늦게 냈는데 많이 틀리고 뭐냐?"

하면서 크게 말하신다. 내 생각에는

'다른 애들은 잘하는데 넌 뭐냐?'

라고 말씀하시는 것 같다. 창피하기도 한데 늦게 냈다고 뭐라 하고 문제 많이 틀렸다고 뭐라 하고. 엄마한테 얘기를 드려 보았는데 하시는 말씀이

"그러면 어디 학원 다닐래? 니가 자신 있으면 집에서 공부하고 아니면 다른 학원 가고."

이렇게 말씀하시면 이 학원 말고 갈 때가 없으니까 꾹 참고 다닌다. 집에 올 때는 버스를 타고 다니는데 데리러 오면 안 되냐고 말하고 싶지만 말하지도 않는다. 집에 오면 왔냐고 묻지도 않고 요즘 너무 힘들다.

한 대로 솔직하게 쓰는 글에는 대부분 억울한 일, 불만, 힘듦, 답답한 것들이 많다. 이런 것들을 글로 쓰지 못하고 마음에만 담아 두면 마음의

병이 생긴다.

누구나 살다 보면 힘들고 답답한 일들이 끊임없이 일어난다. 그래서 고민하고, 풀고, 포기하고, 도움을 받으면서 성장해 나간다. 풀지 못한 일과 걱정, 마음은 시간이 흐르면서 자연스럽게 풀리거나 이해되기도 한다. 답답한 마음과 걱정거리를 일기장에 적어 두고 언젠가 다시 돌아보면 그때의 고민들이 성장하면서 어떻게 풀려 왔는지 알 수 있는 기회가 된다. 과거의 일이 현재와 미래의 삶의 밑거름이 되기도 하고 방향도 일러 줄 수 있지 않을까.

3장

시

01 스치듯 신기함을 담는 시

시는 무엇을 보거나 듣고 문득 스치는 것이 있어 '아, 그렇구나!'라고 놀라거나 깨친 것을 붙잡아 쓴다. 그래서 사물이나 사람, 상황과 사건에 집중하고 관찰하는 힘을 키운다. 그러는 가운데 새로운 것을 발견한다. 평범한 일, 늘 되풀이되는 삶 속에서도 곰곰이 생각하면 공통점, 차이점, 자기 삶과 이어져 새로운 사실을 찾을 수 있다. 그것이 시의 재미와 맛이다. 감동까지 이어진 시는 늘 곁에 두고 읽게 된다.

시를 어떻게 써야 하는지 솔직한 자기 이야기에서 시를 쓰는 까닭을 찾을 수 있다. 아이들에게 지금까지 시를 어떻게 써 왔는지 물어 본 적이 있다. 아이들의 경험을 정리하면 이렇다.

① 시는 꾸며서 예쁜 말로만 쓰는 것인 줄 알았다.
② 없는 일도 억지로 지어 내려니까 힘들었다.
③ 내 머리로 상상해서 썼지, 한 번도 깊이 관찰한 적은 없다.
④ 시를 마지못해 외우기만 하고 감동한 적이 없다.
⑤ 일기 쓰기 싫어서 짧게 쓰려고 꾸며 적었다.
⑥ 평소에 쓰지 않는 말이 많았다.

아이들은 시를 대부분 어른들이 시켜서 썼거나 학교 과제로서 쓰기 시작했다. 그러면서 주로 예쁜 말, 좋은 말로 꾸며 쓴 시를 많이 참고했다고 말했다. 그러다 보니 자연스럽고 예쁜 말, 좋은 말, 반복, 끊어서 쓰기와 같은 형식에 맞춰 쓰는 것이 시라고 여기게 된 것이다. 이것은 현재 어른들도 겪어 온 동시 교육의 상황이기도 한데, 운율과 반복 같은 시 형식만 강조되어 감동과 가치를 느껴 볼 여유와 과정이 부족했던 것이다. 요즘은 사실대로 솔직하게 많이 쓰게 하지만, 여전히 꾸며 짓는 것에 초점을 두고 있다.

시를 쓰는 까닭은 여러 가지다. 그중에 20여 년 동안 아이들과 함께 수업, 행사, 문집으로 시를 공부하면서 시가 아이들에게 끼치는 좋은 영향에 대해 되새겨 본다.

시는 다른 사람의 시각과 관심, 생각, 마음을 볼 수 있게 한다. 늘 똑같은 사건이라도 사람마다 다 다르게 해석하고 풀어 낸다. 그래서 시 역시 솔직하고 진실하게 써야 한다. 본 것이나 들은 것을 그대로 자기 말로 잘 살려서 써야 한다. 감동을 주는 시는 읽는 이의 삶도 변화시킨다. 시는 읽고 쓰기만으로 끝나는 것이 아니라 자기 삶을 가꾸는 씨앗이 되기도 한다.

시는 마음을 따스하고 깨끗하게 해 준다. 하지도 않은 일을 예쁘게만 꾸며 낸 시는 오래 읽히지 않는다. 이런 시는 생명력이 짧다. 시를 쓰려면 한 가지 사건, 사물, 인물, 상황을 잘 살펴야 한다. 마음도 주어야 한다. 그러면서 생각의 폭이 넓어진다. 잠깐 스치는 일과 상황도 자꾸 곱씹어 생각하다 보면 그 과정에서 오해가 풀리거나 이해되기도 한다. 화가 풀리기도 하고, 그냥 웃어넘길 일도 다시 생각하게 한다. 칭찬과 반성, 성찰의 과정을 겪으며 사람과, 동물, 자연을 보는 눈과 마음이 따뜻하고 깨끗해진다.

02 부담감을 버리고 솔직하게 쓰기

나는 우리 반 아이들과 시 읽기에 앞서 자기가 써 왔던 시에 대해 진단 (반성)을 하는 시간을 갖는다. 그런 다음 자기가 쓰고 싶은 시를 먼저 한 편 쓰게 한다. 솔직하게 자기 마음을 시로 쓰게 한다. 욕이나 사투리가 들어가도 좋으니 마음껏 풀어 내도록 하면 술술 말이 나온다. 그런 말을 그대로 담는다. 물론 그대로 담아 내었다고 다 시가 되는 것은 아니다. 다듬는 일은 두 번째다. 가장 먼저 할 일은 부담 없이 자신의 생각이나 마음을 그대로 드러 내는 일이다. 한 번 써 보면 느낌이 다르다. 그런 다음 또래 아이들의 시가 담긴 책(시집)을 보았으면 한다.

교사가 아침마다 시 한 편씩 읽어 주는 것도 좋다. 고학년이라면 일주일 정도 읽어 주고 직접 시집에서 골라 읽게 한다. 그래도 몇 번 정도는 교사가 읽어 주거나 함께 읽어 보는 시간도 있으면 좋겠다. 늘 하지 못해도 시를 배우는 기간의 한두 주 정도는 해 볼만한다.

● 아이들에게 권할 만한 책
　이호철, 《비오는 날 일하는 소》, 산하
　윤동재, 《서울 아이들》, 창작과비평사
　이주영, 《아버지 얼굴 예쁘네요》, 온누리
　이호철 엮음, 《요놈의 감홍시》, 보리
　이호철 엮음, 《잠 귀신 숙제 귀신》, 보리

한국글쓰기교육연구회 엮음, 《새들은 시험 안 봐서 좋겠구나》, 보리

전국초등국어교과모임 엮음, 《쉬는 시간 언제 오냐》, 나라말

최종득, 《쫀드기 쌤 찐드기 쌤》, 문학동네

임길택, 《할아버지 요강》, 보리

조월례, 《지구라는 보자기》, 오늘

김용택, 《너 내가 그럴 줄 알았어》, 창비

탁동철 옮김, 《까만 손》, 보리

이승희 엮음, 《개구리랑 같이 학교로 갔다》, 보리

김녹촌, 《풍물 연습》, 지식산업사

한국글쓰기연구회 엮음, 《엄마의 런닝구》, 보리

임길택 엮음, 《꼴찌도 상이 많아야 한다》, 보리

임길택 엮음, 《아버지 월급 콩알만 하네》, 보리

김녹촌, 《개미야 미안하다》, 온누리

서정홍, 《우리 집 밥상》, 창작과비평사

김녹촌 엮음, 《거꾸로 오르기》, 온누리

임길택, 《똥 누고 가는 새》, 실천문학사

이러한 책들은 시 수업 때 필요해서 늘 가지고 다닌다. 학급 문고로서 비치해 두기도 하고, 없으면 시 수업하기 일주일 전쯤 학급 문고에 꽂아 둔다. 돌려 읽는 책으로도 쓴다. 늘 곁에 두고 해마다 내가 가르치는 아이들의 정서와 상황에 공감할 만한 시를 뽑는다. 사실 내가 가장 많이 본다. 몇 년 동안 모아 온 책이다. 한꺼번에 구하기 힘들다면 요즘은 학교 도서로 신청해서 준비해 두면 된다. 시 수업을 할 때 적어도 아이들

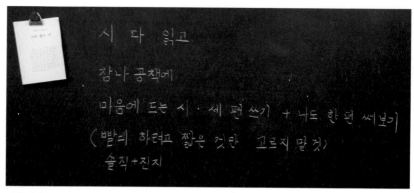

아침 시간에 시를 읽고 마음에 드는 시를 고르게 한다.

한 사람 앞에 한 권 정도는 손에 잡히도록 하는 게 좋겠다.

시 수업이 있는 주에는 집중해서 시집을 읽을 수 있게 학습 시간을 조정할 필요가 있다. 수업 시작 전과 마칠 때 시 한 편 읽어 주기, 시집 한 권씩 돌아가면서 읽기와 같이 시를 자주 만날 기회를 준다.

시집별로 뽑은 시를 작은 책(손바닥 책)으로 만들어서 아이들에게 읽히기도 한다. 아이들에게 여러 시집을 읽고 골라 내게도 해 보았지만, 어떤 시가 좋은 시인지 감을 잡지 못하면 내가 아이들이 공감할 만한 시를 뽑아 주기도 한다. 보통은 아이들이 나도 이 정도는 쓸 수 있겠다고 할 만한 시를 뽑았다. 아이들은 이 묶음 책을 보고 다시 자기 마음에 드는 시를 뽑는다. 그런 과정을 겪으면서 시를 뽑는 나름의 기준을 잡아 보았다.

① 아이들이 공감할 부분이 담겼는가?
② 보고 듣고 겪고 생각한 부분이 잘 표현되었나?

여러 시집에서 가려 뽑은 시로 손바닥 시집을 만들어 읽게 한다.

③ 꾸밈없이 솔직하게 썼는가?

④ 가치 있는 삶이 드러나고, 감동이 있는가?

　아이들에게 마음에 드는 시를 시 공책에 쓰게 하고, 어떤 시를 뽑았는
지 통계를 내어서 기록해 두면 아이들의 정서와 상황을 살필 수도 있다.
나는 해마다 아이들이 뽑은 시를 보면서 아이들 마음의 변화를 알아 간
다. 교사에게도 좋은 자료가 되는데, 아이들이 어떤 시에 공감을 많이
하는지 알면 새로운 시집을 살 때 참고도 될 것이다.

　이렇게 시를 뽑고 또 스스로 시를 한 편 써 보게 한다. 다른 사람이 쓴
시를 읽다 보면 아무래도 모방도 하고, 비슷한 경험을 따라서 자기 경험

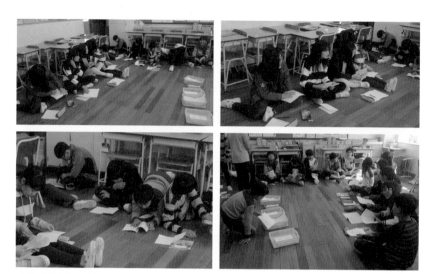

여러 시집에서 가려 뽑은 시를 다양한 방식으로 읽어 보게 한다.

을 드러내기도 한다.

첫 번째 시 쓰기 지도 목표는 부담 없이 솔직하게 드러내기다. 다른 사람이 쓴 시를 읽고, 나도 이 정도는 쓸 수 있겠다는 자신감을 심어 주는 일이다. 특별한 일보다도 언젠가 겪은 평범한 일이지만 자기 생각, 자기 말로 쓰는 연습이다.

시를 한두 편 쓰고는 또 시 읽기를 한다. 아이들이 여러 책에서 뽑은 시를 각 모둠의 바구니에 담아 놓으면 그것을 모아서 손바닥 시집으로 묶는다. 여러 시집에서 뽑은 시를 아이들 수만큼 복사해서 만들었다. 해마다 쓰는 자료라서 가치가 있다. 나도 시간이 날 때마다 마음에 드는 손바닥 시집을 골라 읽는다. 읽을 때마다 새록새록 아이들의 마음이 읽혀서 좋다.

2014년 김해 덕정초등학교 6학년 아이들이 뽑은,
마음에 드는 시 제목과 아이들이 쓴 시

개장수, 공부, 군것질, 나무, 내 마음, 너 우리 집 앞으로 지나가지 마, 눈 오는 날, 담배, 뭐라고 해야 하나?, 바람, 배추벌레, 별것도 아닌걸, 비둘기, 살다 보니, 서서 마셔서는 안 돼요, 설거지, 소꿉장난, 손님이 주인처럼, 숨바꼭질, 싸움, 아버지, 아버지의 걱정, 얄미운 게, 엄마의 잔소리, 우리 가족, 우리 아버지, 우리 집 강아지, 우리 가족, 이상한 아빠, 이혼, 잠, 재수 없는 날, 촛불 시위, 키 큰 아이 부러운 날, 폭풍우, 푸념, 학원 안 갈래요, 할아버지, 호랑이와 파리, 화장실 청소

옷	야구
백진우	이승빈

옷 — 백진우

누구에게나 따뜻하고
포근한 옷들
있고 없고 차별 말고
남녀노소 구분 없이
누구나 품어주는
따스한 옷처럼
누구에게나 따뜻한
옷 같은 사람이 돼야지.

야구 — 이승빈

야구에서 불필요한 포지션은 없다.
투수, 포수, 1 · 2 · 3루수, 유격수, 우익수,
중견수, 좌익수
이 모든 포지션은 다 중요하다.
사람들도 그렇다.
중요하지 않은 사람은 없다.
모든 사람은 중요하고 소중하다.

엄마 — ○○○

엄마가 오셨다.
엄마가 오시는 순간
나의 자유는 끝났다.
비밀번호 누르는 소리가 들리면
TV를 끄고 휴대폰을 숨기고
재빨리 방에 들어가서 책을 펴고
공부하는 척한다.
엄마가 공부 한다며 칭찬해 주신다.
휴, 살았다.
아무 것도 모르고 칭찬을 해주셨다.
마음 한 구석이 찔러 댔다.

조퇴란 — 정○○

조퇴란, 신기한 것이에요.
학교에서 아무리 아파도
조퇴하고 교문 밖을 벗어나면
어떤 병이라도 다 낫는
'조퇴'라는 마법의 약

6학년이 — 김시진

운동회 연습한다고
아침에 운동장에 나갔다.

1학년들은 보니까
선생님 말을 잘 따른다.
2학년들은 보니까
학교 체육복을 꼼꼼히 입고 온다.
3학년들을 보니까
응원을 목이 터져라 한다.
4학년을 보니까
제자리걸음을 잘 한다.
5학년을 보니까
줄이 하나 흐트러짐이 없다.

6학년들은
선생님 말도 안 들어
학교 체육복도 안 입고
응원도 설렁설렁 해
제자리걸음도 안 하지
줄도 못 서니까
정말 1학년보다 못하다.

03 주제에 따라 시 쓰기

아이들은 어떤 글감으로 시의 제목을 정할까?

해마다 가을이면 우리 지역 신문사에서 주최하는 글쓰기 대회가 있다. 한 신문사는 5월에 문예 행사, 한 신문사는 11월에 글쓰기 잔치로 아이들 작품을 받아 시상을 한다. 2002년 자료이기는 하나 지역 신문사에서 주최한 글쓰기 대회에 낸 작품 가운데 시 제목만 뽑아서 정리한 자료가 있다.

	자연	일	식구	동물	식물	사물	나머지	합
1학년	45	13	17	10	15	27	5	132
2학년	57	37	35	20	21	47	4	221
3학년	89	49	40	22	47	62	10	319
4학년	68	46	40	14	40	53	17	278
5학년	134	36	44	17	21	80	48	380
6학년	68	39	12	21	19	29	18	206
합	461	220	188	104	163	298	102	1,536

(2002년 **신문사 글쓰기 작품)

제목만 뽑아 나눠서 문제점이 있지만, 아이들이 어떤 제목으로 시를 쓰고 있는가를 살펴보는 데 도움이 될 것이다. 학년, 학교마다 편수가 다르고, 도시와 시골 학교에 따라서도 많은 차이가 있지만, 도시든 시골이든 아이들이 배우고 익히는 학교나 학원이 거의 비슷비슷해서 크게 다르지 않다.

글 제목을 자연, 일, 식구, 동물, 식물, 사물, 나머지로 나누었다.

자연에 대한 글감의 제목에는 '가을'이 많았다. 이 글쓰기 대회가 가을에 열려서 더 그런 것 같다. 그밖에 가을 운동회, 구름, 바다, 달님, 별, 비, 하늘 등이 나왔다. 누구나 자연에 대한 '시'를 쓰려고 하면 나올 법한 것이다. 자기가 보고 겪은 것은 없고, 언제 어디서나 머릿속에서 상상하거나 지어 내서 쓸 수 있는 것이 대부분이다. 마냥 '예쁘고, 아름답고, 좋다'고 꾸미는 표현이 많았다.

일에는 집 안·학교 행사, 놀러 간 일이 대부분이다. 이 일도 '잘 먹고 잘 놀았다'는 투의 글이 대부분이었다. '스승의 날'이나 '어버이날' 같은 제목은 언제나 '하늘 같다, 말썽 피워서 죄송하고, 다음부터 잘하고, 사랑해요'라는 투이고, '친척, 물놀이, 놀이동산, 외식, 운동회'와 같은 글감은 하나같이 '잘 먹고 잘 놀았으니 재미있고 즐겁다'는 문장이 대부분이다. 거짓말은 아닌데 읽으면 별 감동 없는 이야기들이다.

식구라는 글감에서 엄마나 아빠란 제목에는 '힘들게 일하고, 우리를 위해 챙겨 주고 사랑해 준다'는 이야기가 많고, 동생은 '장난이 심하고, 말썽꾸러기이고, 그래도 귀엽다'는 내용이 마치 공식처럼 쓰여 있었다. 어느 집이나 다 그렇게 느끼리라고 짐작할 수 있는 말들이다.

식물은 주로 가을철이라 단풍잎과 과일, 사물에는 학용품이 가장 많았다. 연필이나 지우개와 같은 학용품도 여전히 많이 나오고, 가방, 거울과 같은 물건이 나오는데 평소에는 제목으로 나오지 않다가 '시'만 쓰면 나오는 단골이 된 듯하다.

전체를 보면 하나같이 자기 이야기, 자기 생각이 없다. 자연을 자기 눈으로 보고 자기 귀로 들은 것이 아니라, 머릿속에서 그려 내는 상상이

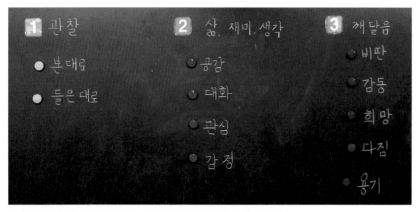

아이들이 많이 쓴 시를 '관찰', '삶 · 재미 · 생각', '깨달음'으로 나눠 보았다.

만드는 글이 많았다. 책이나 드라마, 영화, 그림에서 본 모습이 떠오르면서 상상하여 만든 자연도 보였다.

다음은 자기 말이 없다는 것이다. '식구'가 나오는 시는 우리나라 어느 곳, 어느 때나 겪지 않고도 쓸 수 있는 말과 글이 많았다. 힘들게 일하는 부모님이 소중하다는 것은 누구나 아는 일이고, 그런 부모님에게 효도해야 한다는 뻔한 내용들이다.

제목 갈래와 상관없이 많은 글이 잘 먹고 재미있게 잘 놀았다는 것이다. 잘 먹고 잘 논 것이 나쁘다는 말이 아니다. 아이들은 그렇게 커야 한다. 하지만 그렇게 쓴 글은 감동이 없다. 왜 그럴까? 2002년에 조사를 했으니 십 년도 넘었지만, 여전히 같은 문제점이 그대로 드러나고 있다.

글감 찾기는 시 쓰기에서 첫 관문이다. 무엇을 쓰고 싶은 것인가 생각만 하다 하루를 넘기기도 한다. 내가 아이들과 먼저 시 읽기를 하는 것도 글감을 찾기 위한 활동이다. 이런 것도 쓸 수 있겠다, 왜 이런 것을 쓰려고 생각하지 못했는지 느끼도록 자극을 주기 위해서다.

처음에는 아이들에게 일단 마음껏 글감을 찾아보라고 한다. 그렇게 해서 시를 쓰기 전에 글감을 먼저 조사해 보면 이 범위에서 크게 벗어나지 않는 듯하다.

'관찰'에서 본 대로, 들은 대로, 말한 대로가 있는데, 주로 보고 들은 것이 많다. 자세히 보고 들은 것들을 솔직하게 그대로 쓰는 게 중요하다. 다음은 대상에 대한 공감, 대화, 관심, 감정이다. 관찰과 공감, 생각이 하나라도 잘 드러나면 읽는 재미가 있다. 누구나 겪지 않는 자기만의 삶의 이야기가 된다. 살아가면서 겪은 일, 생각, 관심 둔 것, 감정(화, 짜증, 행복, 애정, 기쁨) 등이 있다.

마지막으로 '깨달음'이다. 주의 깊게 관찰하고 대상에 관해 이야기하고 감정을 지니면 무언가 삶의 원리를 찾게 된다. 새롭게 아는 것이 생긴다. 남이 말하거나 책에서 본 것이 아니다. 자기 스스로 마음에서 우러나오는 새로움이다. 비판도 희망, 다짐, 용기로 드러난다. 감동이 일어나서 읽는 이의 마음을 따뜻하게 데우기도 한다.

저학년일수록 글감을 찾으려면 직접 겪는 게 좋다. 교실 밖으로 나가서 계절을 느끼게 한다. 물소리, 바람 소리, 새소리를 듣게도 한다. 사람들이 살아가는 모습을 보고 주고받는 말을 듣게 한다.

고학년은 지난 경험을 떠올리게 하는 방법도 많이 쓴다. 책을 읽거나 토론으로 생각을 끌어낸다. 하지만 이런 것도 직접 보고 듣고 이야기하면 더 잘 떠오른다. 생각이 나지 않을 때 밖을 거닐다 보면 글감이 떠오르기도 한다. 봄꽃을 관찰하러 나갔다가 봄에 일어난 친구와의 다툼이나 정겨운 추억이 떠오르기도 한다. 그래서 글감을 찾는 노력으로 몸도 많이 움직였으면 한다.

시를 감상하거나 쓸 수 있도록 시 공책을 마련한다.

지난 일기장이나 친구와 이야기 나누기, 혼자 운동장 거닐기, 시장 또는 거리 사람들을 관찰하면 생각이 떠오를 기회가 넓어진다.

시를 단지 국어과 한 단원의 수업으로 생각한다면 시의 형식을 익히는 학습에 너무 치우칠 수 있다. 교과서에 나오는 갈등이 있는 시, 함축적인 표현만 학습의 한 형태로 맛보기만 하고 지나칠 수 있다. 분석만 하고 시 맛을 느끼지 못하고 끝나 버리는 아쉬운 점이 있다. 아이들에게 따로 시 공책을 만들어 한 달에 한 번꼴로 쓰게 하면 좋겠다.

글감을 찾는 일도 자주 해야 생각이 잘 떠오른다. 글감을 찾다 보면 사물과 사람, 상황을 깊이 있게 관찰하고 생각하는 힘이 길러진다. 밖으로 나가 자기만의 시간을 가져 보는 명상도 좋겠다.

사물이나 대상을 자세히 보고 느끼며 글감을 찾는 데 애를 쓸수록 글감을 찾는 시간이 점점 줄어든다. 자세히 관찰해서 마음에 담으려고 애를 쓰면 느낌이 일어난다. 그 사실과 느낌을 뚜렷하게 밝혀 쓰면 된다. 오래된 자기 기억과 사건도 함께 떠오를 수 있다.

굳이 밖으로 나가지 않아도 쓸 수 있다. 상상만으로 지어 낼 수도 있다. 하지만 조심할 점은 있다. 앞에서 이야기한, 예쁘게 꾸며서 지어 내

조용히 머물 만한 자리를 잡아서 관찰하거나 생각할 시간을 가진다.

는 관념적인 글 꾸미기가 되지 않아야 한다.

(1) 식구

식구를 글감으로 쓴 시 가운데 '엄마'라는 제목이 가장 많다. 그리고 그 내용은 힘들게 집안일이나 직장 일을 하며 고생한다는 말만 되풀이해서 쓰는 글이 대부분이다. 막연한 엄마의 모습, 일반적인 형태다. 아빠, 할아버지, 할머니, 동생도 마찬가지다. 보고 들은 것 가운데 자기 집안만의 경험과 솔직한 생각이 중요하다.

우리 어머니

김○○(4학년)

우리 어머니는
창녕에서 횟집을 하신다.
가끔 와서 집을
치워 주시고 간다.
이럴 때면
우리 어머니가 꼭
청소부 아줌마 같다.

비교

이○○(4학년)

엄마는 내가 뭘 조금이라도 못하면
"넌 왜 이것도 못하니?
다른 애들은 다 잘하는데"
라고 말씀하신다.

그러면 나도 엄마가 뭘 못하면
"엄마는 왜 이것도 못해?
다른 엄마들은 다 잘하는데"
라고 말할 것이다.

엄마도 비교 당하기 싫을 것이다.
비교를 하지 않아야겠다.

'엄마'가 글감으로 나오는 시에는 엄마에 대한 고마움이 가장 많다. 막상 시를 쓰려고 하면 '고마움'을 나타내는 시가 당연한 듯, 그렇게 써야 할 것으로 여기기 쉽다. 엄마에게 서운한 마음, 엄마가 불쌍하다는 마음도 가지고 있을 것이다. 그런 마음이 있다고 해서 엄마를 사랑하지 않는 것이 아니다. 그런 마음은 사랑하기 때문에 나타나는 감정이다. 순간순간 서운한 감정과 억울한 마음도 좋은 글감이 된다. 일부러 그런 것만 잡아서 쓰라는 말이 아니다. 엄마가 '고맙다'는 한 가지 주제만 잡지 말라는 뜻이다. 다양한 감정과 사건, 상황이 많다.

 엄마뿐 아니라 아빠, 할아버지, 할머니, 동생도 관계를 맺고 품은 마음들이 여러 사람에게 공감을 주기도 한다.

할머니 댁

김채린(창원 사파초등학교 4학년)

할아버지가
작두로 소여물 싹둑 자르고
할머니가
도리깨로 콩 타작 철썩 해
삼촌이
지게로 나무 해 와서 불 피우고
도끼로 약초 뿌리 자라서 약물하지
그래서 할머니 댁에서
도리깨로 콩 타작도 해
우리 할머니 댁은 박물관이야.

난 이 집 손녀로 태어나서
너무 재밌어.

외사촌 언니

신아려(창원 토월초등학교 6학년)

외사촌 언니는
외할머니 댁에서 산다
외삼촌 옷가게가 부도나서
외숙모가 안 계시기 때문이다.

언니는 중학생인데
갯벌에 나가 일하고
소똥을 치운다

하지만
언니는 공부도 잘하고
잘 웃는다.

힘도 세고
다섯 살부터 일을 해서인지
밥도 잘하고 일도 잘한다.
외갓집에 가면
나도 일한다.

(2) 자연

산에 갔다 와서

정진영(창원 사파초등학교 4학년)

산에 가니
꽃들이 잔뜩 있네.
보라꽃, 분홍꽃, 신기한 꽃이
엄청 많네.
눈이 휘둥그레져서
도저히 감을 수가 없네.

민들레

박가영(창원 사파초등학교 4학년)

민들레는 참 부드럽다
벌과 꽃 같이 있어 좋다
벌이
꽃을 보고 있다
민들레도
벌을 보고 있다

어디 멀리 가거나 특별한 곳에서만 새로움을 찾는 것이 아니다. 늘 다니는 곳, 같은 자리에서도 계절과 상황, 날씨에 따른 변화를 느낄 수 있다. 〈산에 갔다 와서〉는 여러 가지 꽃이 눈을 감을 수 없을 만큼 예쁘다는 마음을 읽을 수 있다. '예쁘다'는 말을 쓰지 않아도 '도저히 감을 수가 없네'라는 말에서 예쁨을 충분히 느끼게 한다. 시를 읽는 맛이다. 〈민들레〉는 벌과 꽃이 정겹게 있는 모습이 따뜻하다. 벌은 꽃을 보고, 꽃은 벌을 보고 있다는 생각, 마음이 참 새롭다. 둘 다 공평하게 있다. 친구처럼 정겹다. 글쓴이는 그렇게 볼 수 있는 눈과 마음을 갖고 있다. 이 시를 읽는 사람도 함께 정겹고 따뜻해진다.

(3) 학교생활

숙제

전지웅(창원 사파초등학교 4학년)

학교 선생님께서 내어주신 숙제
다 못하는 날이 많다
영어 학원 갔다 와야 하고
태권도 도장에 갔다 오면 밤이 된다.
밤에는 여러 권 학습지
아휴 졸려
어느새 스르르 잠이 든다.

아침에 일어나면
후회를 한다.
자지 말고 숙제를 다하고 잘 걸
가방을 메고 학교 가는 길

선생님께 야단맞는 생각에
나는 벌써부터
가슴은 콩닥 콩닥
머리는 지끈 지끈
선생님께 무어라 말씀드릴까?

한자 시간

강용준(창원 사파초등학교 4학년)

토요일 셋째 시간
선생님이 짚은 한자
따라 읽는 우리 반

외워서 검사 받겠다 하면
모두가 아~~~~~
다 맞으면 대단하다고
박수를 친다.

못 외운 아이들도
좋다면서 웃고
혼나러 간다.

〈숙제〉는 다하지 못한 숙제 때문에 일어나는 마음과 생각을 솔직하게 썼다. 특별하지 않다. 누구나 한 번쯤 겪는 일이다. 솔직한 표현이 공감을 불러일으킨다.

〈한자 시간〉은 '숙제'와는 다른 분위기다. 틀려도 신이 난 아이들 마음이 보인다. 칭찬과 인정받기 위해 노력하고 틀려도 괜찮다는 학급 분위기가 느껴진다. 배움의 즐거움이 가득하다.

(4) 동물

경마장

조수환(창원 사파초등학교 4학년)

저번 일요일에
김해 있는 경마장에 갔다.
말들이 모두 홀쭉하고
고개를 축 숙여져 있다.
말 등에 탔을 때는
몸통이 너무 홀쭉해서
떨어질 뻔했다.

구름 한 점 없고 태양만
쨍쨍거리고 있는데
쉬지도 않고 아침부터
50명 넘게 손님을 태운다.
우리가 노는 놀이터와 공원은 있는데
말들의 놀이터는 없고
좁은 마구간만 있다.

말들도 쉽게 해주어야 한다.

개미

신민경(창원 토월초등학교 6학년)

우리 집 앞에 한 둘
지어가는 개미들

군인들처럼 척척척
한 줄 지어 척척척

옆집 아이는
개미를 보고 소리 지른다
아이들은
개미 둘을 괴롭힌다.

개미 줄이 엉클어졌다.
한 줄 지어 척척척이 아닌
여러 줄 지어 척척척

〈경마장〉은 재미있고 신기하다는 감정보다 말의 처지를 생각해서 쓴 시다. 자신이 말이 되었다면 느꼈을 감정을 생각하니 말이 얼마나 힘든지 알게 되었다. 새로운 발견이다. 애정, 동정심이 살아난다. 〈개미〉는 유심히 관찰해서 쓴 시다. 아이들이 괴롭혀도 뭉쳐서 가는 개미를 보고 썼다. 자세히 관찰하여 개미들의 특징을 새롭게 찾은 듯하다.

(5) 놀이

놀 사람 없는 날

전지웅(창원 사파초등학교 4학년)

놀 사람이 없어 윗집에 가서
"봉관이 자전거 타고 놀 수 있나?"
"아니, 계모임 간다."
"연호 놀 수 있나?"
"아니, 이모 집 간다."

자전거랑 쓸쓸이 놀이터 가는데
자전거에서
탕탕탕 소리를 들으니
자전거도 나처럼
친구랑 놀고 싶은 것 같다.

전염 술래잡기

김수년(김해 진례초등학교 6학년)

가위 바위 보!
가위 바위 보!
가위 바위 보에서

진 애는 이제 바이러스이다.

시작 소리에 맞추어
도망 다니기 시작하는 아이들
또 잡을 뻔하며 놓치고
겨우 잡으면
술래에 전염된 사람이 술래가 된다.

그러다 보면
누가 술래인지 모르게 된다.
그렇게 모두 친구가 된다.

하루도 놀지 않는 아이는 드물다. 공부하느라 바쁘기도 하지만 여전히 아이들 삶에서 '놀이'는 빠질 수 없다. 노는 이야기나 시는 대부분 '재미있다'는 한마디로 끝나 버리기 쉽다. 그 과정에서 주고받은 이야기, 감정, 상황을 그려 내지 못하니까 공감과 감동이 쉽게 이어지지 않는다.

〈놀 사람 없는 날〉은 함께 놀 친구를 찾아 나섰지만, 아무도 없어서 돌아오는 기분이 자전거의 탕탕탕 소리에 잘 드러났다.

〈전염 술래잡기〉는 술래잡기하는 과정을 쓰면서 친구 사이가 더욱 가까워짐을 느낄 수 있다. 놀이나 사건, 과정을 자세히 쓰면서 깨치는 '새로움'도 좋은 글감이다.

(6) 일하기

혼자 하니까

김○○(6학년)

엄마가 늦게 들어오신다.
엄마가 집 좀 치워놓으라고 했다.
난 치울라 하는데,
언니, 오빠, 정우 모두
텔레비전 보거나 컴퓨터 한다.

"좀 치아라."
"알았다."
대답만 하고 계속 논다.

혼자서 설거지 하고
우리 집 대충 치운다.
혼자 하니까
몇 개 안 되는 그릇이
더 많은 것 같다.

혼자 하니까 집이 더 넓다.
혼자 하면 뭐든
더 많이, 더 넓어지나 보다.

강낭콩 꼬투리 까기

김현성(창원 사파초등학교 4학년)

토요일 가게에 갔다.
나는 토, 일요일만 되면 심심하다.
텔레비전 보려 했는데
엄마가 손님에게 팔
강낭콩 까투리를 스무 개 정도 주셨다.

강낭콩 까는데
앞부분 선 같이 돼 있는 줄은 버리고
안에 있는 강낭콩을
자전거 손잡이 잡듯이 집어냈다.

세네 개 정도 남았는데
접시가 가득 차서 엄마가
"이제 그만 까도 된다." 하셨다.

엄마는 내가 까놓은
강낭콩 접시를
손님 보는 앞에다 두셨다.

〈혼자 하니까〉는 일하면서 느끼는 깨침, 성찰이 소중한 경험이 되었음을 알게 한다. 무슨 일이든 직접 해 보면 몸으로 깨치는 생생한 기억과 감정이 된다.

〈강낭콩 꼬투리 까기〉도 엄마에 대한 고마움, 사랑이 참 따뜻하다. 사실대로 적기만 했는데, 읽으면 마음이 푸근해진다. 시를 읽는 맛이다.

(7) 이웃 사람들

동네 할머니

권지영(창원 사파초등학교 4학년)

나는 날마다 학교를 오면서
옆 동에 사시는 동네 할머니를 보는데
키도 나랑 비슷하고
주름살이 조금 있다.
난 그 할머니를 잘 몰라서
지나쳐도 인사를 안 한다.
그러면 할머니께 좀 죄송하다.

옛날 집에 살았던 때는
지금 옆 동네에 사시는 할머니랑 비슷한데
좀 더 젊으셨다.
"안녕하세요." 하고 인사를 하면
"오냐~" 하고 상냥하게 얘기해 주신다.
하지만
지금은 인사를 안 하는
내가 무섭다.

떼를 쓰면

김예슬(창원 사파초등학교 4학년)

학교 가는 길
내 앞에 가는 아기
엄마한테 떼 쓴다.
"할머니한테 안 갈 거야"
하지만
아무 소용없다.

엄마는 회사 가고
아기는 할머니 품으로
아기는 떼를 쓰면 다 되는 줄 안다.

아기를 할머니에게 맡기는
엄마 마음도
편하지는 않을 것이다.

〈동네 할머니〉는 동네 사람을 대하는 자기 자신을 보고 느낀 감정을 썼다. 이 시처럼 이웃에 대한 관심을 가져 보고 듣고 말한 것을 자주 써 보자. 다른 사람에게 관심을 지니면서 내 눈, 귀, 입이 다시 살아나는 것을 느낄 수 있다.

엄마가 아이를 떼어 놓아야 할 상황을 쓴 〈떼를 쓰면〉은 우리 주변에서 자주 보는 장면이다. 그런 상황에서 잠시 아이 엄마의 처지가 되어 썼다. 누군가와 처지를 바꿔 생각하기는 상대방을 이해하는 좋은 방법 가운데 한 가지다.

(8) 사물

이쑤시개

이준홍(창원 사파초등학교 5학년)

고기 먹고 김 먹고
이빨 사이 끼인 음식 찌꺼기를
온몸으로 빼내야 하는 이쑤시개

냄새 나는 입 속에 들어가
한 번 일하고 버려지고
포크 대신 음식 찍다
버려지는 이쑤시개

빽빽한 통에 갑갑하게 있다
더러운 일만 하고 가는 이쑤시개

시계

박범준(창원 토월초등학교 6학년)

시계가 약이 다 떨어졌다
자꾸 삐삐거린다.

"밥 줘."
"밥 좀 줘."
자꾸 삐삐거리던 시계도
지쳤는지 멈추었다.
시계 가게에 가서 약을 샀다

단추를
한 개 한 개 눌러 주면서
소화시켜 줬다.
"이제 배부르나?"

사물을 글감으로 쓰는 시들은 서로 대화를 하거나 처지를 바꾸어 생각해 본 것이 많다.

'텔레비전은 바보, 지우개는 우리의 잘못을 지우지요. 고마운 지우개, 컴퓨터는 무엇이든 알려 주는 만능 천재….'

갑자기 불쌍히 여기거나 찬양하는 시도 곧잘 나온다. 평소에는 별생각 없다가 시 쓸 때만 잠깐 생각해서 쓴 글에는 찬양하거나 마냥 귀엽거나 미안해한다. 말장난 같은 말이 꾸며진다.

사물에 대한 깊은 관찰과 관심이 없어 별 재미와 감동이 없다. 공감도 없다. 공감을 먼저 일으켜야 재미가 따른다.

〈이쑤시개〉와 〈시계〉에는 나름의 깊이 있는 관찰과 생각이 담겼다. 상상도 함께 붙어서 재미를 더한다.

04 시 다듬기

시 고치기에는 두 가지 방법이 있다. 형식과 내용이다.

형식은 행 나누기, 맞춤법, 띄어쓰기 같은 형식을 맞추는 일이다. 내용은 말하려고 하는 것이 담겼는지, 자세히 썼는지, 재미와 감동은 있는지를 따지는 일이다. 둘 다 챙길 부분이지만 형식보다는 내용에 먼저 신경을 써야 한다. 형식은 내용을 다듬어 가는 과정에서 조금씩 맞춰가면 된다.

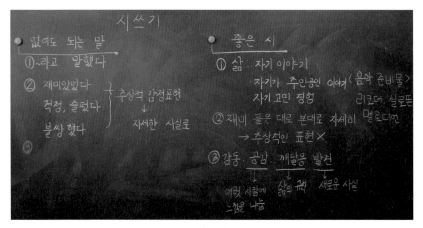

시를 다듬을 때는 '없어도 되는 말', '좋은 시'의 조건을 미리 알아 본다.

먼저 다른 사람들이 쓴 시를 감상하고 나서 시를 쓰게 하고, 그 시를 고치는 과정을 교육과정으로 다루기는 쉽지 않다. 먼저 시간이 만만치 않다. 아이들의 시를 하나하나 다 봐 주어야 하는데 시간을 내기가 힘들다. 학급에 아이가 열 명 안팎이라면 일일이 봐 주는 게 좋다. 스무 명이 넘어가면 따로 시간을 내야 한다. 나는 주로 댓글로 써 주었다. 전체를 한 번 봐 주고 공통으로 자주 틀리는 글자, 맞춤법, 띄어쓰기 등은 복사물로 만들어 내어 준다. 내용에서도 자주 나오는 문제점을 잡아서 복사물로 만들어서 준다.

시 쓰기를 할 때 가장 큰 고민은 자세히 쓸 부분과 필요 없는 부분을 찾는 일이다. 어디를 자세히 써야 할지, 빼야 할지 아이들 모두가 감을 잡는 데 시간이 걸린다. 쓰려는 주제에 대해 막연하게 '재미있다, 아름답다, 고마웠다, 즐거웠다. 힘들었다, 짜증났다'는 관념만 적어 마무리 짓는 일이 많다. 이런 부분에 언제, 어디서, 왜 그렇게 했는지 자세히 쓸 필요가 있다. 사실대로 풀면 관념적으로 쓰지 않고도 충분히 느낌이 산다.

두 번째는 주제와 상관없는 부분을 빼는 일이다. '엄마의 충고'라는 제목으로 시를 쓴다면 엄마가 충고하는 말이나 상황, 까닭에 초점을 두어야 한다. 그런데 엄마가 청소하는 상황이나 얼굴 생김새를 부각하면 초점이 흐려진다. '자세히' 쓰라는 말에 이런 부분까지 자세히 쓰라는 뜻으로 여기는 아이가 있다. 그래서 시 쓰기를 더 힘들어 한다. 과감하게 이런 부분을 빼도록 말해 준다.

대화 부분도 마찬가지다. 입으로 말한 것을 모두 '~라고 말했다' 식으로 주제와 상관없는 말까지 풀어 쓰는 부분이 생긴다. 이런 부분은 간추려 쓰거나 꼭 써야 할지를 생각해 보게 한다.

시 고치기 기준은 글쓰기 기준과 비슷하다. 먼저 자기 삶이 담겨 있는가, 두 번째 재미가 있는가, 마지막으로 감동이 있는가이다. 삶, 재미, 감동으로 뽑았지만, 하나하나 중요한 조건이 담겼다.

어디까지나 자기 생각과 말, 삶이 중요하다. 시도 재미가 있어야 한다. 재미없는 시는 아무도 읽지 않는다. 보고 들은 대로 뚜렷하고, 하고 싶은 말을 써서 읽는 이에게 공감을 줘야 한다. 그래서 관념적인 표현에서 벗어나 구체적인 사실을 중심으로 뚜렷하게 썼으면 한다.

마지막으로 감동이 있는가이다. 공감이 깊어지면 깨달음이나 새로운 발견을 주기도 한다. 마음을 따뜻하게 데우고 울리기도 한다. 그런 맛이 오랫동안 시를 붙잡게 하는 힘이다.

시는 대부분 교사가 고쳐 주지만, 아이들끼리 서로 고치게도 한다. 아이들끼리 처음 서로의 시를 고치게 하면 아직 고칠 기준과 글을 보는 눈이 없거나 낮아서 오히려 엉뚱한 방향으로 시가 흐르기도 한다. 그래서 몇 번 정도는 교사가 본보기를 들면서 알려 주면 좋다. 어떤 내용을 어떻게 봐야 하고, 뺄 것, 넣을 것, 자주 틀리는 부분을 모아서 정리해 준다.

아이들이 쓴 시를 공개해서 서로 보며 공유하게 한다.

아이들이 쓴 시에 어떤 부분을 자세히 쓰고, 빼야 할지를 표시해서 칠판에 붙여 놓는다. 한 사람씩 지도해 주는 방법도 있지만, 처음에는 공통으로 틀리는 부분을 모두가 알게 한다. 몇 번 하고 나면 짝 또는 모둠끼리 서로의 시를 봐 준다. 이 과정에서 맞춤법, 띄어쓰기 봐 주기가 자연스럽게 이어진다.

아이들끼리 고치기와 다듬기를 할 때는 너무 형식에 치우치다 보면 틀린 글자와 띄어쓰기에 집착하게 된다. 어디까지나 삶, 재미, 감동이 담겼는지 살펴보는 것에 초점을 두도록 한다. 어느 부분이 시의 중심인지 알아채고 그 부분을 자세히 쓰도록 한다. 중심이 아닌 이야기를 줄이거나 빼는 것도 잊지 않도록 한다.

시 고치기

학년　반　번 이름 :

1. 어떻게 끊어 나눌 것인가?(한 줄마다 의미를 지닙니다.)

원본	고친 것
길가에 가느다랗고 노란 꽃이 피었다. 나도 모르게 피었 는데 언제 싹이 났을까? 개미가 올라타려고 한다. 개미가 가장 먼저 반 긴다.	길가에 핀 가느다랗고 노란 꽃 나도 모르게 피었는데 언제 싹이 났을까? 개미가 올라타려고 한다. 개미가 가장 먼저 반긴다.

2. 필요 없는 말, 없어도 되는 말 지우기

원본	고친 것
엄마가 "니는 또 그런다" 고 말했다. '내가 자꾸 말하기만 하면 큰소리야!' 라고 생각했다. 말만하면 자꾸 큰소리로 꾸중하니까 엄마는 목소리가 동물원에 곰 같다고 느꼈다.	"니는 또 그런다." 엄마가 이러면 난 "내가 자꾸 말하기만 하면 큰소리야!" 말만 하면 자꾸 큰소리치니 엄마 목소리 동물원의 곰 같다.

3. 자세히 뚜렷하게 쓰기(추상적인 말을 사실대로, 뚜렷하게)

원본	고친 것	고친 까닭
토끼가 찻길에서 죽어 있었다. 불쌍했다.	찻길에 누워 있는 흰 토끼 머리와 몸이 떨어져 있다. 갈색 피가 퍼져 말라 있다.	불쌍하다는 말보다 불쌍한 그 모습을 앞에서 본 것같이 자세히 쓰기
다음부터는 부모님 도와드리고 효도해야지.	내 양말 내가 빨 거다. 목요일마다 분리 배출 내가 한다.	도와드리고 싶은 효도하고 싶은 그 일을 구체적으로 쓰기
예쁘고 착한 엄마 얼굴	하얀 피부 짙은 눈썹 살짝 웃으며 밥 먹어라 하실 때 너무 좋다 반찬 한 가지라도 꼭 한 번 웃으며 주시는 엄마	예쁘고 착하다는 말은 추상적이다. 다른 사람 머릿속에 잘 그려지지 않는다. 그 생김새와 모습을 뚜렷하게 써야 공감할 수 있다.

05 시화 만들기

시화는 학예회 작품과 학급 문집에 자주 쓰인다. 나는 학기 말이 되면 한 해 동안 아이들이 각자 자기가 쓴 시 한 편을 골라 시화를 만들게 한다. 보통 두 가지 형태로 만드는데, 학예회 전시 작품용과 문집용이다. 학예회 전시용은 배경 그림을 그리고 글은 붓으로 쓴다. 여기서는 학급 문집용 시화 만들기를 소개한다.

시화에는 시와 그림이 들어간다. 나는 해마다 학급 문집에 시화를 만들어서 올린다. 아이들 일기 글, 행사 글을 빠짐없이 워드프로세서로 쳐서 인쇄해서 만든다. 아이들 손 글을 한 편씩 살려 낼 방법이 없을까 궁리하다 해마다 시화로 만들어 문집에 싣고 있다.

아이들에게는 한 해 동안 쓴 자기 시 가운데 한 편을 골라 고치고 다

시화 만들기 과정을 칠판에 과정별로 적어 둔다.

들어 완성하도록 한다. 두 번째는 직접 자기 손 글씨와 그림을 담는 일이다. 이런 자료는 교사에게 학습 자료와 기록물이 된다. 스캔해서 모아 두면 다음해 가르치는 아이들에게 본보기 시 자료로서 가치가 높다.

시화를 만들려면 먼저 시 고치기와 다듬기가 마무리되어야 한다. 시화를 만드는 날에는 아침 일찍 칠판에 시와 그림을 그리는 모든 과정을 써 놓는다. 몇 해 하다 보니 아이들이 실수하거나 힘들어 하는 부분을 알게 되었다. 이렇게 써 놓으면 체계 있게 만들어 갈 수 있다.

(1) 글씨 쓰기

글씨는 잘 쓰기보다는 정성스럽게 쓰는 데 초점을 두어야 한다. 자신의 손 글씨가 그대로 남아, 나중에 어른이 되어서도 자신의 아들딸이 볼 것이라고 말해 준다. 그러면 아무래도 마음가짐이 진지해진다.

흰 복사 용지에 그대로 쓰면 글씨가 반듯하지 않다. 그래서 글씨를 가지런히 쓸 수 있도록 종이 밑에 글자 칸이 비쳐 보이도록 네모 칸 종이를 만들었다. 밑판용 종이와 흰 종이, 자기 작품, 연필, 지우개, 사인펜(볼펜), 그밖에 두꺼운 펜(검정)을 준비하도록 했다.

글씨 쓰기에 앞서 자기 시가 몇 줄 나오는지 계산해 봐야 한다. 준비한 밑판 종이는 모두 21줄이다. 워드프로세서에서 표 만들기로 선을 굵게 해서 인쇄하면 복사 용지에 비친다. 연을 구분하는 빈 줄도 한 줄로 쳐야 한다. 10줄 정도는 한 줄씩 비우며 쓰면 좋다. 10줄 이상이면 줄대로 쓰면 된다. 21줄 이상이면 2단이 되게 한다. 한 줄이 너무 길면 자간을 촘촘하게 써야 한다. 미리 몇 줄인지 계산해서 자리를 잡아야 전체

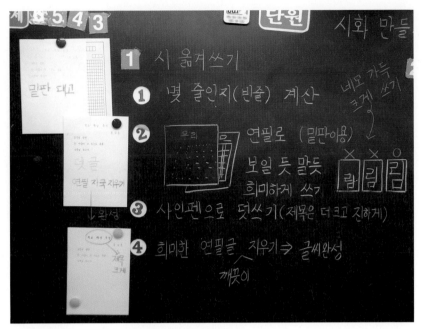

칠판에 시를 옮겨 쓰는 방법을 적고 실제 종이를 붙여 둔다.

밑판에 격자 모양 용지를 대면 가지런히 글을 쓸 수 있다.

균형이 맞다. 계산해서 쓸 자리가 나오면 이제 연필을 잡고 시작한다.

흰 종이 밑에 밑판용 복사 용지를 댄다. 진한 네모 칸이 보일 것이다. 그 칸 안에 글자를 채우는 꼴로 쓰면 된다. 먼저 비친 칸에 맞춰 연필로

연필로 쓴 밑글 위에 진하게 볼펜이나 사인펜으로 덧써야 하기 때문에 처음부터 꾹 눌러 진하게 쓰지 않도록 한다.

희미하게 쓴다. 연필 글은 나중에 지우개로 지운다. 종이가 눌리지 않게 진하게 쓰지 않도록 한다. 너무 눌러 쓰면 지워도 흔적이 남는다. 보일 듯 말 듯 힘을 빼고 쓴다.

　연필로 다 썼으면 다음에는 그 위를 따라 사인펜으로 덧글씨를 쓰면 진해진다. 복사(스캔)를 해야 하므로 글자가 뚜렷해야 한다. 글자 크기는 만들어 준 밑판의 네모 한 칸에 가득 찰 정도면 좋다. B5 크기로 만드니까 조금 줄어들 것이다. 지금은 A4로 하고 있다. 이때 오래 써서 몽탕해진 사인펜은 글씨가 너무 진하게 써지거나 번져서 효과가 떨어질 수 있다. 연습장에 한 번 써 보고 쓴다. 연필 글씨는 희미하게 보일 정도면 된다.

　다 썼으면 지우개로 연필 자국을 지운다. 칸에 맞춰 쓴 글자가 가지런

연필로 밑글씨를 희미하게 써야 잘 지워지고 흔적이 남지 않는다.

하고 보기 좋게 드러난다. 이쯤 되면 뿌듯한 마음도 함께 생긴다.

여기까지 글씨 쓰기가 마무리된다. 간혹 한두 글자가 틀렸거나 글씨가 번져서 처음부터 다시 써야 할 때가 있다. 이때는 수정 펜을 사용해서 지우고 다시 쓰면 되는데, 물약 형태보다는 밴드형으로 밀어 붙이는 꼴이 좋다.

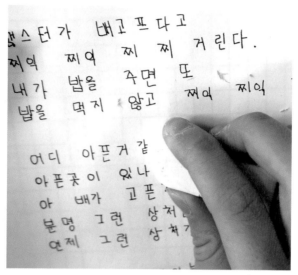

글자가 틀렸거나 사인펜이 번졌을 때는 밴드형 수정 펜을 사용해서 지우고 다시 쓰면 된다.

(2) 그림 그리기

이제 빈 곳에 그림만 그리면 된다. 시 내용을 보고 어울리는 장면을 그린다. 연습장에 미리 그려 보고 그린다. 글씨를 잘 써 놓았는데 바로 그 위에 그림을 그리다 실수하면 다시 처음부터 해야 할지 모른다. 늘 조심해야 한다. 번지거나 실패하면 처음부터 다시!

한 번에 그림이 잘 그려지지 않아 지우다 그리기를 되풀이하다 보면 종이가 더럽혀지기 쉽다. 그래서 미리 다른 종이로 그려 본다. 그려 보고 원본에 따라 그린다. 실수를 줄이는 방법이다.

바로 그릴 자신이 없으면 잘 된 것을 오려 붙이는 방법도 있다. 그림

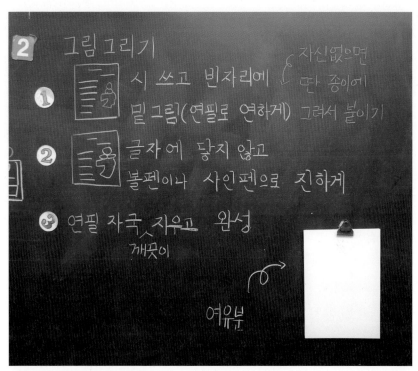

그림을 그릴 자리도 미리 잡아 둔다.

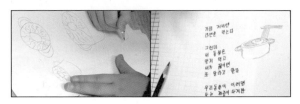

미리 연습장에 담을 그림을 그려 본다.

도 글씨처럼 연필로 희미하게 그린 뒤 사인펜이나 볼펜으로 덧칠해서
진하고 뚜렷하게 한다.

　아이들의 시화가 완성되면 칠판에 붙인다. 늦어지는 아이들에게는 긴

연습장에 그린 그림을 오려서 붙일 수도 있다.

장감을 준다. 아직 '감'을 못 잡은 아이들에게는 참고 자료가 된다.

그림을 잘 그리게 하려는 것이 목적이 아니다. 정성스럽게 현재 자기 실력으로 그리면 된다. 친구에게 부탁하는 아이들도 있기는 한데 도움을 받더라도 자기 그림은 자기가 그리도록 한다.

완성한 작품은 칠판에 붙인다. 친구들이 해 놓은 작품을 보면서 고칠

먼저 완성된 작품은 칠판에 붙여서 여러 아이가 볼 수 있도록 한다.

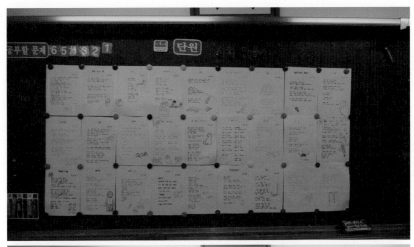

친구들의 작품을 보면서 고칠 기회도 가지고 참고하기도 한다.

부분을 찾아 고쳐도 된다. 전체를 붙여 놓고 보니까 좋다. 뿌듯하다. 다른 반에도 알려서 보게 한다. 다른 반도 할 것이니까 미리 보면 빨리 감도 잡고, 실수를 최대한 줄일 수 있다.

완성된 작품은 사진으로 찍거나 스캔해서 저장해 두고 누리집이나 SNS에서 활용한다.

이제 이 작품들을 모아서 무거운 책 밑에 깔아 두었다 스캔해서 파일로 만들어 문집에 넣는다. 잔잔한 흠이나 자국은 그때 지우면 된다. 나는 매년 겨울 방학 전에 이렇게 아이들 작품을 준비했다. 완성된 작품은 그림 파일로 저장해서 문집에도 쓰지만, 누리집이나 블로그에도 담아 두면 다음 해 시 쓰기 지도와 시화 만들기 본보기 자료로도 공유할 수 있다.

4장

보고문

01 문제 해결에 필요한
지식 공유

보고문은 어떤 일을 겪거나 실험, 연구, 조사해서 얻은 내용을 다른 사람들에게 잘 알릴 수 있게 쓴 글이다. 처음부터 쓰는 목적이 분명한 글이다. 자기가 겪은 것을 다른 사람이 좀 더 뚜렷하게 이해할 수 있도록 하려면 무엇보다 체계를 갖춰서 써야 한다. 보고문은 이렇게 자기가 겪은 새로운 정보나 지식, 느낌과 생각을 알리고 서로 나누는 데 필요한 글이다.

보고문을 쓰려면 무엇인가를 겪어 보면서 조사 · 연구하게 된다. 그러면서 평소 생각해 보지 못했거나, 생각으로만 그친 문제점과 궁금한 점을 좀 더 깊이 다루고 해결하는 과정에서 배우고 익히는 것이 많아진다.

자료를 찾으려고 각종 매체(책, 미디어 등)를 다루고 참고하고, 다양한 사람들과 인터뷰, 면담, 설문과 같은 방법으로 만나기도 한다. 단순한 인터넷 검색에만 머물지 않고 폭넓은 관계를 맺어야만 살아 있는 생생한 보고문으로 태어난다.

보고문을 쓰는 과정에서 혼자만의 생각을 넘어 다른 매체, 사물의 현상과 관계, 사람들의 반응을 살피면서 사회성도 키우게 된다. 끝까지 이어 가는 마음, 끈기, 집중력도 함께 길러진다. 포기하지 않고 꿋꿋하게 이어 가는 마음이 즐겨 하는 마음으로 자라 기록하고 정리하는 습관도 갖춰진다.

보고문을 완성하면 뿌듯함, 성취감도 생긴다. 보고문을 여러 친구에게 알리고 함께 살펴보면서 다양한 관점과 더불어 생각의 폭도 넓어진다.

조사 주제, 범위, 내용, 방법, 해결 방법 따위를 고민하고 체계를 맞춰 가면서 문제를 푸는 능력을 키울 수도 있다. 과제를 해결하기 위해 준비하고 조사해서 근거를 찾는 것에 익숙해지면 주제를 놓고 토론하는 능력도 키울 수 있다.

초등학생이 학교에서 써 보는 보고문 형태는 실험 보고문, 견학 보고문, 탐구 보고문, 프로젝트 보고문, 현장학습 보고문과 같이 몇 가지가 손에 꼽힌다. 주로 행사에 따른 과제나 방학 과제로 하는 경우가 많다. 한 해 보고문을 쓸 기회는 모둠끼리나 개인별로 한두 번 정도일 것이다.

그런데 대부분 아이들이 보고문을 새로운 정보를 찾거나 다른 이들에게 알려 주는 즐거움보다 지루하고 귀찮은 과제로 여겨 안타깝다. 다음은 각종 조사 학습과 보고문을 써 본 아이들의 솔직한 글이다.

• 조사할 때는 컴퓨터로 찾은 것을 일일이 적었다. 사진은 백과사전에서 억지로 찾아서 붙였다. 프린트해서 읽지도 않고 한 번 내고 나서 돌려받으면 그냥 버렸다.

• 백과사전에서 찾은 내용을 복사해서 다 잘라 붙이고 글은 요약해서 적고 사인펜으로 꽃 모양별 모양을 그려서 냈다.

• 견학 보고문을 쓰려고 모둠 아이들끼리 박물관을 둘러보고 맘에 드는 것을 나누어 사진을 찍었다. 표지판에 나와 있는 설명을 다 적느라고 손이 아팠다. 가서 알게 된 것은 별로 없다. 그냥 친구들이랑 같이 가서 즐거웠다. 그것뿐이다.

• 인터넷에서 대충 몇몇 자료를 찾고 인쇄해서 도화지에 붙였다. 책과 백과사전에서 관련 기사를 찾다가 조금밖에 없으면 일부러 공간을

많이 차지하도록 크게 붙이고, 큰 글씨로 주제를 적어서 공간을 더 많이 차지하게 했다. 안 그러면 자료를 대충 읽어서 형광펜으로 어려운 말을 줄만 그어서 그냥 내기만 했다. 그래도 선생님께서는 아무 말씀 안 하셔서 조사 보고문 숙제를 잘한 줄 알았다.

● 역사에 대한 보고문이 가장 많았는데, 자료가 모두 어려운 말만 쓰여 있었다. 만약 '조선'이라는 주제가 있다면 조선에 대해서는 없고, 아는 인물 이름만 써 두고, 한 일만 옆에 적고 조선 역사에 관해서는 내용이 하나도 없었다. 칸을 채우려고 유머, 삼행시 비슷한 재미있는 말을 적어 두기도 했다. 돌이켜보면 예쁘게 꾸미기만 하고, 내용은 없는 신문을 선생님은 잘했다고 칭찬을 해 주었는데…. 내 생각에는 예쁘게 잘 꾸몄다고 칭찬해 주신 것 같았다. 부끄러웠는데….

지금까지 아이들이 써 본 보고문 경험을 갖추려 보면 이렇다.

① 예쁘게 꾸미고 칸을 채우는 데 신경을 많이 썼다.
② 인터넷에서 뽑은 자료를 그대로 복사하거나 인쇄해서 꾸며 냈다
③ 보고문을 완성해도 선생님이 그냥 넘겨 버리고 잘했다고만 했다
④ 보고문을 함께 보거나 여러 친구 앞에서 발표하지 않았다

아이들은 보고문을 만들 때, 무엇보다 예쁘게 꾸미는 데 많은 시간과 노력을 들인다. 조사한 내용이 무슨 말인지 알 수 없어 백과사전이나 인터넷 자료를 복사해서 그대로 붙여 버린다. 여전히 모아 붙이기 형태로 만드는 경우가 많다.

다음은 교사(어른)가 완성된 보고문을 꼼꼼히 읽지 않고 그냥 넘기는 문제다. 보고문을 봐 주고 고칠 시간이 넉넉하지 못한 현실은 안타깝지만, 제대로 짚어 주고 발표 시간도 만들어서 아이들끼리 공유할 시간을 만들어야 한다. 다른 교과도 마찬가지겠지만, 교사의 열정과 교과 재구성이 필요하다. 이런 보고문 쓰기 활동은 한 번으로 끝낼 일이 아니다.

보고문을 또래 친구들과 함께 살펴보는 과정도 중요하다. 함께 잘못되었거나 잘된 부분을 찾아 고치면서 생각의 폭을 넓혀 나갈 수 있다. 이런 과정이 없으면 열심히 보고문을 작성했다고 하더라도 오래가지 못하고, 나중에는 보고문을 쓰는 것 자체가 지루하고 귀찮아진다. 억지로 양적인 내용 채우기식 보고문 쓰기로만 남아 새로움이나 궁금한 점을 찾아 풀고 싶은 마음이 살아나지 않는다.

보고문을 쓰기 위해서는 보고할 내용이나 대상에 대한 조사가 필요하다. 보고 베껴 쓰는 습관이 붙었어도 제대로 체험하고 조사하고 연구한다면 그 과정에서 새로운 정보에 대한 자연스러운 호기심과 즐거움이 일어날 것이다. 스스로 찾아낸 지식은 오래 기억되고 가치 있는 배움으로 자리 잡는다. 또한 꼬리에 꼬리를 물면서 배우는 기쁨도 누릴 수 있다. 책이나 인터넷에서 찾아낸 정보도 중요하지만 실천, 체험, 견학, 연구하면서 사람들과 관계를 맺는 과정이 어찌 보면 더 소중하고 뜻깊은 가치로 남는다.

보고문 쓰기는 모둠끼리 함께 할 때가 많다. 공동 사고, 공동 발표를 하면서 서로의 관계 맺기가 값진 경험이 된다. 서로의 관점이 달라서 처음에는 감정과 의견이 많이 부딪히겠지만, 결국 자주 의논하며 서로 도울 수밖에 없는 공동체로서의 마음 씀씀이도 배운다. 의미 있고 깊이 있는 보고문 쓰기는 자기 삶과 더불어 가족과 사회 문제에 대해 폭넓은 관심을 갖게 되는 계기가 된다.

실험 보고문, 견학 보고문, 현장학습 보고문, 탐구 보고문 등을 처음 쓸 때는 막막하다. 그래서 짜인 형식에 맞추듯 써 왔다. 자기 삶과 연결고리가 약한 주제도 많았다.

스스로 주제를 잡아 본 것은 아마도 선택형 방학 과제에서 보고문을 쓸 때일 것이다. 이런 보고문도 보통의 실험이나 탐구 보고문 형식에서 벗어나지 못해 딱딱하고 지루해지기 쉽다. 아이들이 짜깁기식 보고문에 익숙해지는 까닭이다.

여기에 소개하는 보고문은 내가 '생활 보고문'이라고 이름 붙였다. 아이들과 사회 교과 시간에 처음 시작했지만, 국어 시간과 방학 과제 보고문으로 점점 넓혀 가면서 다른 교과와 협력해 교육과정을 재구성해서 써 보게 했다. 생활 속에서 아이들의 삶에 변화를 줄 수 있도록 스스로 주제를 정하고 실천한 보고문이다.

먼저 아이들 생활 가까이에서 일어나는 주제를 잡아 모둠끼리, 개인별로 해결해 나가며 서너 번 보고문을 쓰면서 정리하게 했다. 자기 생활, 자기 동네일을 주제로 잡으면 쉽고 재미있다. 생활 속 문제점을 찾아 쓰면서 재미와 함께 삶을 가꾸는 공부도 되었으면 한다.

경비 아저씨가 하는 일 조사

1. 조사한 날짜: 2001년 1월 8일~2001년 1월 15일까지
2. 조사 기간: 오전 10~12시까지, 오후 5~7시까지 틈틈이
3. 조사자: 송○○

4. 조사한 까닭

　우리 아파트 경비 아저씨께서 뚜렷이 하는 일이 없는 것처럼 보였다. 그래서 경비 아저씨를 조사한 뒤 부족한 부분이 있다면 경비 아저씨께서 개선할 수 있도록 하고 싶어서이다.

5. 조사 장소: 우리 집 베란다나 우리 아파트 주차장 또는 놀이터

6. 조사 대상: 경비 아저씨

7. 조사 방법

　① 반장 아주머니 도움을 받아 경비 아저씨께서 하시는 일을 조사한다.

　② 경비 아저씨께서 하는 일을 지켜본다.

　③ 하루하루 조사한 것을 기록하여 종합한다.

　④ 경비 아저씨에 대한 내 생각을 틈틈이 정리한다.

　⑤ 개선할 방법과 좋은 점 등을 정리한다.

8. 조사 결과

　우선 생각보단 경비 아저씨께서 하는 일이 많았다.

　경비 아저씨들은 아침 6시에 근무 교대를 하셔서 그때부터 아파트 주변 정리를 하시고 아파트 주민들의 아침 출근 시간이 되면 여기저기서 교통정리도 하신다. 그리고 나서 분리 수거, 쓰레기 정리 등 여러 가지 일을 하시고 청소 아주머니들을 도와 이곳저곳 깨끗하게 청소도 하신다. 그리고 가끔 놀이터에 가셔서 유리병 등 우리가 놀다가 다칠 수 있는 물건을 치워 주신다.

　이번 방학 때는 눈이 많이 왔는데 아저씨들께서 제설 작업 때문에 많이 고생하신 것 같다. 가끔 자리를 비우실 때도 있지만….

　그리고 새벽에 플래시를 들고 직접 차량을 살피시기도 하신다.

불법 주차도 단속하시고 공지 사항도 있으면 방송도 해 주신다. 또 아파트에 조금 있는 화단도 열심히 가꾸신다. 거기에는 감나무도 있고 봄이 되면 꽃도 많이 피는데 이것이 경비 아저씨의 수고 덕분인 줄은 몰랐다.

시간	주로 하시는 일
오전	아침밥, 분리 수거, 주변 청소, 우편물 전달, 교통 정리
오후	폐품 정리, 저녁밥
밤	차량 정리, 순찰, 조사(가끔씩)

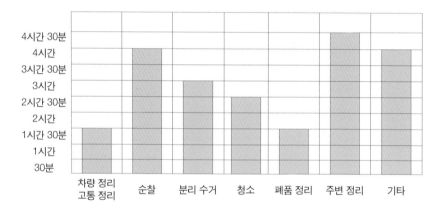

9. 느낀 점

　나는 이때까지 경비 아저씨께서 쉬는 모습만 본 것 같다. 아침 6시부터 그다음 날 6시까지 열심히 일하시는 아저씨를 보고 개선할 점이 많다고 생각한 내가 너무 경솔했다. 조사 중 열심히 청소하는 아저씨 앞에서 쓰레기를 버리는 중학생 형도 있었고, 또 눈이 왔을 때 아파트 주민 단 한 명이라도 나와서 도와주지 않고 아저씨 혼자 열심히 눈을 치우는 모습을 보았을 때 조금 안타까웠다. 물론 나도 눈과 놀기에 바빠서 도와 드리지 못했지만…. 그러면서도 몇몇 어른은 길이 너무 미끄럽다며 "경비들은 뭐하는 거야."라면서 짜증을 내기도 했다. 서로서로 같이 눈이 쌓인 길을 청소하면 길이 미끄럽지도 않고 거리가 빨리 깨끗해질 텐데….

　요즘 아파트에서 눈길에 미끄러지는 사고가 자주 난다. 왜 하필 아파트에서 사고가 자주 나느냐는 생각을 했던 나는 그 답을 금방 알 수 있었다. 바로 사람들 이기심이 아닐까? 하는 생각이 번쩍 들었다. 정말로 사람은 많고 그에 비해 눈을 치울 곳이 적다 보니까 사람들이 '나 하나쯤이야'라는 생각으로 서로서로 미루면서 아무도 눈을 치우지 않았기 때문일 것이다. 물론 경비 아저씨께서 계시지만 눈이 오거나 하면 혼자 정리하긴 힘드실 거다. 그때마다 아파트 사람들이 나와서 같이 청소도 하면서 여러 가지 이야기를 나누면 정말 아름다운 모습이 될 것 같다. 우리 가족부터 실천해야 할 것 같지만…. 정말로 우리 아파트는 경비 아저씨께서 돌보는 게 아니라 바로 주인인 우리가 함께 돌보아야겠다는 생각이 든다.

　이 글은 경비 아저씨를 관찰하고 쓴 보고문이다. 늘 가까이 있으면서 어떤 일을 하는지 자세히 몰랐던 일을 조사하면서 알게 되었고, 그 마음도 이해했다. 우리 집, 우리 동네에서 서로 만날 수 있는 사람들은 많다. 생활 보고문은 이렇게 거창하지 않으면서도 생활 속에서 찾을 수 있는 주제로 잡으면 된다. 제대로 알고 나면 고마운 사람들이 많다. 함부로 사람을 대할 수도 없다. 모두가 소중한 사람이다. 보고문 활동도 공부다. 사람 공부다. 삶을 깨쳐 가는 공부가 되었으면 한다.

02 주제 잡기

보통 글을 쓸 때는 먼저 제목을 정하거나 마지막에 정하기도 한다. 제목은 글을 써 가면서 정하면 된다. 하지만 글감이나 주제는 먼저 잡아야 한다. 무엇을 조사할 것인지 먼저 정해야 전체 흐름이 나오고 조사 시기와 방법이 차례로 정해진다.

실험 보고문 등은 구체적으로 실험한 내용이 드러나야 하기 때문에 직접 실험해 보거나 비슷한 사례를 쉽게 찾아볼 수 있다. 탐구 보고문 같은 형태는 주제에 따라 범위의 폭이 넓다. 몇 시간 만에 인터넷 검색을 해서 자료를 모아 편집해서 만들어 낼 수도 있다. 며칠을 고민하고 조사해서 정리해야 할 것도 있다. 아이들에게 막연하게 '조사할 거리'를 찾아오라고 과제를 내면 자기가 써 보았거나 익히 들어온 주제를 넘어서지 못하는 경우가 많다.

가장 많이 본 보고문 주제는 '~대해서', '~조사'와 같은 형태다. 축구·야구에 대하여, 스포츠에 대하여, 우리 고장 문화재에 대하여, 쓰레기 조사, 오염도 조사 등 주로 '~에 대해서, ~조사'라는 형태의 보고문을 많이 볼 수 있다. '축구에 대해서'라는 보고문을 만든다면 축구의 역사, 방법, 기술, 축구 발전과 같은 정보를 모아 붙이는 꼴이다. 그래서 이런 '~에 대해서'라는 주제는 관련 책이나 인터넷 자료를 간추린 것밖에 되지 않는다. 조사라기보다는 자료 수집이다. '~조사'라고 하는 것도 마찬가지다. '공룡 조사'라고 하면 공룡에 대한 자료를 검색해서 이름과 특징을 나열하는 수준에 머문다. 언제 어디서나 찾아서 만들 수 있는 수준이다. 자기 정보라기보다는 남의 정보를 잠시 빌려 오는 것이다. 그렇더라도 자기 나름의 분석과 판단, 느낌 등이 있어야 하는데 '재미있다, 멋있다, 다음부터는 더 알아 보겠다'는 다짐 정도만 몇 줄 담긴다. '~에 대해서, ~조사'가 붙은 제목의 보고문은 범위가 너무 넓어서 막연하고 언제든, 누구나 검색해서 만들 수 있다.

글감은 아이들이 직접 경험하고 실천한 것으로 삼아야 한다. 다음 보고문의 제목들을 살펴보자.

- 아이들이 유행을 따라가는 까닭
- 한 달 동안 쓰는 펜 사용(개수, 시간)
- 슈퍼에 가는 사람들과 사는 물건 조사
- 아침에 운동하러 오는 사람 조사
- 아이들이 하루에 TV 보는 시간
- 사람들은 얼마나 길바닥에 쓰레기를 버리나
- 아이들이 하루에 노는 시간과 노는 놀이
- 일주일 동안 우리 식단표 조사

이 보고문 제목들은 그 동안 내가 가르친 아이들이 직접 겪고 실천하면서 정리한 주제들이다. '~조사'라는 제목도 있지만, 생활 속에서 직접 찾아 확인해야 하는 주제들이다. 이런 주제의 글은 생각만 해서는 쓸 수 없다. 직접 뛰며, 부딪치고, 묻고, 듣고, 보고, 확인하면서 써야 한다. 조사 대상과 시간, 방법, 범위도 머릿속에 그려질 것이다.

주제를 잡을 때는 구체적이고 뚜렷한 내용이 좋다. 사용 실태, 물건 조사, 사람 조사, 시간 조사 등과 같은 것은 제목 자체에서 조사할 내용이 드러난다. 그래서 조사할 내용과 범위, 시간이 더 구체적으로 짜인다.

주제에 담을 내용도 '~에 대해서, ~조사' 형태가 막연하고 실제 겪어 보기에는 마땅치 않아 남이 만들어 놓은 자료를 따서 썼다면, 구체적인 주제에는 자기가 실천한 자료, 자기 생각과 느낌이 듬뿍 담긴다. 그래서 더욱 애정도 가고 하나하나의 문장과 자료에 대한 정보가 이야기로 엮어지게 된다. 발표를 하면 그대로 읽지 않고 자기 경험을 자연스럽게 풀어 내면서 말을 이어 갈 수 있다. 발표에 대한 자신감도 더불어 생기게 된다.

아이들이 쓰는 보고문의 처음 형태는 되도록 생활의 변화를 줄 수 있는 주제로 고르는 것이 좋다. 직접 실천해 보고 조사한 결과를 다시 실천하면서 자기 삶을 가꿀 수 있는 주제라면 더욱 좋겠다. 그런 주제 잡기는 배움이 단지 머리에만 담는 지식으로 머물지 않고 삶의 변화까지 이끌어 내는 힘이 된다.

나는 그동안 우리 반 아이들과 함께 '생활 보고문'이라는 이름으로 보고문을 써 왔다. 한 해 학급 운영 차원의 프로젝트 학습이기도 했다. 처음에는 모둠별로 보고문을 쓰게 하고, 다음으로 개인별 보고문을 쓰게 했다. 모둠 보고문 쓰기는 사회 교과 시간에 정해진 주제로 시작해서 내용과 방법만 아이들이 의논해서 완성했다. 모둠의 두 번째 보고문 쓰기는 실제로 아이들이 주제를 정해서 해 보도록 했다. 세 번째 보고서는 개인별 보고문 쓰기로 이어졌다. 아이들 각자 스스로 주제를 잡아서 쓰게 했다.

개별 보고서는 방학 과제로 내기도 했는데, 방학 전 미리 아이들과 함께 주제와 제목을 정했다. 방학 때 직접 조사하여 정리하도록 했다.

생활 보고문에서는 자기 혼자 힘으로 할 수 있는 주제, 생활에서 쉽게 찾을 수 있는 주제, 꾸준히 실천하고 자기 삶을 바꿀 수 있는 주제, 자기 집, 자기 동네에서 할 수 있는 일로 주제를 잡도록 했다.

- 욕하지 않기
- 일찍 자고 일찍 일어나기
- 아이들이 하루에 노는 시간과 노는 놀이
- 아이들이 하루 동안 오락하는 시간 조사
- 학생들 화장에 대한 조사
- 아이들이 하루에 TV를 보는 시간

이러한 주제들을 통해 아이들은 자기의 생활이나 친구들의 삶을 살펴볼 수 있다. 자신의 생활 습관, 유행 따라 한 것들, 늘 해 온 버릇과 행동들을 조사하다 보면 얼마나 많은 시간과 노력이 낭비되는지, 또는 보탬이 되는지 살펴보는 계기가 된다.

- 우리 집 가스 사용
- 엄마가 장 보면서 자주 사 오는 것
- 우리 가족은 하루에 TV 채널을 몇 번 돌릴까?
- 일주일 동안 우리 식단표 조사

- 우리 집 책의 수와 종류

위 내용은 아이들이 자신의 집에서 일어나는 일들을 조사한 주제다. 이렇듯 식구들의 행동을 관찰하거나 집 환경, 생활 습관 등을 찾아 정리할 수 있다. 식구들과 함께 사는 집에서 많은 자료가 나올 수 있다.

- 아침에 운동하러 가는 사람 조사
- 슈퍼에 가는 사람들과 사는 물건 조사
- 우리에게 피해를 주는 소음 조사
- 사람들은 얼마나 길바닥에 쓰레기를 버리나
- 경비 아저씨가 하는 일 조사

이러한 주제는 동네에서 조사할 수 있는 것들이다. 우리는 아침 일찍부터 밤까지 다양한 사람들과 만난다. 사실 아이들은 이런 주제를 처음 잡을 때 막연해한다. 그래서 아이들이 잡을 만한 주제나 제목 목록을 만들기도 하는데, 목록에 없는 다른 주제를 잡아도 된다고 일러 주지만 목록의 범위에서 잘 벗어나지 못한다.

제대로 주제를 정하고 내용을 만들어 가면서 보고문 쓰기의 맛, 느낌, 즐거움을 느끼려면 한 번만으로 끝내면 안 된다. 처음은 맛보기, 훑어보기 정도밖에 되지 않는다. 그래서 처음 보고문은 보고문 쓰는 방법을 익히는 정도로 여긴다. 두 번째, 세 번째 보고문 쓰기로 이어지면서 감을 잡는다. 그때부터 아이들은 자기의 생활 주변 인물이나 사건, 환경에서 주제를 잡게 된다. 그런 눈과 감을 찾기까지 두세 번 정도 보고문을 써 보는 단계가 필요하다.

보고문 쓰기뿐 아니라 교과 학습도 처음 한두 번은 본보기나 맛보기 형태의 경험이 필요하다. 처음은 방법과 형식을 찾기에 급급해한다. 두세 번은 해 봐야 제대로 주제나 내용에 대해 고민하고 실천으로 이어지는 것이다. 주제를 제대로 잡기 위한 이런 과정에 대한 인식과 믿음이 있어야 교사나 아이들 모두 꾸준히 이어 갈 수 있다. 이런 과정에서 즐거움도 느끼고, 가치와 의미도 찾게 된다.

03 보고문 구성 형식

조사할 거리, 주제를 정했다면 그다음으로는 차례를 잡는다. 전체적인 계획, 얼거리를 짜 두면 훨씬 체계가 잡힌다. 보통 다음과 같이 얼거리를 짠다.

어떤 때 용돈을 쓰나?

1. 주제: 어떤 때 용돈을 쓰나?
2. 조사자: ○○○
3. 기간: 1,3~19
4. 하게 된 까닭
5. 연구 조사할 내용 및 방법
6. 연구 조사한 내용:
7. 결과
8. 알게 된 점
9. 해결 방법
10. 더 알고 싶은 점
11. 하고 싶은 말

도서관 이용에 관한 조사

1. 주제: 우리 동네 도서관 이용 실태
2. 조사자: ○○○
3. 조사 목적
4. 조사 기간: 1,4~5
5. 조사한 장소: 마을 도서관
6. 조사 방법 및 내용
7. 조사 결과
8. 분석
9. 느낀 점

여기에서 필요한 부분을 더 넣거나 빼면 된다. 결과(연구 조사) 부분에 가장 많은 내용이 담긴다. 자세히 쓸 부분이다. 더 세분화하여 작은 차례를 만들기도 한다. 통계, 표와 그래프, 관련 사진, 증명 자료가 붙기 때문에 풍부해진다.

---

1. 주제: 학생들의 화장에 대한 조사

(사이 줄임)

5. 조사 내용
1) 무엇을 할 때 화장을 하나?
2) 요즘 유행하는 화장법을 알아본다.
3) 화장은 왜 하는가?
4) 학생들이 화장하는 것에 어떻게 생각하는가?

(뒤 줄임)

---

1. 주제: 아이들이 유행을 따라가는 까닭

(사이 줄임)

6. 연구 조사 내용(결과)
1) 유행을 왜 따라가려는 것일까?
2) 어떤 유행을 따라가려 하는가?
3) 남이 하는 것을 따라 한다고 느끼는가?
4) 자신에게 꼭 필요한 유행인가?
5) 유행을 시켰으면 하는 것은?

(뒤 줄임)

연구 조사한 내용을 보면 보고문의 전체 내용을 짐작할 수 있다. 차례만 보고도 전체 보고문의 흐름과 내용을 짐작할 수 있다. 어떤 내용을 조사했는지에 따라 읽는 이의 호기심을 불러일으킨다. 또 자세히 준비해야 조사도 그만큼 뚜렷하고 정확하게 다가갈 수 있다. 막연하게 써 놓으면 조사하면서도 자꾸 머뭇거리게 된다. 조사 내용이 조금씩 바뀔 수도 있다. 먼저 명확하게 조사할 내용을 정해 놓고 조절해 나가는 것이 좋다.

(1) 조사한 까닭

조사한 까닭은, 보고문을 왜 쓰는지에 대해 말해 준다. 처음에는 과제로 하는 경우가 많지만, 주제와 내용을 잡아 내용을 풀어 가는 역할은 어디까지나 쓰는 사람 몫이다. 왜 그 주제와 내용을 잡았는지 읽는 사람이 알기 쉽게 자세히 쓴다.

- 주제: 비디오에 관한 질문
  - 까닭: 사람들에게 비디오에 대한 질문을 하면 어떤 대답을 할지 궁금해서.

- 주제: 아이들이 많이 읽는 책
  - 까닭: 아이들이 무슨 책을 좋아하는지 궁금해서.

- 주제: 백 명의 아이가 좋아하는 음식
  - 까닭: 내 또래 아이들이 무슨 음식을 좋아하는지 알고 싶었기 때문이다.

보고문을 쓰는 까닭에 대해 '궁금해서', '알아보고 싶어서'라고 답하고 있다. 물론 보고문은 무엇인가 궁금해서 알아보려고 쓴다. 왜 그런 궁금증이 생겼는지 풀어 쓸 필요가 있다. 그냥 '하라니까 한다' 식이라면 보고문을 끝까지 읽고 싶은 마음이 생기지 않을 것이다. 조사 목적이 뚜렷하게 섰을 때 보고문의 내용도 뚜렷해진다. 조사한 사람의 호기심이 읽는 사람에게도 전해진다.

- 주제: 굽 높은 신발을 신고 다니는 아이들
- 요즘 신발 가게나 거리를 다니는 사람들 신발을 보면 거의 굽 높은 신발이다. 그런데 그렇게 굽 높은 신발이 몸에 좋은지 좋지 않은지 알기 위해 주제를 '굽 높은 신발을 신고 다는 아이들'로 했다.

- 주제: 학생들 화장에 대한 조사
- 스티커 사진을 찍을 때나 학생들끼리 놀러 다닐 때 많이 화장을 한다. 내 친구들 중에도 파우더 같은 화장품을 바르는 아이들이 있는데, 이런 행동을 사람들은 어떻게 생각하는지 알아보고 싶어서 조사했다.

- 주제: 아이들이 유행을 따라가는 까닭
- 요즘 우리 반을 비롯한 주위 사람들이 한 가지 유행이 있다. 그 유행은 나이별로 또는 시대별로, 계절별로 그리 좋지 않은 것들을 생각하거나 하고 싶어 한다. 이것은 어디에서 시작되는지, 누가 먼저 시작했는지 좀 더 자세히 알아보고 싶다.

- 주제: 우리에게 피해를 주는 소음에는 어떤 것들이 있는가?
- 우리 동네는 주택이 많다. 요즘 이웃 여기저기에서 음악을 크게 틀거나 밤에 피아노를 쳐서 피해를 줄 때가 있다. 이런 소리는 남에게 피해를 주기 때문에 일종의 소음이라고 생각한다. 이번 겨울방학 때

시간을 내어서 소음에는 어떤 것들이 있나 조사를 해야겠다.

위의 보고문 주제들은 평소 누구나 겪으며 궁금해하는 점들이다. 읽는 사람도 '아, 나도 그렇게 생각했다'고 여길 수 있겠다. 이런 부분이 보고문 느낌을 부드럽게 만들고 읽고 싶게 만든다. 보통 '보고문'이라면 딱딱하고 어렵다는 느낌을 준다. 조사 목적, 조사하는 까닭에서 생활에서 우러나온 이야기로 풀어 내면 부드럽고 자기 삶과 더 가깝게 이어진다.

우리 동네와 내 주변 가까이에서 보고 들을 수 있는 주제는 조사하기도 쉽다. 가까운 사람들을 만나 조사할 수 있는 것들, 조사했을 때 조사하는 자신도 어떤 결과가 나올지 궁금해할 수 있는 주제가 보고문 내용을 풍부하게 할 수 있는 동기가 된다.

(2) 조사 기간

주제를 뚜렷하게 정하면 조사 기간도 어느 정도 짐작할 수 있다. 하루 이틀 정도면 되는지, 일주일이나 보름은 넘어야 하는지 감이 잡힌다. 기간이 길어도 날마다 조사할 필요가 없는 것도 있고, 하루 만에 설문 조사로서 마무리할 수 있는 것도 있다. 기간이 많이 필요한데 하루 만에 완성한 보고문에는 급한 마음만 담긴다. 좋은 주제를 정해 놓고도 조사 기간이 짧아 신뢰성을 떨어뜨리기도 한다.

주제	기간
아이들이 받는 용돈 금액과 많이 쓰는 곳	1월 1~18일
학생들의 화장에 대한 조사	1월 1~19일
아이들이 유행을 따라가는 까닭	12월 11~24일

　이와 같은 주제는 기간이 짧아도 된다. 그대신 다양한 사람을 많이 만나야 한다. '아이들이 유행을 따라가는 까닭'을 조사한다면서 자기가 친한 친구 몇 사람만 조사한다면 문제가 있다. 조사 기간에 여러 아이를 민나봐야 한다. 반 아이들을 상대로 한다면 3분의 2 이상에게 물어 보고, 남녀 비율도 고려해 봐야 한다. 그러면 어느 정도(대략 일주일)의 조사 기간이 필요할지 감이 잡힌다.

주제	기간
우리 집 가스 사용	12월 22일~1월 14일
일찍 일어나기 조사	2주 5일(1월 3, 4번째 주)
슈퍼에 가는 사람들과 사는 물건 조사	1월 2~8일까지
욕하지 않기	12월 22일~1월 11일까지
아침 운동하는 사람 조사	12월 23일~1월 10일
아이들이 하루에 TV 보는 시간	1월 1~10일까지

　이러한 주제들을 조사하려면 최소한 일주일 이상은 걸린다. 그래야 요일별 통계 자료가 나온다. 일찍 일어나는 것을 조사하려면 다른 식구보다 얼마나 일찍, 또는 늦게 일어나는지 알아봐야 한다. 식단에 오르는 반찬을 조사한다면 왜 그런 건지, 또 왜 바뀌는지 물어 가면서 식구들 취향과 반응도 살핀다. 아무 말 없이 스치는 일도 놓치지 않고 순간을 잘 붙잡아 두면 생각지 못한 정보도 얻을 수 있다. 이런 정보가 모여서

생활의 변화도 생긴다. 너무 한쪽으로 편중된 삶의 모습을 발견했을 때 자연스럽게 균형을 잡으려는 것이 사람의 본성이 아니겠는가. 자기 삶에서 찾는 정보에서 변화와 새로움과 재미를 느낄 수 있다. 설레기도 한다. 남과 다른 자기만의 삶에서 개성이 드러나고 독특한 결과와 자기 삶을 되돌아볼 수 있는 기회도 갖게 된다.

자기 삶의 주체는 자신이다. 자신의 경험을 기록하고 조사하는 일은 가치가 있다. 자연스럽게 식구들과 웃을 일도 생길 것이다. 함께 이야기할 기회가 잦아져서 분위기가 좋아진다. 보고문을 잘 완성하는 것도 좋지만 그러는 가운데 가정이나 자기 삶을 올바르게 바꿔 가는 노력이 더 가치와 의미가 있다.

주제	기간
한 달 동안 쓰는 펜 사용(개수, 시간)	12월 23일~1월 19일
오락실에 가는 사람들	12월 22일~1월 23일
아이들이 하루 동안 오락하는 시간 조사	방학 시작부터 1월 16일까지
사람들은 얼마나 길바닥에 쓰레기를 버리나	1월 1~13일
우리에게 피해를 주는 소음 조사	12월 15일~1월 10일
아이들이 하루에 노는 시간과 노는 놀이	12월 22~31일

이러한 주제들은 꾸준히 오랫동안 조사해야 한다. 그래야 보고문이 믿을 만한 가치로 남고 두고두고 보는 자료가 된다.

〈한 달 동안 쓰는 펜 사용〉 보고문의 경우, 펜을 하루도 쓰지 않을 수 있고, 하루에 몇십 개를 쓸 수도 있다. 우연히 쓰지 않는 날이 많을 때는 일주일이란 기간은 무의미하다.

〈아이들이 하루에 노는 시간과 노는 놀이〉도 마찬가지다. 아이들은 놀기도 하지만, 갑자기 집안 식구끼리 여행을 가게 돼 놀고 싶어도 못 노는 경우가 생기기도 한다. 이런 주제들은 우연한 경우가 겹칠 확률이 많기 때문에 한 달 정도 시간이 걸리기도 한다. 그러지 않고 며칠 만에 결과를 내고 보고문을 완성한다면 보고문 내용에 신뢰성이 떨어진다.

(3) 조사방법

조사방법에 그냥 '물어보겠다', '알아보겠다'고들 많이 쓴다. 막연하고 두루뭉술한 말이다. 무엇을 묻고 어떻게 알아볼 건지, 또 다음에 어떻게 할 것인지 미리 계획을 세운다. 자세히 적어 두면 조사 과정이 쉬워진다.

미술 시간 풍경화를 그리기 위해서는 먼저 스케치를 한다. 스케치를 자세히 하면 그리려는 대상을 자세히, 뚜렷하게 드러낼 수 있다. 조사방법도 이렇게 스케치를 하듯이 한다.

주제	조사방법
일주일 동안 우리 식단표 조사	음식이 나올 때마다 연습장에 옮겨 적는다.
우리 집 책의 수와 종류	우리 집 구석구석 돌아다니면서 조사한다.
아이들이 하루 동안 오락하는 시간 조사	설문지를 돌리거나 물어본다.
슈퍼에서 손님이 주로 사 가는 것은?	슈퍼 앞에서 손님이 물건을 가지고 나오면 본다.
아이들은 무슨 음식을 좋아하는가?	지나가는 아이들에게 물어본다.

조사방법에 '적는다, 본다, 물어본다'고만 써놓았다. 무엇인가 허전하

다. 자세한 방법이 아니다. 어떤 방법으로 조사할 것인지 막연하다.

● 공책에 그려져 있는 캐릭터 조사

○ 조사방법

　① 가게 주인에게 물어본다.

　② 공책을 구기지 않고 캐릭터 종류를 조사한다.

　③ 아줌마께 직접 산 공책 권수를 물어보고, 대략 팔린 개수를 여쭈
　　어 본다.

　④ 그날 많이 팔린 캐릭터의 상품을 조사한다.

　⑤ 그날그날 팔린 캐릭터 공책 권수를 표로 조사하고 통계로 나타
　　낸다.

　⑥ 일반 공책과 캐릭터 공책의 여러 차이점을 알아본다.

● 비디오에 관한 질문

○ 연구 조사한 내용

　① 요즘 잘 나가는 비디오는 우리나라 것일까?

　② 비디오는 왜 보는 것일까?

　③ 비디오를 본다면 어떤 나라 비디오를 빌려 보는가?

○ 연구 조사한 방법

　① 필기도구를 챙긴다(연필, 지우개, 연습장).

　② 하루에 열 명씩(남자 다섯 명, 여자 다섯 명) 10일 동안 비디오에
　　관한 질문을 한다.

　③ 남자 오십 명, 여자 오십 명에게 질문하여 얻은 결과를 총정리

한다.

- 한 달 동안 쓰는 펜의 시간(개수, 사용 기간)
○ 연구 조사 내용 및 방법
    ① 펜의 수와 종류를 본다(내가 가지고 있는 것).
    ② 펜을 사용한 곳과 시간을 기록표에 기록한다.
    ③ 가장 많이 쓴 시간을 본다.
    ④ 어느 곳에 많이 쓰는지 알아본다.
    ⑤ 어느 펜이 많이 사용되는지 본다.

- 우리에게 피해를 주는 소음에는 어떤 것들이 있는가?
○ 조사할 내용 및 방법
    ① 소음을 알아보기 위해 신문, 책 등의 자료를 찾아본다.
    ② 시끄러운 소리가 들리는 장소, 예를 들어 공사장 같은 곳을 찾아
       간다.
    ③ 가족과 이웃에게 평소 소음을 몇 번 정도 듣는지 물어본다.

- 사람들은 얼마나 길바닥에 쓰레기를 버리나
○ 조사 내용 및 방법
    ① 돌아다니면서 누가 쓰레기 버리는가 감시
    ② 평소에 돌아다니면서 적기
    ③ 그 쓰레기 버리는 횟수 적기
    ④ 대부분 어디에서 버리는가?

⑤ 버리는 쓰레기 종류는?

⑥ 어른들이 많이 버리는가, 아이들이 많이 버리는가 비교

조사 내용과 방법이 자세하다. 무엇을, 어떻게, 몇 명을 조사할 것인지, 어떤 질문을 어떻게 할 것인지 구체적으로 써 놓아서 조사도 빠를 것이다. 보고문을 다 훑어보지 않더라도 전체적인 감을 잡을 수 있다. 어떤 보고문이 될 것인지 궁금하게 만든다.

(4) 조사 결과 정리

실제 조사 내용과 많은 자료와 여러 의견이 담기는 부분이다. 글, 통계 수치와 표, 그래프로 많이 나타낸다.

1) 글로 정리하기

조사 주제에 따라 수치로 표시 못 할 내용은 그대로 적는다.

- 주제: 화장품 상표와 사람들의 화장품 사용 조사
- 조사한 내용 및 결과: 화장품 상표 조사

우리말 과일나라, 꽃을든남자, 식물나라, 환히	국산 로제, 환희, 라네즈, 이지업, 과일나라, 이노센스, 헤르시나, 코리아나, 바센, 베르딩, 배르담, 칼리, 카다리나, 코티, 아모레, 드봉, 이자녹스, 라피네, 마자린, 네슈라, 꽃을든남자, 드방세, 식물나라, 일렘
외국말 로제, 라네즈, 이지업, 이노센스, 헤르시나, 코리아나, 바센, 베르딩, 배르담, 칼리, 카다리나, 코티, 아모레, 드봉, 이자녹스, 라피네, 마자린, 네슈라, 드방세, 식물나라, 일램, 피에르가르뎅, 겔랑, 랑콤, 크리스찬디올, 라프레리, 시세이도, 샤넬	수입산 피에르가르뎅, 겔랑, 랑콤, 크리스찬디올, 라프레리, 폴라, 시세이도, 샤넬

⇩ ⬇

우리나라 말로 된 화장품보다 외국말로 된 화장품이 대부분이다.	수입 화장품보다 우리나라 화장품이 더 많았다.

화장품 상표와 사용에 대한 조사도 꼼꼼히 잘 적었다. 조사한 상표를 다 적어서 '아, 이런 것도 외국 이름이구나'라는 것을 알게 해 주었다. 이렇게 표나 그래프로 나타내기 어려운 주제는 일일이 다 쓰면 보는 사람이 이해하기 쉽다.

글로 정리하는 것은 대상의 개수가 그렇게 중요하지 않기 때문이다. 여기서는 화장품에 쓰인 이름을 드러내는 게 중요하다. 그래서 어떤 이름들이 나오는지 일일이 다 써 놓았다. 이름에도 미국, 일본, 프랑스와 같이 나라별로 분류한다면 통계 수치도 나올 수 있다. 글과 통계 수치를 함께 표시할 수도 있다.

욕설, 반 아이들 별명, 어른들이 아이들한테 자주 하는 말, 잠잘 때 인사말, 아침에 왔을 때 처음 건네는 말 따위는 개수를 헤아리기보다는 있는 그대로 조사해서 글로 풀어 낼 필요가 있다. 어떤 말, 어떤 글인지를 궁금해하기 때문이다. 그래서 말뜻이나 의미를 조사해서 설명을 덧붙이는 노력이 뒤따른다.

저학년 보고문 쓰기를 할 때는 이처럼 통계 수치로 나타내기보다는 본 대로, 들은 대로 일일이 찾아서 쓰는 노력이 먼저다. 보고 들으면 관찰하는 힘, 집중해서 챙겨 보는 힘이 길러진다.

2) 표와 그래프로 나타내기

보통 조사를 하면 통계 숫자가 나온다. 이것을 표나 그래프로 많이 나타낸다. 그러나 표 하나, 그래프 하나 달랑 그려 놓으면 곤란하다. 표나 그래프에 나타나지 않은 사건이나 일들을 간단하게 설명해 주는 것이 필요하다. 특히 강조할 부분을 한 번 더 설명하면 이해가 쉽다. 자기만의 해석도 곁들이며 의견을 내도 된다.

● 정지선, 어느 차가 잘 지키나?

○ 조사 결과

	승용차	버스	택시	기타
잘 지킨 차	93	13	9	18
안 지킨 차	20	7	13	27

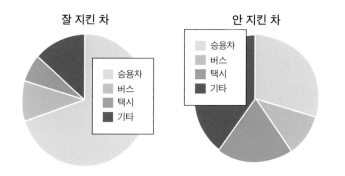

〈정지선, 어느 차가 잘 지키나〉라는 보고문은 표와 그래프만 그려 놓았다. 표에 따른 자기 나름의 평가와 해설, 설명이 필요하다.

동네에서도 여러 정지선이 있을 것이다. 직선 도로인지 삼거리나 사거리인지 세분할 필요도 있다. 정지선을 지키는 차를 조사하면서 지나가는 사람들이 얼마나 위험한지도 생각했거나, 위험했던 모습이 있었을 것이다.

자기 의견도 중요하다. 조사한 사실만 적어 놓았다고 해서 보고문이 아니다. 분석한 의견, 표에는 담지 못한 사연이나 이야기, 몇몇 의견도 놓치지 않고 담아 두면 생생한 보고문이 될 것이다.

● 주제: 슈퍼에 가는 사람들과 사는 물건 조사

○ 탐구 조사할 내용 및 결과 분석

1) 손님이 많이 오는 시간

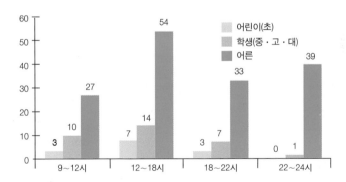

그래프를 보면 알 수 있듯이 어른들이 많이 왔고, 사람이 가장 많이 오는 시간은 낮 12시에서 오후 6시(18시) 사이다. 이 시간에 점심 시간, 저녁 시간이 끼어 있어서인 것 같다.

2) 손님이 와서 사 가는 물건

구분 시간	식품	세제	생활용품	마실 거리	과자류	담배	기타
9~12시	13	3	5	11	9	9	0
12~18시	16	0	7	24	23	14	2
18~22시	12	0	2	17	15	3	1
22~24시	10	2	2	22	15	4	1
합계	51	5	16	74	62	30	4

마실 거리를 사는 사람이 가장 많다. 예상 외로 마실 거리가 많았고, 다음으로 껌, 과자류이다. 아마도 생활하는 데 가장 많이 필요로 하는 물건이기 때문인 것 같다.

3) 어린이, 학생, 어른이 가장 많이 사 가는 물건 조사

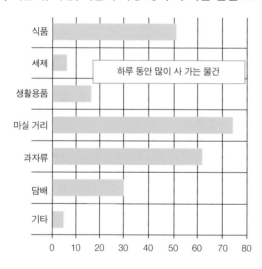

- 어린이: 과자류

- 학생: 마실 거리, 과자류

- 어른: 담배, 마실 거리, 식품

○ 알게 된 점
  · 사람이 가장 많이 오는 시간은 낮 12시에서 오후 6시(18시) 사이이다
  · 사람들은 마실 거리를 가장 많이 사 간다.
  · 어른, 어린이, 학생이 각각 주로 사 가는 물건이 다르다.

○ 더 알고 싶은 점

  사 가는 물건과 그에 따른 가격 조사. 사람들은 가격이 싼 것을 많이 사 가나, 비싼 것을 많이 사 가나?(사람들은 가격을 보고 물건을 사 갈까?)

○ 하고 싶은 말(맺는말, 느낀 점)

  생각보다 아주 힘든 것은 없었던 것 같다. 좀 힘든 점은 밤늦게까지 있는 것이 힘들었다. 대신 먹을 것을 많이 먹을 수 있어 좋았다. 다행히 그냥 나가는 손님은 없었지만 다른 곳에는 싸던데 여기는 좀 비싸다며 투덜대며 사 가는 사람들이 가끔 있어 좀 기분이 나빴다. 조금 힘든 점도 있었지만, 이 조사로 알게 된 점도 있어서 좋았다. 생각보다 재미있었던 조사였다.

  〈슈퍼에 가는 사람들과 사는 물건 조사〉는 시간대별로, 꼼꼼하게 오

랫동안 조사해서 작성한 보고문이다. 사는 물건 가운데 가장 많은 것을 설명하고 특히 강조한 부분을 한 번 더 말해 주고 있다.

이런 보고문을 조사한 슈퍼 주인에게 주면 어떤 변화가 있을까? 시간 대별로 사람들이 선호하는 물건을 손님 손이 쉽게 닿는 곳에 놓을 수 있을 것이다. 많이 사 가는 물건은 더 많이 들여 놓을 수도 있다. 과학적으로 슈퍼를 운영할 수 있지 않을까? 이런 과정을 거치다 보면 보고문은 그냥 한 번 해 보는 것만이 아니라, 조사 내용에 힘이 실리고 영향력을 지니게 된다. 많은 사람에게 삶의 변화를 줄 수도 있을 것이다.

3) 글과 표, 그래프를 어울리게 표현하기

표와 그래프로만 나타내기에는 무엇인가 부족하다. 설득력 있게 풀어 내는 말도 중요하다. 내용 설명과 표, 그래프를 골고루 써 가면서 알아 보기 쉽게 풀어 보자.

● 내 용돈 사용에 관한 조사

○ 연구 조사한 내용

　1) 많이 쓰는 부분

	횟수
군 것 질	15
학 용 품	5
갖고 싶은 것	15
기 타	5

2) 한 달에 내가 받는 용돈은 5000원~1만 원이다.

3) 용돈을 쓰는 까닭

　① 군것질: 배가 출출해서

　② 학용품: 가지고 있는 학용품을 모두 다 써 버려서

　③ 갖고 싶은 것: 오래전부터 갖고 싶어서

　④ 기타: 필요했기 때문에

4) 바람직하게 용돈을 쓰는가?

　① 공부에 필요한 영어 단어 책 한 권 샀음

　② 불우 이웃 돕기 : 아쉽게도 돕지 못했음

5) 용돈은 어디에서(어떤 때) 생기나

　① 주기적으로 용돈을 받는 날

　② 친척이나 손님이 집에 오셨을 때

6) 한 번 쓸 때 용돈 양

날짜 　　　　종류	군것질	학용품	갖고 싶은 것	기타
12월 23일	1	0	3	2
12월 26일	2	1	0	0
12월 30일	0	0	2	2
1월 4일	4	2	1	0
1월 7일	1	0	0	0
1월 11일	0	0	4	0
1월 15일	2	0	0	0
1월 17일	3	1	3	1
1월 18일	4	1	2	0
쓴 돈	3000원	3500원	2000원	1500원

7) 용돈에서 쓴 돈

　　① 바람직하게 쓴 돈: 4000원

　　② 내가 쓰고 싶은 곳에 쓴 돈: 6000원

〈내 용돈 사용에 관한 조사〉는 표와 설문지 내용을 있는 그대로 옮겨 놓았다. 순위도 매겼다. 용돈 기록장을 써서 그 내용을 바탕으로 만들었다. 조사 횟수가 좀 많았으면 하지만, 방학 중에 이렇게까지 한 것도 많은 노력을 들인 것이다.

● 친절도 조사

○ 조사 결과

　1) ○○백화점

　　· 조사 내용: 신발이나 액세서리 용품을 파는 곳에서는 손님들에게 친절했다.

　　모둠원: (혼잣말로) 음… 뭐 살까?

　　직　원: 친구 선물 살 거니? 어떤 거 하고 싶니?

　　모둠원: 아니요, 그냥… 아무거나 보고 예쁜 거 사려고요….

　　직　원: 그래? 그러면 이런 것은 어때? 목걸이나 반지는?(물건을 보여 주며)

　　모둠원: 아니요. 다음에 또 오죠. 안녕히 계세요.

　　직　원: 그래, 다음에 오너라.

　　· 자세히- 에스콰이어(신발 가게): 85%, 액세서리: 90%, 상품권 판매소: 90%, 남성복: 95%, 책 대여점: 95%

2) 도서관

　　정태균: 안녕하세요? 퇴마록 책 빌릴 수 있나요?

　　직　원: 응… 퇴마록 있잖아. 지금 누가 빌려 갔거든. 조금 있다

　　　　　　가 와 줄래?

　　정태균: 네, 알겠어요. 그럼 다음에 올게요.

　　・자세히- 인사도: 68%, 미소: 100%, 친절도: 100%

(사이 줄임)

※ 친절한 행동	※ 불친절한 행동
1. 미소를 띠며 처음 들어갔을 때 인사를 한다. 2. 어린 손님들에게도 존댓말을 써 주거나 부드럽게 말한다. 3. 물건을 권해 준다. 4. 나갈 때도 인사를 한다.	1. 인사를 하지 않거나 미소를 띠지 않고 퉁명스럽게 말한다. 2. 손님에게 신경을 안 쓰고 자기 일만 한다. 3. 손님을 감시한다. 졸졸 따라다니거나 간섭을 한다.

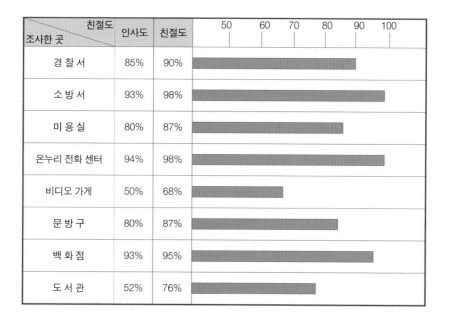

조사한 곳 \ 친절도	인사도	친절도
경 찰 서	85%	90%
소 방 서	93%	98%
미 용 실	80%	87%
온누리 전화 센터	94%	98%
비디오 가게	50%	68%
문 방 구	80%	87%
백 화 점	93%	95%
도 서 관	52%	76%

∘ 알게 된 점

우리 지역에 여러 가지 기관이 있다는 것을 알았다.

관공서가 일반 상점보다 더 친절했고, 자주 가는 곳에는 친절도가 떨어졌다.

∘ 더 알고 싶은 점

자주 가는 곳과 자주 가지 않은 곳의 친절도 차이를 분석하고 싶다.

∘ 하고 싶은 말(느낀 점)

그동안 물건을 사기 위해 다녔던 곳의 친절도를 조사하면서 새롭게 그곳 인심이 심어지기도 했다. 조사하다 보니 '다시는 여기 안 와야지!' 하는 생각이 드는 곳이 있고, '여기 좋다. 다음에도 계속 와야지'라고 생각되는 곳도 있었다. 그만큼 그곳의 친절도에 따라 손님이 많이 오는 것도 변한다는 것을 다시 한 번 몸소 깨치게 되었다.

모둠 아이들이 모여 함께 친절도 조사를 하니 재미있기도 하고 보고문을 만들고 나니 보람도 느끼게 되었다. 또 우리 고장 여러 곳의 친절도도 자세히 알아보아서 새로운 사실도 많이 알았다.

평소에 부담 없이 많이 다니는 상가와 경찰서 등을 조사해 보니 새로웠다. 친절도가 높으면 손님 기분도 좋고, 많이 다닐 텐데 친절도가 낮은 곳의 주인은 정말 좀 그렇다. 앞으로라도 친절해서 기분 좋은 사회가 되었으면 좋겠다.

〈친절도 조사〉는 실제 나눈 말도 그대로 썼다. 부끄러움이 많은 아이가 모르는 사람에게 말 건네기가 얼마나 힘들었는지 알 수 있다. 친절한 행동과 불친절한 행동을 구분하고 그래프로 나타냈다. 주관적인 판단일 수 있지만, 직접 현장에서 받은 느낌과 감정을 기록한 것은 칭찬할 만하다. 그때 상황을 생생하게 짐작할 수 있다.

04 보고문 완결하기

보고문을 한 번 썼다고 해서 그것으로 완성되는 것은 아니다. 보고문을 완성했다고 해서 어떤 주제나 문제에 대한 공부가 끝나는 것도 아니다. 아이들은 자기가 쓴 보고문을 발표하기 전에 먼저 가까운 친구들에게 보여 주고 조언도 들어야 한다. 친구들 반응을 들으면서 잘못된 부분, 이해가 잘 되지 않는 부분은 고쳐야 한다. 먼저 다음과 같은 것을 잘 살펴보아야 한다.

- 조사방법과 조사 내용이 주제와 잘 맞는가?
- 한꺼번에 조사한 내용이 아니라 꾸준히 실천한 자료인가?
- 표나 그래프는 알아보기 쉽게 나타내었는가?
- 표나 그래프에서 알 수 없는 부분은 글로 설명해 놓았나?

아이들은 함께 보고문을 보면서 서로 공부할 기회를 갖는다. 자기 눈에 보이지 않던 부분이 다른 사람 눈에는 잘 보이기도 한다. 이해하기 어려운 부분이 있다면 따져 묻는다. 필요 없는 부분은 빼고 필요한 부분을 더하다 보면 보고문이 탄탄해진다.

보고문 역시 하루 만에 급하게 쓰면 대충 몇 줄 느낌만 남는다. 또 여전히 검색 자료를 복사해서 붙이는 형태가 사라지지 않는다. 이런 부분이 많이 드러나는 것이 첫 번째 쓰는 보고문이다. 완벽하지 않다. 완벽하게 쓰는 것이 목적은 아니지만, 어느 정도 제대로 된 보고문을 쓰기 위해서는 서너 번 정도 써 봐야 내용에 깊이가 생긴다.

그러기 위해서는 부지런해야 한다. 아니, 서너 번쯤 하게 되면 부지런해진다. 또 사물과 현상을 보고 조사하고 찾아보는 습관과 마음 씀씀이가 바탕에 깔려야 한다. 이것은 아이들의 성향에 따라 다르게 나타난다. 깊이의 높낮이도, 분석하고 해석하는 생각의 폭도 차이가 난다. 어떤 차이가 있더라도 끝까지 포기하지 않고 자기가 할 수 있는 만큼 최선을 다해 완성하도록 한다.

서너 번쯤 하면 보고문의 형태와 체계에 익숙해진다. 그런 다음에는 어떤 주제를 잡아서 하더라도 편안하고 쉽게 보고문을 써 내려갈 수 있다. 서너 번까지는 보고문을 쓰는 방법을 익히는 셈이 된다. 그 과정을 함께하고 기다리는 일은 교사의 몫이다.

1차 완성한 보고문에서는 표나 그래프 부분이 먼저 눈에 들어온다. 객관적인 자료인지 먼저 살핀다. 너무 자기 생각과 느낌만으로 결과를 정리한 것도 있고, 자신들의 생활과는 너무 동떨어진 내용으로 조사하는 경우도 있다. 이때는 조사한 내용을 제대로 분석하고 결과를 낼 기회를 다시 주어야 한다.

모둠끼리 함께 작성한 보고문에서는 조사한 자료와 결론이 서로 맞지 않은 부분이 보이기도 한다. 조사하지 않아도 상식 수준으로 짐작해서 내릴 수 있는 결론이 나오기도 한다. 또한 모둠 활동에 참여하지 못했거나 하지 못한 아이들의 역할도 챙겨 본다. 조사할 때 참여하지 못했다면 발표할 때는 기회를 주어서 내용을 충분히 익혀 말하게 한다.

보고서 작성은 단순히 보고문 한 편을 완성하는 것으로 끝나는 것이 아니다. 모둠원 중 누구도 빠짐없이 참여하도록 역할을 주고 챙겨 보는 것도 보고문 완결에서 중요한 의미를 지닌다. 서로 다른 모둠이나 개인끼리 바꿔 보면서 보충하고 고쳐 나가는 시간도 필요하다. 여러 가지 관점을 골고루 공유하면 다음 보고문을 쓰는 데 값진 밑거름이 된다.

05 발표와 토론

(1) 보고문 모음집 만들기

아이들이 보고문을 다 쓰고 나서 교사에게 제출하면 교사만 그것을 보게 된다. 아이들은 보통 다른 아이들이 작성한 보고서는 보지 못한다. 교사가 몇몇 잘된 작품을 복사해서 소개하는 경우만 다른 친구의 보고문을 볼 수 있다. 잘 썼든 못 썼든 아이들의 작품을 모두 묶어서 모음집을 내는 것도 좋겠다.

아이들 스스로 판단해 볼 기회를 주자. 아이들은 안다. 어떤 보고문이 자세히 쓴 것인지, 정성을 다해 쓴 것인지, 대충 쓴 것인지, 보고 베껴 쓴 것인지 다 안다. 모두 모아 공개한다는 것만 알아도 다음 보고문의 내용은 훨씬 나아진다.

읽고 싶은 보고문은 본받을 것이고, 대충 쓴 보고문을 읽다 보면 조심해야 할 마음이 자연스럽게 든다. 모음집을 만들어서 잘된 작품에 쪽지로 투표해도 좋겠다. 잘못된 작품은 굳이 뽑지 않아도 좋다.

쪽지에 잘된 부분도 쓰게 해서 결과도 함께 공유하면 좋다. 요즘은 스마트폰으로 쉽게 의견을 한데 모아 쓸 수 있는 사이버 공간이 많다. 누리집, 블로그, SNS 같은 곳에 완성한 자료를 공유하고 서로 의견을 남겨보자. 끝까지 챙기는 정성과 노력, 서로 살펴볼 기회가 또 다른 배움이 된다.

(2) 보고문 발표회와 분석

한 작품만 보면 잘못된 부분이 잘 보이지 않는다. 전체를 다 훑어보면서 서로 비교해 볼 때 비로소 잘잘못이 드러난다. 그래서 보고문 모음집이 필요하다.

"애들아, 이곳에 이상한 점이나 의심이 가는 점, 필요 없는 부분이 어딘지 잘 찾아보자."고 하면 아이들은 한두 가지씩 찾아낸다.

보고문을 발표하는 시간에 아이들에게 잘된 점과 고칠 점을 쪽지에 적게 한다. 이 쪽지를 발표자에게 주고 보고문을 고쳐 오도록 한다. 이런 활동은 보고문 체계를 이해하고 내용을 풍부히 하는 데 좋은 공부 방법이 된다. 직접 뛰어서 쓴 보고문이라면 다른 친구들 것도 잘 보고 이해하는 데 큰 도움이 된다. 보고문 쓰기가 한 번으로 끝나는 것이 아니라 그것을 이어서 다른 것을 한 번 더하기에 더 집중한다.

발표회와 분석하는 시간이 많을수록 다음 보고문 활동이 진지해진다. 첫 보고서에서 대충 참여하는 데 의미를 둔 아이들은 긴장을 한다. 무엇을 말하고 무엇을 짚어 내는지 기록하면서 듣게 된다. 한 번으로 끝날 보고문이 두 번, 세 번 이어지면서 내용에 깊이 빠져들 수 있다.

(3) 보고문 활동 한 번 더 이어서 쓰기

처음 쓰는 보고문은 시간이 많이 걸린다. 한 달이 지나도 다 못 하기도 한다. 꾸준히 챙기지 않으면 빠뜨리기 쉽다. 부지런해야 한다. 아이들도 교사도 마찬가지다. 보고문을 쓰고 분석하고 토론한 뒤 바로 다른 보고문을 한 번 더 쓰는 것이 좋다. 처음에 모둠별로 했다면 두 번째는 개인별로 해 본다. 개인별 보고문이라도 주제를 달리해서 한다. 두 번째 보고문은 첫 보고문보다 시간이 훨씬 줄어든다. 한 번만 하는 것은 맛보기일 뿐이다. 형식과 체계를 익히는 시간이다. 두 번째부터가 진짜 시작인 셈이다. 세 번쯤 하면 내용의 깊이에 신경을 쓰게 된다.

형식과 체계를 갖추고 내용의 깊이를 느끼면 그때부터는 재미가 붙는다. 새로운 아이디어가 샘솟고 조사할 거리가 뭐 없을까 두리번거린다. 토론, 토의 수업도 그럴 것이다. 처음에는 형식과 방식에 익숙지 않다가 몸에 익으면 배우는 즐거움이 생긴다.

늘 첫 경험은 새로운 스포츠의 경기 규칙을 익히는 것과 같다. 그 규칙을 적용해 보고 확실히 다지는 게 두 번째라면, 세 번째는 작전과 전술에 대해서 말할 수 있는 단계다. 보고문도 이렇게 세 번쯤 하면 자연스럽게 비평하고 분석하면서 폭넓은 대화로 이어진다. 조사할 거리와 주제도 다양해진다.

5장

논설문

01 자기주장을 이치에 맞게 뚜렷이 밝히는 글

어떤 사실이나 사건, 사물에 대해 자기 생각을 강하게 내세우는 글, 자기 생각을 이치에 맞게 조리 있게 쓰는 글, 다른 사람들에게 내 생각을 이해시켜서 따르도록 설득하는 글이 논설문이다. 보통 아이들에게 가르칠 때는 '주장하는 글'이라고도 한다.

좀 더 쉽게 풀자면 자기 마음에 품은 생각을 부모나 형제, 친구에게 앞뒤 사정과 까닭, 근거를 들어 고개를 끄덕이게 하는 글인 셈이다.

초등학교에서는 주로 국어 교과 시간에 논설문 형식(주장하는 글)을 배우지만, 굳이 '형식'을 따져 배우지 않아도 보통 사람들은 상대에게 자신이 생각하는 바를 이해시키고 싶고, 그런 능력이 있었으면 하는 바람이 있을 것이다.

교과서에는 주로 '교통질서를 잘 지키자', '우리말을 살려 쓰자'는 주장과 같은 제목을 자주 본다. 이런 주제로 공부하다 보면 논설문으로 다루는 문제는 사회문제, 규범 문제로만 여겨져 자기 삶과 조금은 멀어지기도 한다.

논설문은 우리 삶과 가까운 문제를 잡아서 말하는 것부터 시작했으면 한다. 자신의 삶을 되돌아보고 자기 생각과 주장을 이치에 맞는 근거를 들어서 또렷이 밝힌다. 이렇게 먼저 자기 삶을 살피고 삶의 현상에 대한 까닭을 밝혀서 뚜렷한 생각과 의견을 지니는 것이 먼저다.

양치질했다고 속이지 맙시다.

김연우(4학년)

요즘 우리 반에는 양치질 안 하고 칫솔에 물만 묻히고 했다는 사람이 있다.

내가 우리 반 아이들에게 양치질했냐고 물어보면 "했어." 하는 사람도 있고 "나 양치질했어. 친구들에게 물어봐. 그리고 날 의심하지 마. 기분 나쁘잖아. 그리고 넌 봉사위원도 아닌데 신경 쓰지 마." 하는 아이들도 가끔 있다.

난 왜 아이들에게 이런 말을 하는지 나도 내가 싫어질 때도 있다.

아마 내가 1학기 때 봉사위원 선거에서 떨어져 충격 받아서 그런 것 같다.

그런데 친구들이 양치질을 했는지 궁금하기도 한다. 그래도 나쁜 일은 아닌 것 같다.

하지만 내가 아이들에게 양치질했냐고 물어보면 기분이 나빠서 "김연우 공주병"이라고 적혀 있다. 그것 때문에 기분이 안 좋다. 그리고 아이들은 왜 양치질을 안 했는데 했다고 할까? 귀찮아서? 지겨워서? 짜증나서? 양치질은 자기 이빨 좋아라고 하라는데 왜 싫을까? 집에서는 잘하면서 학교에서는 하지 않고. 봉사위원 중에서 한두 명 정도 안 하는 봉사위원이 있다. 양치질했다면서 안 하고 그러다 자기 이빨만 썩든가 부서지다가 이빨이 없어지겠지. 곧 후회할 것 같다.

선생님은 양치질을 자주 해서 이빨이 하얗다. 아이들이 양치질 안 하고 했다고 하지 않았으면 좋겠다.

'양치질했다고 속이지 말자'는 주장은 연우가 반 아이들을 살피면서 마음속에 품고 있다가 풀어 낸 것이다. 이런 것도 주장하는 글로 쓸 수 있을까 하는 의문이 들겠지만, 이런 것부터 써 가면서 근거를 넓혀 나갈 필요가 있다. 이 글은 자기가 겪은 일을 근거로 삼았다. 신문이나 뉴스와 같은 매체에서 찾지는 않았다. 직접 보고 들은 것을 중심으로 하고 싶은 말을 풀어 내고 있다.

논설문은 근거를 내세우기 위해 많은 생각을 하고, 찾고, 주고받는다. 그러다 보면 남의 생각과 말에 관심이 넓어지고 깊어진다. 여러 사람으로부터 공감을 불러일으키고 고개를 끄덕이게 하려면 그만큼 많은 지식을 갖추는 것도 필요하다. 논리를 찾기 위한 갖가지 정보도 자연스럽게 찾게 된다. 이런 노력으로 다른 사람들의 의견도 귀담아 듣게 된다. 경청한다. 배려하고 존중하는 마음도 함께 길러진다.

그릇은 물에 담가 놓자

임소연(4학년)

밥 먹고 그릇은 물에 담가 놓자. 찰흙이 마르면 딱딱해지듯이 밥풀도 딱딱해진다. 밥을 먹고 그릇에 붙은 밥풀이나 음식은 물에 넣어야 떨어지고 딱딱해지지 않는다. 그릇에 밥풀이 달라붙어 딱딱해지면 떼어내기가 힘들어 설거지하는 데 방해가 된다. 다 끝나고 그릇 안을 만져보면 오돌토돌한 게 만져진다.

밥풀이 말라서 제대로 떨어지지 않아서 그런 것이다, 그래서 또 씻어야 한다. 또 수세미를 보면 밥풀이 사이사이 끼어 있다. 밥풀이 떨어지면서 끼이기 때문이다.

그런데 그릇을 넣으려면 물에 담가도 되는 것을 담가야지 기름 있는 그릇을 넣으면 퐁퐁 안 써도 되는 것을 써서 퐁퐁은 더 쓰게 되고, 어쩔 때는 접시에 휴지를 깔지 않고 기름이 있는 음식을 넣는다. 그럴 때 겪어본 사람은 안다.

나도 설거지를 하는데 밥풀 떼어 낸다고 고생한 적이 한두 번이 아니다. 설거지하는 사람을 위해 그릇을 물에 담가 놓읍시다.

위 글은 집에서 자신이 직접 겪은 문제를 들고 온 글이다. 작은 일이지만, 평소에 꼭 하고 싶었던 말, 식구들에게 건네고 싶은 말을 끄집어냈다. 좀 더 다양한 자료에서 근거를 찾을 수도 있지만, 쓰고 싶은 주제를 잡는 것부터 시작하면 논리와 근거를 더 넓게 잡을 수 있는 튼튼한 밑거름이 된다. 다른 사람들의 마음과 생각에 공감을 불러일으키고, 자신감도 생겨날 것이다.

논설문은 주장하려는 상대를 정하기 때문에 뚜렷하게 주장을 내세울 수 있다. 자기 나름의 결론에 이르기 위해 뚜렷한 주장과 논리가 만들어진다. 글 내용이 논리와 이치에 맞지 않을 수도 있다. 맞고 안 맞는 문제보다는 근거를 찾아 논리 있게 펼쳐 본 경험이 소중하고, 배우는 기쁨과 지식이 늘어난다. 여러 번 이런 과정을 겪으면 상대를 설득하는 힘도 길러진다.

이치에 맞지 않은 자기주장은 반 아이들과 공유하면서 고쳐 가면 된다. 일반적인 글에서도 쓰고 나서 틀린 글자와 어법이 드러나듯 이치에 맞지 않는 생각도 드러난다. 다른 사람들과 생각과 논리를 공유하면서 함께 생각하는 공동체의 힘에 대해서도 배울 수 있다.

02 좋은 논설문이란?

아이들과 함께 글을 쓰면서 공감이 가는 좋은 논설문의 특징을 몇 개 잡았다.

먼저 논설문은 자기 생각과 주장이 뚜렷한 글이다. 무엇을 말하고 있는지 알 수 없거나, 신문이나 뉴스에서 본 것 같은 주장만 하거나 따라 하는 글은 발표할 때 허점이 드러난다. 자기 말로 하지 못하고 그대로 따라 읽는다. 자기 생각이 아니므로 준비한 자료를 읽지 않으면 말을 하지 못한다. 자기 생각이 무엇인지 되새기면서 근거를 찾는 과정에서 자기주장이 뚜렷해진다. 무엇을 말하려고 하는지 중심을 잡아 이야기할 수 있는 힘이 생긴다.

다음으로 누구나 알아듣기 쉬운 글이었으면 한다. 논리에만 너무 초점을 두고 근거 자료에 너무 기대면 자기주장이 묻힐 수 있다. 이는 평소 자기가 하는 말보다 어렵고 유식해 보이는 말을 끌어모으려는 욕심 때문이다. 남들도 쉽게 이해하기 쉬운 자기 말로 써야 한다. 그래야 쉽다. 쉽다는 것은 뚜렷하게 무엇을 알고 말한다는 뜻이다. 쉬운 말로 할 수 있다는 것은 그만큼 하고자 하는 말과 주장에 대한 깊은 이해와 명확한 근거가 있다고 할 수 있겠다.

세 번째로는 자기 삶에서 꼭 하고 싶은 말, 솔직하게 내세운 글이다. 앞에서도 말했듯이 자연보호, 저축, 교통질서 지키기와 같은 주제는 의미가 좋아도 선뜻 자기 자신의 문제로 꼽지는 않는다. 자기 문제에서 시작해 마을, 학급, 학교, 사회, 나라의 문제로 넓혀 가면 좋겠다. 가장 먼저 곁에서 쉽게 보고 듣고 느낄 수 있는 문제로 시작했으면 한다. 자기 문제를 솔직하게 풀어 가는 재미가 논설문의 매력이면서 장점이다. 사회, 국가, 전 지구적인 문제들로 점점 생각의 폭이 넓어지면서 하고 싶은 말도 함께 넓어질 것이다. 나이가 들면서 자연스럽게 자기가 겪는 문제, 고민의 범위도 넓어진다.

마지막으로 주장에 따른 근거와 이치가 잘 맞는 글이다. 논리가 정연하고 문장이 정확한 글이다. 이치에 맞고 정확하게 쓴다는 점을 가장 먼저 내세워야겠지만, 이치에 맞는 것에만 머물면 자기 생각과 자기주장이 약해지거나 묻힐 수 있다. 먼저 자기주장을 뚜렷하게 정하고 나서 이치에 맞게, 논리 정연하도록 노력해야 한다.

근거를 찾는 일은 조사하는 방법과 비슷하다. 인터넷 검색으로는 글을 끌어모으는 것밖에 할 수 없다. 어렵고 복잡한 어른들의 논리에 파묻힐 수 있다. 어디까지나 참고만 한다. 사람들을 찾아다니며 직접 들어 보는 노력도 필요하다. 대화와 소통하는 과정을 몸으로 직접 겪으면 생생하고 말이 쉬워진다. 서로 논쟁할 수도 있다. 그런 과정에서 새로운 정보를 얻을 수 있다.

전화 받는 태도를 좋게 해요

최○○(4학년)

나는 친구 소진이와 학원을 같이 다녀서 전화를 자주 주고받는다. 소진이 오빠가 전화를 받을 때도 있는데 이렇게 말한다.

"저기 소진이 친군데, 소진이 있…."

"소진이 없는데…."

뚜뚜뚜 그리고 끊어 버리는 것이다. 이렇게 말하니 소진이네 집에 전화하기가 싫다. 예의 바르게 말하는 사람들도 있다. 그리고 장난 전화! 진짜 싫다! 막 노래를 들려주는 사람도 있다. 전화 받는 태도는 평소 말하는 것과 같다고 생각한다. 소진이 오빠도 소진이한테 말할 때, 친구인 내가 들어도 재수 없게 말한다.

"야! 니 컴퓨터 몇 시간 했노?"

소진이는 인상 쓰고 비켜 줬다. 조금 불쌍했다.

우리 언니는 내 친구가 전화 오면 잘 대해 줄까? 아님 짜증나게 대해 줄까? 걱정이 된다. 또 모르는 사람인데

"엄마 있나?"

"안 계세요. 근데 누구세…."

뚜뚜뚜, 끊어 버린다. 우리 언니라면 고함을 질렀을 것이다.

우리 모두 전화 받는 태도를 좋게 합시다!(근데 이렇게 말하니 기분이 좋다).

누구나 한 번쯤 겪어 봤음직한 상황이다. 전화를 하면서 들었던 느낌을 솔직하게 풀어 내고 있다. 쉽게 읽힌다. 여기서는 공감까지는 하는데 왜 전화 받는 태도를 좋게 해야 하는지에 대한 근거를 좀 더 풀어 냈으면 한다. 전화를 어떻게 받는 것이 좋은 태도인지 다른 사람들에게 물어보거나 좀 더 조사해서 넣었으면 좋았겠다.

물건을 조금만 늘어놓자

양○○(4학년)

우리는 물건을 조금만 늘어놓아야 한다.

3학년 때 쉬는 시간 때 내 짝지 음료수를 먹으려고 뚜껑에 따랐는데 도덕책에 많이 쏟고 말았다.

난 ○○가 조금만 늘어놓았더라면 책상만 더럽혔을 텐데… 하는 생각이 들었다. 그 뒤로 난 정말 미안했고 꽤 친한 사이였던 ○○는 나를 싫어했다. 그래서 난 물건을 조금만 늘어놓아야 한다고 생각했다. 또 많이 늘어놓으면 지저분해 보인다. 옆 반 친구가 우리 반에 왔을 때 깨끗해 보이면 칭찬을 들을 것이다. 반대로 지저분해 보이면 꾸중할 것이다. 우유를 빨리 마시면 선생님이 뭐라고도 안 하시고 우리 반이 깨끗해질 수 있다.

자주 우유가 책상에 보이는데, 빨리 마셔야 한다. 그리고 한 교시가 끝나면 책을 서랍에 집어넣고 다른 책을 놓든지 쉬는 시간 끝난 뒤에 놓든지 했으면 좋겠다. 물통은 사물함에 넣든지 책상 밑에 넣으면 좋겠다.

그리고 잘 날아가는 종이나 연필은 집어넣자. 선풍기나 바람에 의해 잃어버릴 수 있기 때문이다. 난 그러기 때문에 물건을 조금만 늘어놓고, 내가 말한 방법을 실천해 보자.

학급에서 일어난 작은 일이지만, 기억에 오래 남는 사건을 풀었다. 말하고 싶었지만 마음속으로만 담고 있었던 이야기다. 책상 위에 물건을 조금만 늘어 놓아야 할 까닭을 경험을 통해 풀어 내었다. 그리고 책상을 정리하는 방법도 내보이고 있다. 작은 사건을 하나로 잡아 삶의 변화를 줄 수 있는 이야기다. 이런 이야기부터 시작하면 된다. 가정과 학급에서 겪었던 작은 이야기로 풀어 내고 점점 학급, 학교, 사회, 국가적인 일로 넓혀 가면서 고민한다. 문제점과 해결점을 찾다 보면 생각의 폭도 넓어진다.

03 생각 꺼내기

교사용 지도서에 나오는 논설문 예시는 크게 네 가지로 나뉜다.

- 개인적인 문제: 성적, 이성 친구, 성격, 외모 등
- 학급 문제: 도난 사건, 청소, 욕설 등
- 학교 문제: 도서관 운영, 교복, 자율학습, 학교 폭력 등
- 사회문제: 교통 문제, 남녀 차별 문제, 청소년 흡연, 이혼, 부실 공사, 환경오염, 문화 개방, 정치인 자질 문제 등

개인, 학급, 학교, 사회문제다. 여기에서 '논설문'이라면 사회문제를 많이 다룬다고 여기게 된다. 네 가지 문제를 안내하기는 해도 낮은 학년일수록 자기 개인 문제부터 시작해서 넓혀 가면 좋겠다.

생각 외로 주장하는 글로 개인이나 식구, 친구 문제를 써 본 아이들이 많지 않다. 고학년이라도 개인, 학급, 학교 문제를 충분히 써 보고 사회문제를 펼쳤으면 한다. 예전 교과서에는 주로 사회문제가 많았다. 요즘은 학급이나 학급 문제를 많이 다루는 듯하다.

일기 쓸 거리가 없을 때 일기 주제 목록을 만들듯이, 논설문 주제도 아이들이 쓸 만한 주제와 제목을 모아 주면 생각을 꺼내는 데 도움이 된다. 나는 해마다 아이들의 개성 있는 제목과 글을 모아 두었다가 활용한다.

주장할 거리를 찾으려고 브레인스토밍과 마인드맵과 같은 방법도 많이 쓴다. 브레인스토밍은 공통 주제를 잡으려 할 때, 전체 또는 모둠끼리 생각나는 대로 먼저 마음껏 생각을 풀어서 추려 나간다. 마인드맵은 개별로 생각 거리를 찾을 때 많이 활용한다. 중심 주제를 정하고 나서 관련된 경험이나 떠오르는 낱말로 뻗어 간다(이때 브레인스토밍을 한다). 주제 잡기 활동이니까 먼저 마음껏 자기 생각을 꺼내는 게 중요하다. 그런 다음 한 가지 맥을 잡는다. 크게 중요하지 않는 낱말이나 내용은 빼거나, 같은 의미는 묶으면 전체 얼거리가 자연스럽게 드러난다. 이런 방법은 당장 생각이 떠오르지 않을 때 많이 쓴다.

교과 시간에도 많이 쓰인다. 일기장을 보면서 애절했던 상황이나 고민, 답답했던 사건을 찾아서 주제를 잡을 때 쓰인다. 생생하게 겪었기 때문에 다양한 의견과 근거, 자료를 생동감 있게 찾을 수 있다.

논설문은 특별난 주제를 잡아서 써야 한다는 생각을 깼으면 한다. 신문에 나올 만한 주제를 쓰라는 것이 아니다. 자기가 겪은, 혹은 겪을 만한 생활 속 갈등 상황은 하루에도 몇 번씩 일어난다. 갈등이 말이나 몸싸움으로 번지기도 한다. 해결해 보려는 노력보다 감정이 앞서고, 그대로 대응하기 때문에 물리적인 싸움으로 이어지기도 한다. 문제 상황이나 갈등 상황도 주장하는 글의 글감으로 잡을 만하다.

논설문의 특징을 알아보는 공부를 할 때였다. 문제점을 찾는 서론, 주장에 따른 뒷받침 근거가 있는 본론, 주장이 담긴 결론으로 글 전체 구조를 알아보는 시간이었다. 또래 아이들의 다양한 글을 준비했다.

수업을 막 시작하려는데 교실 복도가 소란스러웠다. △△가 ○○에게 누군가를 닮았다고 놀리다가 다른 반 선생님께 꾸중을 들은 모양이었다. 그래서 씩씩거렸다.

나는 무슨 일이 있었느냐고 △△에게 물었다.

"무엇이라 놀렸는데?"

"누구누구 닮았다고요."

"누구 닮았다고 이야기했어? 그때 어떻게 말을 걸었어?"

이렇게 시작하면서 사건 과정을 하나씩 꼼꼼하게 물었다.

"몇 교시에 무엇을 하다가 말을 했어?"

"말하기 전에 누구를 닮았다고 생각했을 텐데, 그 생각은 무엇 때문에 난 거야?"

"그때 기분은 좋았어? 말하고 나서 어떤 기분이 들었어?"

"말하고 나서 ○○가 뭐라고 하든?"

이렇게 묻고 보니 사건이 어떻게 일어났는지 밝혀졌다.

과정을 듣고 있는 아이들에게 물었다.

"지금 △△에게 묻는 것은 무엇 때문이지?"

"친구 놀리는 것 때문에요."

"그럼 이럴 때 어떻게 할까?"

친구를 놀린 사건을 논설문으로 접근해 보았다.

문제점을 찾는 것이 서론이다. 다음으로 어떻게 해결할지 방법을 물으니 두세 가지가 나왔다. 이것은 본론인 셈이다.

남자아이와 여자아이에게 각각 물었다.

"그래서 어떻게 해야 하지?"

"놀리지 말아야 합니다."

"놀리지 말자는 말이네요. 결론(주장)이다."

"음, 이번에는 하지 말자는 말보다 하자는 긍정적인 말로 결론을 내 보자."

"친구에게 친절하게 말하자."

"그래서 주장을 말할 때는 하지 말자와 하자는 말끝으로 정리하면 되겠다."

"…."

"왜 놀리지 말아야 하는지, 친절하게 말해야 하는지 자세히 풀어야겠고…."

학급에서 일어난 사건을 중심으로 사건을 찾는 서론, 사건이 어떻게 일어났는지 묻는 조사, 어떻게 행동해야 하는지 찾아보는 본론, 그래서 결국 어떻게 해야 하는가 하는 결론과 주장이 이어졌다. 전체 얼거리가 맞추어진 셈이다.

논설문은 아이들의 삶과 상관없는 글이 아니다. 언제든 문제점과 주장하고 싶은 말을 품고 산다. 따져 보면 고칠 부분이 나온다.

언젠가 국어 시간에 텔레비전 시청 문제를 다루는 글에서 문제점과 해결책을 찾는 공부를 했다. 6학년 수업이지만 이와 비슷한 내용은 낮은 학년에서도 다룬다. 이런 주제는 따지고 보면 거의 인터넷 검색으로 정답 같은 의견을 모을 수 있다. 물론 자기 의견과 같을 수도 있다. 교과서에 나오는 그림을 보면 문제점이 한두 가지 뚜렷하게 드러난다. 문제점은 거의 비슷하게 찾아내고, 해결책에서는 서로 다른 의견이 나온다. 공통 주제에 문제점을 찾고 다양한 해결책을 찾는 방식이다.

수업 시간에는 먼저 예문부터 분석한다. 분석 과정에서 문제점이 드러나는데, 이게 아이들 고민인지 어른들 고민인지는 아이들에게 물어

논설문 발표 장면을 영상으로 찍고, 발표 글을 누리집에 올려서 수업 시간에 공유한다.

보면 여러 반응이 나온다. 예문의 주제에 따라 아이들의 생각 범위가 달라진다. 아이들의 삶과 관련이 없거나 너무 멀면, 생각보다 상상에 맡겨지기 쉽다. 아이들의 삶과 이어지는 끈의 길이에 따라 생각을 펼치는 시작점이 달라진다. 그래서 아이들의 생활 속 고민과 문제가 담긴 글을 준비하는 것이 중요하다. 관심과 흥미가 생기면 생각을 꺼내는 데 큰 힘이 된다.

교과 시간뿐 아니라 학교나 학급 행사에서도 자기주장을 해서 글을 써야 하는 상황이 만들어진다. 연설하기, 3분 주장, 포스터 그리기와 같은 활동 역시 작은 주장들이 담겨 있다.

해마다 나는 주장하는 글쓰기 시간은 꼭 한 번씩은 가졌다. 다 쓰고 나면 뉴스 아나운서처럼 발표하게 하고 영상을 녹화했다. 그리고 그것을 나중에 아이들에게 보여 주었다. 교사의 설명보다 논설문 쓰기와 발표를 어떻게 해야 하는지 배우고 익히는 데 이런 영상 한두 편이 큰 도움이 된다. 먼저 발표 내용과 모습을 듣고 보면서 전체 짜임도 익힌다. 막연하게 준비한 글도 고치거나 바꿀 수 있는 눈이 생기기도 한다. 생각 꺼내기는 글감이나 주제를 잡을 때도 필요하지만, 글을 고치거나 바꿀 때도 필요하다. 자기 글을 자기가 읽어 가면서 고치기가 쉽지 않다. 그럴 때 다른 사람들의 글을 보거나 들으면서 생각을 나누다 보면 자기 글이 제대로 보이기도 하고, 무의식 속에 있었던 자기 경험과 생각이 펼쳐지기도 한다.

04 제목 정하기

제목은 글을 다 써 놓고 달기도 한다. 하지만 아무래도 제목을 먼저 정해 두고 풀면 일관성과 체계를 쉽게 잡을 수 있다. 생각 꺼내기와 생각 묶기 과정에서 어느 정도 주제와 하고 싶은 말이 나오게 되는 것이다. 브레인스토밍, 마인드맵과 같은 방식으로 주장할 거리가 정해졌으면 제목을 간결하게 알기 쉽게 정한다. 제목을 참신하고 인상적으로 잡는 것은 좋으나 과장되거나 너무 과격한 제목은 피한다. 제목을 보고 어떤 내용이 이어질 것인지 짐작할 수 있게 잡는다.

아이들이 정한 제목을 한 번 살펴보자. 제목을 보면 주로 무엇을 '하자'와 '하지 말자'로 크게 나뉜다. 4학년 아이들이 잡은 제목들이다.

하자	하지 말자
가방 정리를 하자	욕을 하지 말자
돈을 아껴 쓰자	공부 시간에 떠들지 말자
저축을 많이 하자	친구랑 싸우지 말자
자기가 맡은 청소를 잘하자	불량 식품을 사 먹지 말자
교과서를 잘 챙겨 오자	거짓말을 하지 말자
분리 수거를 하자	청소 시간에 도망가지 말자
당번 활동을 잘하자	칠판에 낙서하지 말자
숙제를 미리미리 하자	선생님이 말할 때 떠들지 말자
다음 시간 공부 준비를 제대로 하자	유행을 따라가지 말자

어디서 많은 본 듯한 제목이 많다. 주로 학급 규칙이나 생활 규칙에 나올 만한 것들이어서 그렇다. 주제가 틀렸거나 나쁘다는 말이 아니다.

이런 제목을 자주 써 왔고, 주장하는 글에 어울린다고 생각하고 있을지 모른다. 시를 쓰면 '어머니, 내 동생, 필통, 공' 같은 제목이 나오듯이, 어떤 글의 형식에 고정관념처럼 따라 나오는 제목처럼 보인다. 자기에게 그렇게 절실한 문제로 보이지 않는다. 당연히 지켜야 할 예절과 규칙이기도 하다. 직접 겪어 보지 않아도 짐작해서 만들 수 있을 만한 제목이기도 하다.

하자	하지 말자
집에 오자마자 손과 발을 씻자	공부 시간에 연필을 깎지 말자
물건을 조금만 늘어놓자	지우개를 잘라서 장난을 치지 말자
형제, 자매들과 싸우지 말자	친구의 별명으로 놀리지 말자
동생이 까불어도 참자	청소 시간에 도망가지 말자
혼자서 밤길을 다니지 말자	남의 것을 베끼지 말자
천 필통을 쓰자	남의 작품을 함부로 만지지 말자
책 읽을 때 내용을 말하면서 읽자	지우개를 자르지 말자
그릇은 물에 담가 놓자	입에 음식을 넣고 말하지 말자
자투리 시간을 잘 활용하자	사람이 많은 곳에서 트림하지 말자
교과서를 잘 챙겨 오자	밥 먹을 때 더러운 말을 하지 말자

이런 제목은 앞에 나온 것들보다 조금 생생하다. 직접 겪은 일을 중심으로 잡았기 때문이다. 누구나 한 번쯤 품었을 만한 의문이나 평소 하고 싶은 말도 있을 것이다. 교과서에서 논설문의 특징과 형식을 공부하고 글감이나 제목을 잡을 때는 먼저 이런 생생한 주제였으면 한다. 교과에서 형식을 배웠으면 적용해 보고 익히는 과정은 생활 속에서 잡는다.

제목을 정할 때도 자기가 쓰고 싶은 것을 일단 먼저 쓴다. 그런 다음 '하자'와 '하지 말자'를 나누어 본다. 붙임쪽지를 활용하면 효과적이다. 누구나 쓸 수 있는 것, 그렇게 절실하지 않은 것, 절실한 것, 생생한 것,

인상적인 것으로 구분해 보면서 고쳐 본다.

　칠판에 제목을 붙이고 묶고 나누어 정리해 보면 아이들의 현재 고민, 갈등, 생활상을 엿볼 수 있다. 아이들끼리도 서로 어떤 생각과 고민을 하고 있는지 나누게 된다. 그런 다음 다시 제목을 고쳐 보거나 바꾸어 본다.

천 필통을 씁시다

권광희(4학년)

　천 필통을 씁시다. 천 필통을 쓰면 좋은 점이 많습니다.

　먼저 천 필통은 떨어져도 플라스틱과 같은 무거운 물체가 아니므로 소리가 작게 나고, 또 무겁지 않아 소리가 작게 나서 공부를 중단할 일이 없습니다. 무거운 재질로 되어 있는 플라스틱 필통보다 더 가볍고, 값도 더 싸기도 합니다. 또 플라스틱 필통은 떨어졌을 때 친구의 발이나 몸, 등에 부딪치면 아프지만 천 필통은 플라스틱 필통보다는 별로 아프지 않고, 떨어져도 플라스틱 필통은 부서질 위험이 있지만, 천 필통은 잘 부서지지 않는다. 플라스틱 필통은 들어가는 양이 많지 않지만 천 필통은 플라스틱 필통보다 들어가는 양이 더 많다.

　나도 3학년 때까지만 해도 플라스틱 필통을 썼다. 그런데 공부 시간에 필통을 떨어뜨렸는데, 그 소리 때문에 공부 시간이 멈추게 되었다. 그 뒤로 나는 천 필통을 쓰게 되었다. 여러분도 이런 일이 일어나지 않도록 우리 모두 천 필통을 씁시다.

　수업 시간에 필통이 바닥으로 떨어졌거나, 떨어진 소리를 듣고 생각해서 쓴 자기주장이다. 생각으로 그치지 않고 그 대안으로 천으로 만든 필통을 쓰자고 한다. 아주 작은 일일지 모르지만, 문제점을 넘어서 천 필통의 좋은 점을 찾아 쓰고 있다. 이런 주장을 옆 짝이나 친구들과 함께 나누면 천 필통의 더 다양한 장점도 나올 것이다. 물론 단점도 나오고 또 다른 필통의 모양도 나올지 모른다. '~하자'는 주장을 할 때는 대안과 방법을 찾는 것에 더 많은 생각을 펼쳐야 한다.

술을 마시고 사람들에게 피해를 주지 말자

정은아(4학년)

술을 마시고 사람들에게 피해를 주지 말자.

내가 한번은 엄마와 함께 운동하고 집에 오는 길이었다. 근데 어떤 사람이 비틀거리며 사람들을 '툭-툭' 치는 것이었다. 엄마와 나는 무서워서 다른 곳에 숨었다가 그 아저씨가 가고 나서 빠져나왔다. 너무 무서웠다. 나는 사람을 치고 가는 것은 말이 안 된다고 생각한다. 또 한 번은 이런 일이 있었다.

우리 식구가 잠을 자려고 불을 껐는데 갑자기 시끄러운 소리가 났다.

밖을 보니까 어떤 아저씨가 5층에서 "문 열어…" 이러며 문을 발로 쾅쾅 찼다. 그 아저씨에겐 안 좋은 일이 있었을까? 아니면 집에 안 좋은 일이 생겼을까? 문 열어 할 때 귀청이 떨어질 뻔했다.

한 가지 더! 작년 여름방학 때 아는 언니 미나 언니, 고은이 언니, 아는 오빠 태훈이 오빠, 정수 오빠랑 줄넘기를 했다. 근데 어떤 아저씨가

"너희들 밤인데 뭐해? 빨리 집에 들어가-" 이러셨다.

우리는 무서워서 집에 들어갔다. 우리가 들어가자마자. 그 아저
씨는 아- 이렇게 고함을 지르셨다. 그 아저씨는 분명히 술을 마신
게 틀림없다. 그 아저씨들에게 한 말 하고 싶다.

"아저씨들! 술을 마시고 동네 사람들에게 피해 주지 마세요."

이제 이런 일이 없었으면 좋겠다.

생생하게 겪었던 사건을 그대로 풀었다. 너무 무서웠던 기억을, 절실
한 마음을 담았다. 좋은 기억도 있지만, 좋지 않은 기억이 하고 싶은 말,
절실한 말을 품게 한다. '~하지 말자'는 주장에 공감을 불러일으킨다.

05 얼거리(개요) 짜기

얼거리 짜기는 설계도를 만드는 일과 같다. 주제와 제목이 정해졌으니 이제 전체 그림을 그리는 단계이다. 글을 읽을 사람이 누구인지도 또렷하게 정한다. 어른, 아이, 친구, 개인, 집단에 따라서 조사할 범위와 내용의 폭도 정해진다.

읽고 싶은 마음을 주는 처음(서론), 주장을 뒷받침하는 근거를 내세우는 가운데(본론), 주장한 내용을 강조해서 마무리 짓는 끝 부분(결론)으로 크게 구분해서 짠다.

짜임	내용	
처음 (서론)	이 글을 쓴 까닭, 고민, 관심을 밝힌다. 주제에 따른 자기 경험, 사실, 간단한 정보 주장하려는 내용을 뚜렷하게 드러낸다.	문제 드러내기
가운데 (본론)	주장하려는 내용을 자세히 밝혀 푼다. 뒷받침하는 근거를 객관적으로 밝힌다. 겪은 사례를 자세히 정확이 쓰기 설득력 있도록 서너 가지 예를 준비한다.	근거, 까닭 밝히기 실천 방법 보이기
끝 (결론)	주장한 내용을 다시 뚜렷하게 정리하여 마무리 자기(우리)가 해야 할 일과 자세를 밝혀 쓰기	주장 묶어 요약하기 강조하기

생활 속 주제는 이렇게 얼거리를 짜지 않더라도 줄줄 써 내려가다 보면 자연스럽게 얼거리가 갖춰지기도 한다. 그래도 얼거리를 짜면 더 많

은 생각과 근거가 떠오른다. 생각을 더 펼쳐 나가고, 반복되는 의견과 주장을 묶어 낼 수 있다.

논설문 얼거리 짜기 방법

주제(글감)	세월호 사고에 대한 기사와 뉴스를 듣고
주장	(~하자, ~하지 말자)
서론 (문제점 찾기)	문제점 찾기 ☐ 사고를 취재하는 언론의 문제점 ☐ 배를 운행한 선원들　　　　☐ 사고를 수습하는 정부 ☐ 뉴스를 듣고 댓글 다는 누리꾼　☐ 사고를 대하는 정치인 ☐ 수학여행을 간 학교(학교 행사)　☐ 사고를 당한 가족들 ☐ 지나친 속보 경쟁 ☐ 기타 (　　　　　　　　　　　　　　　　　　)
본론 (해결 방법과 근거)	해결 방법 : 올바른 해결 방법 서너 가지 근거: 여러 가지 근거, 적절한 근거 조사하기 ☐ 외국 사례 ☐ 과거 기록 ☐ 정보 통계 ☐ 전문가 의견 ☐ 합리적인(적절한) 의견 ☐ 뉴스 반응 ☐ 속보
결론 (주장)	서론, 본론에서 나온 의견들을 정리하여 주장 자기 생각이 잘 드러나게
글 고치기	논설문의 특성에 맞게 서론, 본론, 결론으로 짜여 있는가? 어떤 문제점을 찾아내어서 주장하는가? 주장을 뒷받침하는 해결 방법과 근거(서너 가지)가 적절한가? 자기가 쓴 글을 직접 입으로 말하면서 고치기 맞춤법, 띄어쓰기는 아래아한글 맞춤법 기능으로 고치기
글 싣기 (손 글, 타이프, 녹음)	워드프로세서(아래아한글)로 치면서 고치기 쓴 글을 말하듯이 읽으며 녹음하기(2분 정도 되게) 누리집 개인 작품과 사진에 쓴 글과 녹음된 파일 올리기 누리집 게시판 제목에 '날짜+논설문 제목' 형식으로 올리기

논설문 얼거리 짜기 본보기

주제(글감)	세월호 사고에 대한 기사와 뉴스를 듣고
주장 (~하자, ~하지 말자)	올바르고 정확한 취재를 하자
서론 (문제점 찾기)	□ 사고를 취재하는 언론의 문제점 ↳ 뉴스 오보가 나오고 있다(오보 내용 조사) ↳ 정확하지 않은 정보가 피해자 가족들에게 피해 ↳ 제2차 사고가 난다(상처, 자살).
본론 (해결 방법과 근거)	해결 방법1. 정확한 정보와 사실만 보도하자 ↳ □ 과거 기록(비슷한 사례) 찾아보기 ↳ 조사한 기록에 어떤 피해와 도움이 있었는지 알려 주기 ↳ 잘못된 정보로 2차 사고가 난다. 해결 방법2. 피해자 가족들을 생각하며 알리자 ↳ □ 기사 자료 찾아서 사례 서너 가지 뽑기 ↳ 마지막 희망을 살릴 수 있도록 하자. ↳ 사고를 겪은 가족들에게도 피해가 있다.(○○○증후군 조사) 해결 방법3. 구출하는 방법이나 전문적인 내용을 다루자 ↳ □ 외국 사례, 기사, 과거 기록을 찾아 비교해 보기 ↳ 외국 선박에서 구출할 사건과 방법에서 배울 점 ↳ 외국에서는 어떻게 사건을 다루고 있는지 쓰기
결론 (주장)	전문적인 정보와 다양한 의견을 올바르고 정확하게 조사하고 취재를 하자. 상처를 주는 언론보다 해결책을 주는 역할을 하자.

주제(글감)	세월호 사고에 대한 기사와 뉴스를 듣고

제목: 정확한 기사로 생명을 살리자

　○○년 ○○월 ○○일 뉴스에 세월호라는 배가 가라앉고 있지만 사람들을 다 구출하고 있다는 뉴스가 나왔다.

　조금 뒤 뉴스는 구조된 사람보다 실종된 사람이 더 많다는 기사로 바뀌었다. 그때부터 텔레비전이나 뉴스에서 세월호 기사가 터지기 시작했다. 텔레비전 화면에는 끊임없이 속보 전쟁이 일어나고, 인터넷에서도 기사들이 넘쳐나고 정부에서 발표하는 사망자 숫자가 오락가락했다. 이런 소식을 보고 듣고 하면서 우리 언론의 문제점이 무엇인가, 어떻게 취재를 해야 하는지 살펴보았다.

　먼저 정확한 정보와 사실만 보도해야 한다. 뉴스 검색을 해 보니 과거에도 비슷한 사건이 있었다. ○○년 ○○월에 일어난 ○○사건이다. 이 사건에서 정확한 소식을 알려서 한 사람도 죽지 않고 바로 구출했다고 한다. 또 ○○년에 일어난 사건을 ○○게 보도해야 할 것을 ○○으로 보도해서 사람들을 구출하지 못하고 다 죽은 사건도 있다. 사건 예방도 중요하지만 일어나는 사건을 잘 알려서 살릴 수 있는 사람을 놓쳐서도 안 된다. 그래서 더욱 정확한 정보와 사실이 중요하다. 잘 보도해야 한다.

　둘째, 피해자 가족을 생각하며 알리자. 사고를 당한 사람만큼이나 그 가족들도 정신적으로 피해를 입는다. 살아 돌아오기까지 피 말리는 시간이다. 가족들은 ○○○증후군, ○○○스트레스를 받는다고 한다. 살아 돌아온 사람들도 마찬가지다. 몸을 다치는 것만큼 정신적으로도 다친다. 2차 사고다. 그런 사고는 사람들의 말과 행동에서 피해를 입을 수 있다고 한다. 마음의 안정과 희망을 줄 수 있게 가족을 생각하고 배려하는 기사가 되어야겠다.

　셋째, 구출 방법이나 전문적인 내용을 다루었으면 좋겠다. 뉴스를 보면 ○○명 사망, ○○동원. ○○노력한다는 기사는 넘쳐났다. 정작 어떻게 어떤 방식으로 구할 수 있다는 기록은 없다. 살려내는 데 필요한 정보가 필요하다. 우리나라에 없다는 다른 나라 기술이나 사례를 조사해서 알려 주어야 한다. 무슨 정보를 먼저 알려 주느냐에 따라 사건 해결에 도움이 될 것인지 피해를 줄 것인지 차이가 날 것이다. 전문적인 고급 정보를 주었으면 한다.

　언론은 사건을 알리는 정보를 빨리 얻는다. 얻은 정보가 사람들에게 기쁨과 슬픔을 주기도 하지만 희망을 주기도 한다. 때로는 사건을 해결하는 방법과 아이디어를 주기도 한다. 그리고 알리는 순서가 중요할 듯하다. 정확하고 올바른 방법이 사람을 구하는 데 한몫을 한다. 지금은 그런 기사들이 필요할 때다. 정확하고 올바른 기사를 썼으면 한다.

논설문 얼거리 짜기

학년 반 번 이름:

주제(글감)	
주장 (-하자, -하지 말자)	

서론 (문제점 찾기)	☐ ㄴ ㄴ ㄴ
본론 (해결 방법과 근거)	해결 방법 1. ㄴ ☐ ㄴ ㄴ
	해결 방법 2. ㄴ ☐ ㄴ ㄴ
	해결 방법 3. ㄴ ☐ ㄴ ㄴ
결론 (주장)	

앞 글은 세월호 사건이 일어났을 때 주장하는 글로 썼던 것이다. 얼거리 짜기 방법과 본보기글도 준비했다. 이런 시사성 있는 주제는 언론에서 정보를 찾아 자기 나름의 생각을 펼치게 된다.

서론에서는 언론에서 많이 나온 여러 관점을 뽑아 문제점을 찾도록 했다. 이 가운데 한 가지를 뽑거나 자기 나름대로 관점을 내세워도 된다. 본론에서 근거를 찾을 때도 여러 신문 기사에서 몇 가지를 추려서 본보기를 만들었다. 외국 사례, 과거 기록, 정보 통계, 전문가 의견, 뉴스 반응과 같은 것이 들어갈 수 있도록 했다. 결론에서는 종합적으로 정리해 자기주장을 하면 된다. 얼거리를 짜는 방법 안내와 직접 얼거리를 짠 본보기글도 만들었다.

이제 아이들 몫이다. 직접 얼거리를 짜서 글을 써야 한다. 글을 고치는 방법도 안내했다. 시사성 있는 문제라서 언론에서 정보를 찾도록 안내했지만, 식구들이나 친구, 친척, 동네 사람들이 하는 이야기를 듣고 의견을 모아 근거 자료로 덧붙이는 것도 좋겠다.

06 다듬고 발표하기

　　쓴 사람 생활이나 생각이 정직하고 정확하게 나타나도록 하는데
글을 다듬거나 고치는 목표가 있다. 글 고치기를 함으로써 사물을
정확하게 보고 붙잡은 힘을 기르고 생각을 키워나가도록 한다. 결
코, 보기 좋은 글을 꾸며 만들거나 완성된 작품을 만들기 위함이
아니다. 아이들은 그 자신이 쓴 글을 고치고 다듬는 가운데 마음의
거짓스러움을 고치고 생각의 어설픔을 다듬고 가꾸는 것이다.[1]

　　이오덕 선생님이 하신 말씀이다. 논설문을 고치는 것도 보통 글을 고
치는 형식과 방법이 비슷하다. 조금 차이를 둔다면 근거와 이치에 맞는
가에 더 힘을 쓴다.

　　아이들이 쓰는 글 가운데 논설문에서도 보기 좋은 글로 꾸며 만드는
경향이 많다. 자기 생각이 아닌 다른 사람 의견을 모으다 보니 권위 있
는 사람의 말을 따르게 된다. 좋은 문장, 좋은 근거 자료를 찾아 그대로
따오기 때문이다. 그렇더라도 어디까지나 자기 생각이 먼저이고 중심이
다. 단지 참고하고 자기주장을 뒷받침하는 의견으로 삼아야 한다.

　　논리에 조금 맞지 않더라도 다듬는 과정에서 스스로 고치도록 해야
한다. 이치에 맞지 않는 부분은 아이들끼리 서로 봐 주면서 함께 고쳐

---

1. 이오덕. 《삶을 가꾸는 글쓰기 교육》, 보리, 2004

나가도 된다. 왜 그런지 이해하지 못하고 시키는 대로 고치면 좋은 글로 꾸미려는 쪽으로 흐르기 쉽다. 물론 좋은 글이 되어야 한다. 그러나 그것보다는 진실한 마음을 담아야 한다. 솔직한 마음으로 공감해야 한다. 그게 바탕이 되어야 다른 사람의 마음을 움직일 수 있다. 자기도 제대로 인정하지 않는 주장은 근거의 힘이 약해서 믿음을 주지 못한다. 고치고 다듬을 거리를 발견하지 못할 때는 지도 교사가 찾아 주고, 스스로 고치도록 이끌어 준다. 전혀 이해할 수 없는 부분만 교사가 아이 뜻을 물어서 글 쓴 아이 생각과 뜻에 가깝도록 다듬어 준다.

글을 쓰고 발표하는 것만으로도 많은 시간이 걸린다. 특히 발표 시간은 발표자만 있고 듣는 사람은 없을 수 있다. 모두 발표할 때는 차례대로 나와 여러 사람 앞에서 읽는다. 발표라기보다는 '읽기'가 된다. 앉아서 듣는 사람도 발표할 준비로 발표자의 내용을 제대로 들을 수 없다. 마땅히 듣고 있는 것 외에 다른 역할도 없다.

그래서 발표는 두세 번에 걸쳐 하는 게 좋다. 한 번의 발표로 끝나지 않고, 앉아서 듣는 사람들에게 평가를 하도록 권한을 준다. 한 번 더 발표해야 하는가, 다시 발표하지 않아도 되는가, 손을 들어 정하기도 한다. 부족한 부분, 보충할 근거, 맞지 않는 근거와 아이디어를 쪽지에 쓰게 해서 건네준다. 그러면 두 번째 발표 때는 참고해서 다시 준비하는 데 도움을 준다. 다른 사람의 발표를 새겨듣다 보면 무엇을 고칠지 스스로 알게 된다. 감을 잡게 된다.

발표를 하고 나면 주장에 대한 근거가 적절한가를 알아본다. 이치에 맞는지에 대한 생각을 깊이 하고 많은 사람과 이야기를 나눈다. 이야기를 하면 할수록 점점 생각이 깊어진다. 애매하면 서로 물어 가면서 따져 보면 또 다른 근거를 찾게 되고, 뚜렷한 근거는 확고한 자신감을 준다. 논설문의 일정한 형태(서론, 본론, 결론)를 먼저 알려 주는 방법도 있지만, 발표하면서 논설문의 짜임을 스스로 깨치도록 지도하는 방법도 있다. 적절한 근거를 찾으려면 먼저 '적절'한지 판단하는 힘이 필요하다. 적절한 까닭이 무엇인지도 생각하면서 보면 글을 보는 눈이 키워진다.

토론하기는 같은 주제로 논설문을 쓸 때 잘 어울린다. 같은 주제를 중심으로 '하자'와 '하지 말자'로 크게 나눌 수 있다. 차례대로 서너 사람이 발표하는 것을 듣다 보면 반복되는 의견과 근거가 나온다. 같은 주제는 처음에는 개인별로 쓰지만, 의견을 모아서 모둠에서 쓴 논설문으로 완성하기도 한다. 이때 토론과 토의를 거치면서 주장과 근거를 뚜렷하게 한다. '하자', '하지 말자'를 나누어 토론하고 다시 역할을 바꾸어 한 번 더한다. 서로 다른 관점과 생각을 듣는 시간이다.

글쓰기 전에는 주로 예시나 분석 자료를 보고 감을 잡는다. 글을 쓰는 과정에서 얼거리를 잡아 체계를 갖추면 점점 주제와 주장이 뚜렷해진다. 조사 내용, 방법에 따라서 다양한 자료가 덧붙고, 경험과 통계 자료, 신문 기사가 담긴다. 발표 과정에서 얻는 배움도 크다. 자신의 의견을 되돌아보고 견주어 보면서 적절한 근거인지, 알맞은 자료인지 스스로 검증 과정을 거친다. 논설문의 서론, 본론, 결론과 같이 논설문 지도 단계도 쓰기 전, 쓸 때, 쓰고 나서의 활동 체계가 갖추어진다.

땀샘 최진수의 초등 글쓰기

6장

독후감

01 읽은 책을 자기 것으로 만드는 감상문

책 읽기가 좋은 줄은 알지만, 실제로 습관을 붙이기는 쉽지 않다. 어릴 때일수록 책을 많이 읽으라고 권장하지만, 초ㆍ중ㆍ고등학교를 거치며 어른으로 가면서 오히려 독서량이 줄어드는 현실을 어떻게 해석해야 할까.

책을 읽고 쓰는 독후감도 어른이 되어서까지 꾸준히 쓰는 사람은 드물다. 초등학교 때 단골손님처럼 방학 과제로 써 왔던 기억은 누구에게나 있을 것이다. 나 역시 개학을 며칠 앞두고 다 읽지 못하고 급히 줄거리만 간추려 썼던 기억이 난다. 손목이 아플 정도로 힘들게 썼던 느낌과 감정도 고스란히 남아 있다.

억지로라도 책을 읽다가 재미를 느껴 스스로 읽기도 하지만 독후감 쓰기는 읽기만큼 재미를 붙이기가 버겁다. 아이들이 싫어하는 것이 읽기, 쓰기, 생각하기라는 말이 있다. 쓰기도 힘든데 여기에 자기 생각과 느낌까지 담으라고 하니 얼마나 힘들겠는가. 졸업을 몇 번 하면서 과제 검사에서 벗어나는 해방감만 남아 책에 대한 즐거움과 재미가 붙기도 전에 손을 놓아 버리지 않았는지 되돌아보게 한다.

독후감을 쓰는 까닭과 좋은 점은 많다.

독후감을 쓰려고 하면 먼저 책의 내용에 대해 다시 한 번 생각하게 된다. 어떤 책이든 한 번 읽고 나서 며칠 지나면 자연스럽게 잊힌다. 생각하기 싫어하는 아이들에게는 귀찮은 일이지만, 독후감을 쓰려면 적어도 단 몇 줄을 적기 위해서라도 줄거리를 다시 한 번 되새기게 된다. 주요 사건과 등장인물의 갈등 상황을 떠올리며 되짚어 간다. 이런저런 까닭을 따져 가면서 자기주장과 느낌도 드러나고 이어진다. 그건 왜 그럴까, 이렇게 하면 안 될까 하는 고민도 들면서 자기주장이 조금씩 뚜렷해진다.

물론 쓰지 않아도 생각은 한다. 그렇지만 곧 잊히기 쉽다. 글로 쓴다는 것은 눈에 보이도록 붙잡고 저장해 둔다는 의미도 있다. 왜 그러는지 의심하거나 비판하면서 읽은 내용을 수십 번 되새김한다. 반복에 반복하면서 기억에도 오래 남고 뚜렷하지 못하는 사건과 상황도 다시 확인한다. 써 놓으면 기억과 생각, 감정도 붙잡아서 멈추게 된다. 다시 생각하면서 깊이와 넓이를 다지게 한다.

독후감을 쓰다 보면 자기 생각이나 느낌을 풍부하게 쓰게 된다. 그래서 책을 읽고 나서 바로 쓰도록 많이 권장한다.

처음에는 기억하는 단계였다면 점점 자기 감정도 넓어진다. 다른 사람들과 이야기를 나누면 자기가 생각하지 못했거나 느끼지 못한 감정도 알게 된다. 생각과 감정을 함께 나눈다. 독후감 쓰기는 그런 과정의 연속이다. 글을 쓰면서 다른 사람의 삶도 알고 이해하는 마음이 넓어진다.

독후감은 혼자 쓰고 보는 글이기도 하지만 다 쓰고 나면 다른 사람의 것도 함께 보고 읽기도 한다. 같은 시간 같은 책을 읽어도 제각각 해석과 관점이 다르다. 그래서 단편적인 지식 몇 개만이 아니라 다양한 해석과 분석, 비판도 함께 공유할 수 있다. 독후감을 쓰고 나서 여럿이 함께 공유하는 시간은 소중하고 꼭 필요하다.

독후감은 특정한 글이나 책의 시작과 끝을 다 읽고 쓰는 감상문이다. 어떻게 사건과 과정, 결론이 이루어졌는지 전 과정을 고스란히 알고 쓰게 된다. 한 작품이 한 사람의 일생이기도 하다. 여러 인물의 다양한 삶을 읽고 동질감을 느낄 수도 있고, 반성하거나 교훈을 얻고 감동하기도 한다. 독후감은 이런 전체 과정을 다시 해석하고 정리할 기회를 준다. 다른 사람의 삶을 비판하거나 본받으면서 자연스럽게 자신의 삶도 바뀌게 된다.

우리 반 아이들은 책을 읽고 나면 자주 빙 둘러앉아 이야기를 한다. 서로 어떤 책을 읽었는지, 읽는 책은 어떤 내용인지, 자기 해석과 자기 경험을 묻고 답한다. 이런 이야기 시간에는 쓰지 못한다. 쓸 수도 없다. 모두가 이야기하고 듣고 나면 글을 쓰는 시간을 준다. 처음에는 기억하지 못해 한두 문장으로 표현되지만, 서너 번 하게 되면 의식을 하면서 말하고 듣게 된다. 이야기하고 난 뒤 글로 써서 정리한다는 마음을 먹고 하니까 보고 듣고 생각하는 방식이 달라진다. 충분히 이야기하고 나서 독후감을 쓰면 쓸 거리도 많아지고 자기 의견과 근거도 많이 찾을 수 있다. 책을 읽는 색다른 재미도 맛본다.

책을 읽고 독후감을 쓰는 것에만 머물러서는 안 된다. 실천하지 못할 지식만 담아 아는 척하거나 논리만 앞세운다면 읽지 않는 편이 낫다. 여러 감정을 느끼고 공감하면서 함께 사는 힘, 배려하고 돕는 실천과 용기를 얻는 것이 중요하다.

방학을 일주일 앞두고 책 읽기만을 지도한 적이 있다. 일주일 동안 책에 대해서, 책과 자신에 대해서 알아보는 시간이었다. 책을 읽는 목적이 무엇인지 물어보며 자기 수준에 맞게 표시하게 했다.

A. 깨침, 삶, 실천하려고 읽는 수준
B. 학습, 배움, 앎을 위주로 읽는 수준

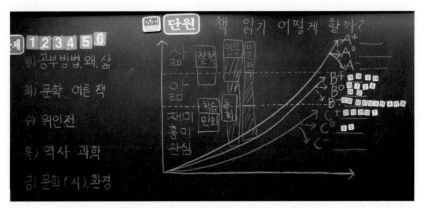

책을 왜 읽는지, 어떻게 읽어 왔는지 아이들에게 물어보았다.

C. 재미, 흥미, 관심 위주로 읽는 수준

책을 읽는 목적에 따라서 독후감의 내용도 달라진다. 학습 위주 읽기에는 지식 중심의 글이 많이 쓰인다. 재미와 흥미, 관심 위주에는 재미와 흥미가 있었던 부분만을 찾아 '재미있었다'고 마무리 짓는다. 깨침, 삶, 실천하려고 읽는 수준에는 자기 삶을 되돌아본다. 책 속 주인공의 삶을 느끼면서 자신의 과거, 현재, 미래에 대해 고민도 해 본다. 그런 생각이 진지하고 가치 있는 글이 된다. 독후감의 알맹이가 된다.

독후감으로 써 두면 자신의 성장을 확인할 수 있는 자료도 된다. 어른이 되어서 보는 일기장과 같이 자기 생각과 해석 수준, 보는 관점의 변화와 폭을 느낄 수 있다. 생각도 몸과 함께 성장한다. 빠르기는 다 다를 수도 있다. 몸이 먼저 성장하거나 몸보다 빠르게 성장하기도 하고, 몇 배더 깊이, 넓게 성장하기도 한다. 독후감은 그런 성장의 촉진제가 된다.

02 모두 함께 읽은 책에 댓글 달기

우리 반 아이들은 책을 읽고 나면 모두 둘러앉아 이야기를 나누며 독후감 쓸 거리를 찾는다.

학교에서 아이들이 책을 읽는 방식은 다양한다. 개인별 읽기, 선생님이 직접 읽어 주기, 한 권의 책을 학급 아이들 모두가 읽는 방법도 있다. 학급 교육과정을 짜거나 재구성할 때는 책을 읽고 수업을 해야 할 상황을 미리 계획해서 같은 책을 돌려 읽을 것인지, 교사가 틈틈이 읽어 줄 것인지를 정한다. 학교 상황에 따라 같은 책을 여러 권 구해서 읽기도 한다.

온전히 다 읽었으면 하는 책이 있기 마련이다. 교과서에는 예문으로 한 책의 일정 부분만 실리는데, 전체 내용을 이해하는 데 한계가 있다.

그래서 문학작품을 다루는 시간은 미리 교재를 연구해서 준비한다. 아이들이 한 작품을 온전히 읽을 방법을 연구해서 준비하는 것이다.

문학작품이 아닌 간단한 주제가 중심인 이야기로는 짧은 시간에 모두가 공유할 수 있는 그림책이 어울린다. 실물 화상기나 사진을 찍어서 텔레비전 화면에 크게 비춰 읽어 줄 수 있다. 학급 아이들이 많지 않다면 옹기종기 모여 앉아 읽어 주면 더 맛깔난다.

다 읽고 나서는 짝끼리, 모둠끼리에 이어 반 전체 아이가 모두 돌아가며 이야기를 나누고 독후감을 쓰게 한다. 짝, 모둠, 전체 아이들을 거치면서 책 내용뿐 아니라 친구들의 생각과 관점을 공유하면 독후감을 쓰는 데 좋은 참고 자료가 된다. 짝, 모둠, 전체의 생각이나 읽고 난 뒤 느낌을 공유할 시간이나 기회를 얻기 힘들다면 간단한 댓글을 남겨서 서로의 생각을 나누었으면 한다. 권하고 싶다.

붙임쪽지에 단 몇 줄이라도 써서 칠판이나 뒤쪽 게시판에 붙여 두고 모두의 느낌과 생각을 한눈에 볼 수 있게 한다. 학급 누리집에 게시판을 만들어 책 제목과 표지 사진을 올려서 댓글을 남긴다.

모두가 참여할 수 있도록 규칙을 정하는 것도 중요하다. 자기감정을 간단히 기록하는 것부터 시작할 수 있다. 몇몇 아이는 자신의 삶과 엮어서 소감을 진지하게 펼쳐 내기도 한다. 그런 아이들의 의견이 다른 아이들의 생각을 자극하고 본받게 한다. 서로 참고하고 보면서 자기 의견을 고쳐 나가고 떠오른 생각을 덧붙이고 다듬어 가면서 배우게 된다. 이런 댓글을 모아 두었다 나중에 학급 문집에도 담는다. 하나하나 아이들의 의견과 기록이 학급의 역사이고 교사의 실천 사례가 된다.

● 피터 레이놀즈 글·그림
● 엄혜숙 옮김
● 문학동네어린이

● 이때까지 내 그림은 한 가지로만 보았다. 무조건 똑같이 물컵을 그리더라도 하지만 이제 생각이 달라졌다. 이상한 그림을 그리더라도 느끼는 그대로 이제 남이 비웃는 그림이라도 내 느낌이 들어 있는 그림을 비웃는다면 자신의 그림을 보고 더 비웃어 줄 것이다.
● 레이먼은 그림은 늘 똑같아야 한다고 생각하는 것 같았는데 이 책을 읽고 나는 무조건 똑같이 그리는 것보다도 그 그림의 느낌이 살아 있는 것이 더 좋은 것 같았다. 나도 앞으로 무조건 똑같이 그리지 않더라도 내 생각 내 느낌대로 마음껏 그릴 것이다.
● 어느 물체든 다 똑같이 그리는 게 아니라 자기 자신이 느끼는 대로 그림을 그린다는 것이 신기하였다. 나는 이때까지 어느 물체든 다 똑같이 그려야 한다는 생각을 하고 있었는데 이제는 이런 편견을 버리고 자기 자신이 느끼는 대로 그림을 그려야겠다는 생각이 들었다.(6학년)

《느끼는 대로》는 피터 레이놀즈가 지은 그림책이다. 아이들이 그림을 그리기를 주저하고, 잘 그려야 한다는 강박관념을 지녔을 때 곧잘 보여 주는 책이다. 자기가 어떻게 그리든 자기 느낌대로 그리는 것에 자신감을 불러일으킨다. 자기 느낌과 감정이 소중하다는 마음을 보여 준다.

아이들이라면 누구나 한 번쯤 고민해 봤을 생각을 잘 나타내었기에 이 작품에는 아이들도 자신의 생각을 댓글에 진솔하게 드러낸다.

댓글 달기는 그림책 읽기부터 시작하면 좋겠다. '재미있다', '나도 그랬다'는 식의 한 줄 댓글이 버릇처럼 굳은 아이들에게 진솔한 생각과 느낌을 공유하여 독후감 쓰기에 대한 부담을 줄일 수 있다.

- 피터 레이놀즈 글 · 그림
- 김지효 옮김
- 문학동네어린이

- 나는 그림을 정말로 못 그리고 싫어한다. 주인공 베티도 나처럼 그림을 싫어했을 것이다. 하지만 그 선생님이 아니었다면 베티는 그림을 그리지도 않았을 것인데 선생님이 베티의 그림을 보게 해 주었다. 점 하나가 겨우 점 하나뿐인데 이름을 적으니 그림이 되었다. 아무리 그림을 못 그려도 아무리 미술을 못 해도 그리기만 하면 뛰어난 작품이 될 수 있다는 것을 느꼈다. 그래서 아무리 못난 작품, 그림이라도 멋진 작품이 될 수 있다는 것을 느꼈다. 앞으로도 선생님이 책을 아주 많이 읽어 주셨으면 좋겠다.(6학년)
- 나도 베티처럼 미술 시간에 생각을 안 해 와서 미술 시간이 끝나도록 아무것도 그리지 않은 적이 한두 번이 아니다. 다음 미술 시간에는 베티처럼 점 하나만 그려도 작품이 된다는 것을 알게 되었으니깐 제시간에 그림을 그릴 것 같다. 이때까지 미술 시간만 되면 뭐 그릴까? 하면서 곰곰이 생각했는데 이제는 아무 그림이나 그리면 그림이 된다는 것을 알았으니 미술 시간에도 아무 그림이나 그려야겠다는 생각이 들었다.
- 선생님께서 읽어 주신 책은 모두 좋은 책이었지만, 난 이 책이 가장 감명 깊었다. '점' 하나로 작품이라. 처음엔 조금 의아했지만, 이렇게 작고 하찮은 것도 작품이 되고, 많은 사람의 볼거리가 된다는 것에 베티 말고도 나 자신까지 갑자기 '난 할 수 있다!'라는 자신감이 밀려온다. 너무 좋은 책이다.

《점》은 불만이 많고 청개구리처럼 막무가내로 행동하는 아이의 이야기다. 선생님이 끝까지 격려하고 기회를 주고 기다려 주면서 아이 스스로 자기 재능에 대한 자신감과 도전이 이어진다는 내용이다. 성장의 경험이 또 다른 아이에게 전달되는 따뜻한 모습이 담겼다. 이렇게 감동적인 이야기에는 댓글 역시 저절로 길어진다.

- 사라 스튜어트 글
- 데이비드 스몰 그림
- 이복희 옮김
- 시공주니어

- 리디아라는 여주인공이 날마다 옥상에 열심히 씨앗을 심어 외삼촌께 보여 드렸다. 나도 한 가지를 열심히 하여 보람 있게 부모님께 보여 드려야겠다.
- 리디아는 무뚝뚝하기만 한 외삼촌께 감동을 주고 자기 스스로 정원을 만들어서 외삼촌께 보여 드려야겠다는 생각이 멋졌고, 나도 언젠가는 한 번 나 스스로 일을 해서 부모님께 감동을 줘 보고 싶다.
- 자꾸 편지만 나와서 집중도 제대로 하지 않고 대충 들었는데, 책꽂이에 꽂혀 있던 리디아의 정원 책을 다시 꼼꼼히 읽어 보니 정말 편지 하나하나가 자신의 느낌도 담고 생각도 담은 깊은 책이라는 것을 알았다. 재미있었어요.
- 리디아가 웃음이 없는 삼촌께 비밀 정원을 만들어 선물로 준 것이 정말 감동이었다. 그 비밀 정원을 받고 삼촌이 웃었는데 나도 이렇게 웃음을 선물해 주는 그런 사람이 되고 싶다. (6학년)

《리디아의 정원》을 읽다 보면 무뚝뚝한 외삼촌의 마음과 삶을 녹이는 리디아의 마음이 그대로 독자에게 전달된다. 편지 형식으로 쓰인 《리디아의 정원》은 편지 쓰기를 할 때도 좋은 본보기 자료다. 특히 사람들과의 관계에서 어떤 노력과 마음을 지녀야 하는지 알려 준다. 리디아의 순박하고 따뜻한 마음이 오히려 더욱 어른스러워 보인다. 책 읽는 즐거움이 쓰고 싶은 마음, 말하고 싶은 마음도 함께 불러일으킨다. 실제 이런 경험을 하지 않아도 상상만으로도 우리 감정은 닮아 간다. 바로 '공감'이다. 공감의 경험이 읽기와 독후감 쓰기를 자연스럽게 이어 준다. 즐겁게 하고 꾸준히 이어 줄 수 있는 끈끈한 매개체가 된다.

- 한성옥 글
- 문학동네어린이

- 우리 가족도 저랬나 싶다. 우리는 법을 잘 지키는 것 같지만, 우리 가족도 두세 개는 그런다. 쓰레기 버린 것, 과속, 운전 중 전화를 했는데 이 책을 보고 나서 안 해야 한다는 생각이 든다.
- 자기들만 행복하면 된다고 생각하는 이기주의 가족이다. 우리 가족도 이 가족처럼 우리만 행복해도 된다는 생각을 가져 본 적도 있다. 박물관에 놀러가서 경계선 넘어서 사진을 찍어 본 적이 있다. 이런 행동을 하는 사람이나 단체를 보면 이 그림책을 가지고 다니면서 읽으라고 추천해 주고 싶다. 이 책을 읽고 많은 것을 깨달았다.
- 이 책은 우리가 가장 큰 반응을 보였다. 선생님께서 보여 주신 여러 책은 나에게 하나하나 도움이 되었지만, 이 책은 '나는 저렇게 하지 말아야지'라는 큰 다짐을 주었다. 너무너무 뻔뻔했다. 자신들만 행복하면 된다는 관념을 지닌 가족이다. 승강기를 오래 잡아 두는 일, 음식물 버리기, 다른 차 추월하기, 미술관에서 사진 찍기, 뛰어다니며 음식물을 흘리고 버리기, 쓰레기를 아무 데나 버리기, 장애인 주차구역에 차 대기 등 도저히 용납할 수 없다. 하지만 생각해 보면 나도 저런 적이 있는 것 같다. 똑같은 일을 한 건 아니지만, 아이스크림 종이를 길가에 버리는 것, 공공시설이어서 시끄럽게 하는 것은 나도 경험해 본 일이다.(6학년)

이 책을 읽고 나면 화가 난다. 화가 나야 한다. 이기적인 가족 이야기이기 때문이다. 비판이 절로 나고 자기 가족과 자신에 대해 반성하게 된다. 우리 삶에서 누구나 한 번쯤 겪어 보았을 불편한 이야기이기도 하다. 그래서 더 할 말도 많아진다. 스스로 반성하고 불편한 공감이 이어진다.

03 줄거리 중심 독후감

　책을 읽고 쓰는 독후감에는 대부분 줄거리 중심이 많다. 전체 내용을 간추려서 쓰고, 마지막 서너 줄은 '다음부터, 이제부터, 내가 만약, 앞으로…' 이렇게 이어지는 다짐으로 마무리 짓는다. 고정화된 형식처럼, 독후감을 쓰는 법칙처럼 여겨지기도 한다. 지금까지 그렇게 써 와서 오히려 줄거리 중심이 편하게 느껴지기도 한다.

　줄거리 중심보다 자기 생각과 느낌, 삶과 연결 지어 말하는 부분이 많았으면 하지만 처음 독후감을 쓰는 아이들이나 기존의 과제 중심으로 써 온 아이들은 그런 형식을 힘들어 한다. 생각과 느낌에 익숙하지 않고 어떻게 풀어야 할지 몰라 한다.

　줄거리를 쓰는 것도 한 가지 방법이기는 하다. 책을 소개하는 형식의 독후감을 쓸 때는 전체나 일부 줄거리가 잘 담긴다. 나름의 책에 대한 해석도 나오겠지만, 대부분 줄거리를 중심에 두고 쓰게 된다.

　전체 줄거리를 간추려 나가면서 부분마다 자기 생각과 느낌을 조금 보태는 형식이 많다. 주인공의 생각과 행동에 공감하거나 나무라기도 하고, 최종 평가자의 처지에서 판결을 내리기도 한다.

허수아비도 깍꿀로 덕새를 넘고

서○○(4학년)

 이 책은 이오덕 선생님의 제자들이 적은 시를 엮은 것이야. 〈거지〉라는 시를 읽었는데, 그 시에는 글쓴이 부모님 가게 앞에 오는 거지가 추워서 떠는 모습을 불쌍하게 생각하는 글쓴이 마음이 잘 나타나 있어. 짧지만 그 시를 읽으면 읽는 이도 글쓴이 마음을 이해할 수 있도록 잘 적어 놨다.

〈내 동생〉이라는 시를 읽었는데 글쓴이 동생이 얼음 위에서 스케이트를 타다가 넘어져 머리가 깨져서 머리에 붕대를 감고 누워 있는 동생을 학교에 가서도 생각하는 글쓴이 시를 읽고 나는 우리 오빠에게 대들고, 까불었던 것에 미안한 생각이 들었다.

〈까치〉라는 시도 있었는데, 까치 두 마리가 아카시아 나무에 집을 지었는데 하루 뒤 그 까치 두 마리가 싸우다가 한 마리가 죽고 다른 한 마리는 날아가 버려서 죽은 까치를 불쌍하게 생각한 글쓴이와 글쓴이 친구들이 죽은 까치를 앞산에 묻어 주었다는 시였다.

이 시를 읽으니 까치끼리 무슨 이유로 싸웠기에 한 마리가 죽을 정도로 싸웠는지 궁금하고 우리도 이렇게 심하게 싸우면 안 되겠다는 생각이 들었다. 앞으로는 누가 시비를 걸었을 때 사소한 것이라면 내가 참아야겠다.

4학년 학생이 아이들이 쓴 시를 읽고 쓴 독후감이다. 시가 여러 편 있어서 그 가운데 자기 마음을 움직인 시 몇 편을 잡아 짧게 자기 생각과 느낌(밑줄)을 나타냈다. '~ 생각한다.', '~ 생각이 들었다.', '~라고 느꼈다', '앞으로는 ~하겠다'는 식의 말과 다짐으로 마무리 지었다.

보통 이런 형식으로 쓰는 독후감이 많다. 저·중학년 정도 아이들에게 많이 나타나지만, 고학년 중에도 이런 수준의 독후감만 쓰고 졸업하는 아이들도 많다. 여기서 더 길게 쓰라고 하면 줄거리를 늘리기도 한다.

독후감을 처음 쓸 때 많이 나타나는 일반적인 형태로 나쁜 것은 아니다. 이렇게라도 자주 쓰지 않는 게 문제다. 그런데 늘 이런 상태에 머문다면 재미가 붙지 않는다. 처지를 바꿔 생각해 보기, 다르게 써 보기, 상황을 바꾸어 보기와 같이 생각을 달리 하는 방법으로 줄거리보다 자기 생각, 느낌을 다양하게 드러내는 방법의 지도나 안내가 필요하다. '달리 생각'에 초점을 두고 다시 읽고 이야기를 나누면 다양한 반응과 의견이 나올 것이다. 그것을 그대로 말하듯이 쓰면 된다.

팔봉이의 굉장한 날

안○○ (4학년)

팔봉이라는 아이가 성적표를 받았는데 41명 가운데 41등을 해서 부모님께 혼날까 봐 41등에서 1등으로 고치는 내용이었다. 그래서 부모님께서는 잘했다고 잔치까지 해 주셨는데 팔봉이는 제대로 말을 하지 않았다. 그래서 2학기 때도 성적표를 받았는데 원래 실력 41등 중에서 21등을 한 것이다. 그래서 부모님께서는 1등에서 21등을 하였다고 회초리로 종아리를 때리셨다. 그런데 팔봉이는 속으로 성적이 많이 올라서 좋았을 것이다.

　요즘 같으면 성적표를 고칠 수도 없는데 그때 당시에는 고칠 수 있어서 팔봉이가 부모님께 혼나지 않은 것 같았다. 팔봉이 부모님도 팔봉이가 거짓말을 한 것을 알면 속이 상하셨을 텐데. 팔봉이는 부모님께 혼날까 봐 말하지 않았다. 그래도 내 생각에는 부모님께 혼나더라도 자기 실력을 그대로 보여 주고 거짓말을 하지 않아야 한다는 생각이 된다. 어차피 그것은 그 시간일 뿐이지 언젠가는 자기의 실력이 드러날 것으로 본다. 그래서 되도록 그렇게 하지 말고 자기의 실력이 창피하더라도 자기가 인정해야 할 것 같다.

　이 독후감 역시 일반적인 전형을 보여 주고 있다. 자기 처지와 바꾸어 보기와 주인공 비판하기 형식으로 자기 생각을 써 놓았다. 조금 멀리 떨어져 제삼자의 입장에서 썼는데, 마치 판결을 내리듯 글을 쓰고 있다. 사건 하나를 잡아 내가 했다면 이렇게 하겠다, 어떤 행동은 그렇게 해서는 안 된다고 판결을 내리듯이 바른 쪽으로 안내하는 글 형태다.

　바른 어린이가 되도록 고쳐 주는 이런 형태의 글은 지금의 어른들도 어릴 때부터 많이 써 왔다. 틀렸다는 것이 아니다. 독후감은 이런 형식으로 써야 한다는 고정관념을 갖지 않았으면 하는 바람이다.

　어떻게 행동하는 것이 올바른지는 알지만, 실제 팔봉이와 같은 처지였다면 나는 어떻게 행동했을까? 그런 솔직한 행동과 생각, 의견을 쓴다면 읽는 사람들이 공감할 것이다. 현재의 자기 생각을 드러내는 것이 좋다. 공감과 감동으로 현실적인 고민을 드러내는 글이 더 설득력 있다.

그렇다고 일부러 반대로 하라는 말은 아니다. 독후감이 무슨 바른 행동, 올바른 생각을 찾는 문제 풀이가 되지 않았으면 하는 마음이다.

《우리 누나》를 읽고

김채린(4학년)

장애인에 대해 한 번 더 생각해 보았다. 장애인에게도 사랑으로 대하면 우리에게도 도움을 줄 수 있다. 《우리 누나》에는 누나 히로가 다운증후군이라는 병이 걸렸는데 말도 제대로 못 하고 정신 연령이 애기 수준이다. 남동생이 그런 누나를 보호해 주지는 못할망정 누나를 부끄러워한다는 것을 알게 되면 얼마나 섭섭해할까?

히로 아빠는 아침에 회사에 가기도 바쁜데 말 잘못하는 히로의 부탁에 귀를 기울여, 레스토랑에 가자는 히로의 부탁을 들어 약속하고 지켜 준다. 그래서 히로가 장애인이지만 밝고 착한 마음을 가졌다고 본다. 하지만 대부분 사람은 장애인들이 오면 에이에이 하고 가라고 손짓한다. 하지만 장애인도 우리와 같이 감정이 있는 사람인데 무시하면 안 된다. 장애인을 사랑으로 대하면 장애인이 희망을 품어서 안 되는 일을 포기하여 자살이나 범죄를 일으키지 않고 긍정적으로 살 수 있다. 그리고 그 가족의 사랑을 느껴 용기를 얻어서 자기 능력을 펼칠 수 있다.

TV '일밤'에서 본 진호도 자폐아인데 어렸을 때부터 수영 연습을 많이 해서 많은 대회에서 금메달도 많이 땄다. 이것처럼 다른 장애인들도 자신만의 잘하는 능력이 있는데, 사랑을 주지 않으면 용기를 잃게 된다. 그렇게 되면 자신의 능력을 펼칠 수 없고 자신을 비관하거나 삶의 희망을 포기하게 된다. 장애인을 사랑으로 대하면 더불어 사는 사회가 될 수 있다.

예를 들어 집안에 장애인이 한 명 있는데, 자기네들끼리는 오순도순 재미있게 놀고 있으면 장애인은 구석에서 외롭게 지낼 것이다. 이것은 밝은 사회가 되지 못한다. 그러니까 장애인도 더불어 놀고 같이 공부해야 하며 화목하게 지내야 한다. 사랑을 주면 장애인도 희망을 품어서 긍정적으로 살 수 있고, 용기를 얻어 자신의 능력을 펼쳐서 사회에 도움을 줄 수 있는 사회가 되어 우울한 사회가 되지 않는다. 그래서 우리는 장애인도 사랑으로 대해야 한다.

《우리 누나》를 읽고 쓴 독후감에는 앞의 두 독후감보다 자기 경험이 많이 들어 있다. 보고 들은 경험이 뒷받침되어 자기주장도 많이 드러난다. 그래서 줄거리보다 자기 말이 더 많아졌다.

생각이 깊어지고 넓어지면 자기주장이 자연스럽게 드러난다. 그런 주장을 뒷받침하기 위한 자료나 정보, 경험을 찾게 되면서 글이 풍부해진다. 그때는 줄거리보다 자기 생각과 느낌에 많은 무게가 실린다.

04 느낌, 생각, 경험 중심 독후감

책의 줄거리보다 책을 읽고 난 뒤의 자기 느낌과 생각, 경험이 많이 담긴 독후감은 읽을 맛이 난다. 다른 생각, 다른 해석, 다른 무엇인가가 나타나기 때문에 개성 있는 글이 된다.

책을 읽고 중간중간 마음에 와 닿거나 감동적인 부분을 잡아서 자기 생각을 쓴다. 비슷한 자기 경험을 말하거나 다른 방법과 결론으로 의견을 드러내기도 한다. 비슷한 상황이지만 글쓴이와 자기가 느끼는 것, 바라보는 관점, 행동이 차이가 난다. 그런 글에서는 색다름이 보인다. 개성 있는 독후감이다. 다양한 느낌과 생각, 경험을 공유하면서 배우고 또 배운다. 읽었던 내용에 대한 상황이 실제 현실에서 벌어지면 우리는 다양하게 행동할 것이다. 책대로, 또는 다른 해석을 보고 다르게 움직일지 모른다. 한 가지 방법만 알고 있는 사람과 여러 가지 방법과 생각을 경험한 사람은 분명 차이점이 드러날 것이다.

불쌍한 개 백구

안○○

백구가 새끼를 낳다가 앓아누웠을 때는 나도 백구가 불쌍했다.

백구가 병원에서 도망쳐 나왔을 때 아프다 해도 도망친 것을 보면 그 병원과 의사 선생님이 백구에게는 얼마나 무서운지 알 수 있을 것 같다. 내가 백구였더라도 죽을 것같이 아파도 병원을 뛰쳐나왔을 것 같다. 백구가 길을 건너다 차에 치였을 때는 여자아이도 백구를 빨리 찾지 못한 것이 후회스럽고 백구에게 미안했을 것 같다.

우리 집 개도 나를 따라 길을 건너다가 차 두 대에 치여서 죽지는 않고 겨우 살았지만, 그때 우리 집 개가 죽는구나 하며 속으로 울었는데 백구도 우리 집 개처럼 살았더라면 여자아이도 기뻤을 건데 개도 아이도 불쌍하다. 이런 일이 실제로 일어났으면 정말 슬펐을 것이다.

이 글을 몇 학년이 썼는지 한번 맞춰 보자. 아이마다 감정과 성숙도에 따라서 느낌을 표현하는 데 많이 차이가 난다. 실제도 생각하고 마음에서 느끼는 것과 글로써 표현하는 데 차이가 많이 드러난다. 이 글을 보통 3학년에서 6학년까지 많이 보이는 느낌 중심 글이다. 고학년 남자아이들도 이런 정도의 느낌으로 글을 풀어 낸다.

표현하는 느낌은 '좋다, 나쁘다, 기쁘다, 슬프다, 미안하다'와 같이 몇 가지 정도만 단정을 지어서 말한다. 여기에 비슷한 자기 경험을 덧붙여 '정말, 무척, 나도, 다음부턴, 부디, 꼭'과 같은 말이 따라 나온다.

독후감을 쓸 때 아이들이 자신의 감정을 표현하는 말은 생각보다 많지 않다. 그래서 나는 수업 시간에 다양한 감정을 표현하는 말을 낱말 카드로 만들어 보거나 기쁜 감정 표현, 슬픈 감정 표현을 나누어 다양한 표현을 찾는 공부도 먼저 해 본 적이 있다. 아이들 역시 살면서 다양하고 미묘한 감정을 많이 느끼지만 그것을 말하고 글로 써 본 경험이 그렇게 많지 않다. 표현을 잘하는 아이들은 일기장에 잘 드러난다. 우울한지, 삐졌는지, 착잡한지, 의심스럽거나 혹은 푸근한지, 찝찝한지, 쓸쓸한지, 따스한지, 허전한지 등등….

　독후감을 쓰기 전 책 속에서 한 가지 갈등 상황을 잡아서 주인공이 느끼는 감정을 여러 가지로 표현해 보는 시간도 있었으면 좋겠다. 줄거리의 양과 느낌의 개수보다 이런 표현을 다양하게 배우는 것도 중요하다.

사람보다 총명한 우리 친구 백구

○○○(6학년)

　아주 감동이었다. 특히 백구가 주사를 채 다 맞기 전 도망가 버리는 부분이 더욱더 감동이었다. 이 노래와 그림을 보고 떠오른 기억이 있다.

　일곱 살 때 우리 초롱이가 생각난다. 옆집 아줌마가 주신 흰색 강아지. 워낙 눈이 초롱초롱해서 '초롱이'로 이름을 지어 주었다. 정말 소중하고 조그마한 예쁜 흰색 강아지는 일곱 살이었던 나에게 큰 선물이었다. 학교 갔다 와서 초롱아라고만 불러 보면 쫄랑쫄랑 달려오던 초롱이가 생각이 났다. 내 말을 아주 잘 듣던 초롱이가 내 눈앞에서 죽었던 기억이 다시 난다. 그 당시 내가 가장 많이 했던 말은

　"나 때문이야, 나만 아니었음 우리 착한 초롱이 살 수 있었어."이다.

　언제나 그 말을 하며 눈물을 흘렸다. 이제는 6년이란 시간이 흘러서 일곱 살 때 상처로 마음 한구석에 박혀 있다가 동화 백구로 생각이 난 것이다. 내 말을 지나치게 잘 들어서 내가 차도에서 불렀을 때 우리 초롱이는 달려오다가 차에 박혀서 그만 죽어버린 것이다. 그리고 그 사고 후, 어린 일곱 살 때 나는 사흘 동안 아무 말도

못 하고 먹지도 못했다. 그리고 이런 생각이 들었다.

'우리 초롱이 내 말 들으려고 한 거야. 일부러 차 오는 줄 아는데 내가 실망하는 거 보지 않으려고, 실망 안 시키려고 차 오는 줄 알면서도 온 거야. 그럴 거야.'
라는 생각을 수없이 많이 하였다.

동화 속 백구의 주인 마음이 충분히 공감도 가고 우리 초롱이랑 백구는 천국에서 행복하게 살았으면 좋겠다.

이 글은 책을 읽고 자신이 겪었던 일이 생생하게 생각나, 자기 경험을 중심으로 써 놓았다. 책이 자신의 경험을 드러내는 촉매 역할을 해 일기 글처럼 술술 풀어서 썼다. 이렇게 쓰는 아이들도 자주 보인다. 이런 글은 쉽게 쓰이고 쉽게 읽힌다. 편하다. 생생하기도 하다. 이런 상황을 겪은 아이들은 할 말이 많다. 쓰면서 울기도 하고 웃기도 한다. 겪어 보았기 때문에 자신감 있게, 생생하게 말한다. 할 말이 많기 때문이다. 말한 그대로 쓰게 하면 글이 풍부해진다. 독후감 쓰기를 지도할 때 자주 쓰는 방법이 아이들에게 말을 많이 하게 하는 것이다. 자기가 겪은 일이면 말이 더 많아진다. 그래서 어릴 때일수록 아이들에게는 다양한 경험과 생각, 감정이 필요한 것이다.

어릴 때는 표현할 수 없어 풀지 못한 마음속 감정들이 다양한 감정의 말과 글을 배우면서 이런 기회에 드러난다. 표현하면서 그때 몰랐던 감정과 생각이 이해되고, 자연스럽게 치유되는 효과도 있지 않겠는가.

강아지 똥

송서희(6학년)

강아지 똥은 1학년 때부터 많이 보던 책이다.

강아지 똥은 참새, 닭들에게 놀림을 받아 불쌍하지만, 그래도 강아지 똥은 착한 똥 같다. 강아지가 똥을 싸고 나서 강아지 똥 이야기가 펼쳐지는데 놀림을 받은 강아지 똥은 너무 힘들어 하는 것 같다. 우리 생활에도 외모가 자기 마음에 안 든다고, 성격이 자기 마음에 안 든다고 애들에게 놀림을 많이 받는 애들이 있다. 하지만 내가 생각할 때는 겉모습만 봐서 놀리는 경우가 더 많은 거 같다.

그리고 참새나 닭 등은 왜 강아지 똥을 놀리는지 모르겠다. 자기도 안 씻어 더럽고, 자기도 똥을 싸면서도 더럽다고 "에이~더러워"라며 말을 하는데 그렇게 더러우면 말을 하지 말고 그냥 가던 길이나 가던지. 왜 가던 길 안 가고 더럽다고 말을 해서 강아지 똥의 마음에 상처받는 말을 하는지 모르겠다. 하지만 강아지 똥은 비록 마음에 상처가 있고 다른 동물들에게 놀림을 받았지만, 마지막에는 자기를 민들레에 주어 비료로 되어 도움을 주었듯이 우리 생활에도 놀림을 받는 애들도 커서는 훌륭하고 우리나라에 도움을 주는 훌륭한 사람이 될 것이다. 절대 희망을 버려서는 안 된다.

사람은 모두 같은 사람이고, 동물은 다 같은 동물인데 왜 놀리는지 답답하다. 사람마다 다 못 하는 일, 할 수 없는 일이 있는데 그거 하나 못한다고, 놀리고 참 알 수가 없다. 차별하지 말고 놀리지도 말고 그냥 자기 친한 친구 대하듯이 대해 주었으면 좋겠다. 그리고 못 하는 거, 할 수 없는 게 있으면 따듯한 마음으로 감싸 안아 주어야 할 것이지 왜 놀리는지 까닭을 알 수 없다. 희망을 품으면서 차별하지 말고 놀리지도 말았으면 좋겠다.

《강아지 똥》은 저학년이 읽는 책으로 여기기 쉽다. 하지만 고학년이 되어 다시 읽어도 좋은 책이다. 평생을 두고 다시 읽고 싶은 책이기도 하다. 저학년 때와 고학년 때의 차이점은 그사이에 많은 사회적 관계와 경험이 있었다는 것이다. 그래서 해석을 달리하고, 더 깊이 있고 다양한 예를 들 수 있다. 어른이 되어서 다시 《강아지 똥》을 읽는다면 또 다른 해석과 분석, 경험이 드러날 것이다. 같은 책을 해마다 다시 읽고 독후 감을 써 보자. 그동안 써 놓은 것과 비교해 보면 성장한 자신의 생각이 보일 것이다.

05 의견, 분석, 주장 중심 독후감

책 내용에 대해서는 공감하지만, 모두 자기가 겪어 본 문제는 아닐 것이다. 하지만 간접적으로 사건을 느끼면서 자기 의견과 주장을 내세우기도 한다. 공통점과 차이점을 찾아서 분석하며 나름대로 판단을 내리기도 한다.

의견과 주장이 자연스럽게 나오는 독후감에는 생각을 많이 했다는 것을 느낄 수 있다. 줄거리보다는 책 전체 내용을 가늠하는 눈이 보인다. 왜 이런 책을 썼을까 하는 근본적인 고민을 한다.

나라면 어떻게 할 것인지, 현재의 자기 판단도 남겨 보자. 어른이 되어서 이 글을 읽는다면, 십중팔구 좁은 생각이었다는 생각이 들 것이다. 그만큼 어른이 되면서 많은 경험이 쌓이며 이해의 폭이 넓어졌기 때문일 것이다.

현재는 미래보다 아는 범위, 겪는 범위가 좁기 마련이다. 그러나 누구나 넓혀 가면서 성장한다. 꾸준히 배우고 실천하면서 생각의 범위를 넓혀 간다. 그런 의미에서 지금 쓰는 독후감 역시 성장했음을 확인할 수 있는 자료가 된다. 현재의 생각과 의견을 남기는 기록이 중요하다.

똥 같은 사람이 되자!

박○○(6학년)

나는 '강아지 똥'이란 책에 대하여 말을 해 보려 한다.

강아지 똥은 아주 못생기고, 하찮은 존재였다. 하지만 강아지 똥과 같은 못생긴 사람이 있어야 잘생긴 사람이 있을 수 있고, 그 잘생긴 사람이 자신에 자신감과 아름다움을 가질 수가 있다. 이런 것도 남을 즐겁게 하는 일 가운데 하나이니 '배려'가 될 수 있지 않을까?

요즘 사회에서는 강아지 똥과 같은 사람이 없어서 문제인 것 같다. 아름답고, 못생긴 게 아닌 자신이 남보다 모자란 점이 있어도 꿋꿋하게 견디며 자신이 필요한 곳은 찾지 않고, 노력도 안 하고 사고가 아닌 '자살'을 시도하는 것이다.

이에 비해서 강아지 똥은 남들의 구박과 천대를 받으면서도 포기하지 않고 자신이 필요한 곳을 찾아 민들레를 만나 거름이 되어서 자신의 몸을 녹이며 하나의 생명을 탄생시키는 아주 위대한 일을 하였다.

이렇게 따져보면 사람보다 똥이 낫다. 아니, 사람이 똥을 닮아야 한다. 생각해 보자. 솔직히 우리가 직장을 잃거나 사기를 당하면 70% 정도 사람이 무조건 포기를 하지 않는가? 특히 우리나라가 더욱 그렇다. 이 좁은 땅과 적은 인구를 가진 우리나라가 전 세계에서 자살 순위, 교통사고 발생 순위가 1, 2위를 다투는 정도이다.

'강아지 똥'이라는 그림책 하나가 우리 사회에 아주 큰 변화를 이루면 좋겠다. 네다섯 살이 읽는 그림책 수준이 아니다. 그냥 대충 보면 유치할 수도 있지만 그림과 글을 하나하나 보며 생각을 해 보자.

'나는 과연 이런 상황에서 어떻게 할 것인가?'

나는 이 책을 필독도서로 선정하고 싶다. 결론은 이 세상에 장점

없는 사람은 없다. 자신이 모자라더라도 포기하지 말고 자기 장점을 잘 활용하여 우리 사회에 능력을 기부하고 즐거운 삶을 살도록 노력 좀 하자!

자기주장에는 그에 따른 근거와 사례가 뒷받침된다. 책은 읽었지만, 그 근거는 줄거리보다 주변 생활에서 찾는다. 책은 그렇게 주장하게 된 불씨 역할을 한 셈이다. 이 독후감에서는 줄거리를 거의 소개하지 않아, 《강아지 똥》을 읽지 않는 사람에게는 궁금증을 준다. 궁금증을 갖게 하는 것도 독후감의 한 가지 역할이 아닐까 생각해 본다. 글쓴이를 저렇게 성찰하게 하고 주장하게 만든 책이라면 꼭 한 번 읽어 봐야겠다는 마음이 들지 않을까. 독후감은 이렇게 줄거리가 없더라도 충분히 사람들의 마음을 움직일 수 있다.

하늘말나리

박○○(6학년)

미르, 바우, 소희는 각각 성격, 그리고 살아가는 환경 등이 다르지만, 부모님이 돌아가시거나 이혼으로 떨어져 있다는 공통점이 있다. 미르는 엄마와 아빠가 이혼해서 진료소장이 된 엄마랑 같이 달밭마을에 와서 산다. 그리고 바우는 엄마가 돌아가셔서 아빠랑 산다. 소희는 할머니랑 사는데 어른스럽다. 이 세 친구는 여러 가지 일로 마음의 상처를 많이 받았을 것이다.

요즘 많은 사람의 이혼이 늘어 가는데 그 때문에 상처받는 아이들은 정말 무엇이냐는 생각이 들었다. 우리 주변에는 엄마나 아빠가 없는 친구들이 많다. 부모님들이 돌아가시거나 이혼으로 그렇지만 부모들은 왜 아이들 생각은 하지 않을까? 아이가 가족을 잃는 슬픔을 생각해 보면 좋을 텐데.

소희는 할머니가 돌아가신 것 때문에 또 한 번 상처를 받아서 떠나게 됐는데 바우가 소희에게 하늘말나리라는 꽃을 그려 선물로 주었다. 그때 바우는 소희에게 왜 하늘말나리라는 꽃을 그려 선물로 주었을까?

원래 나리라는 꽃은 땅을 보고 자라는데 하늘말나리는 넓은 하늘을 보며 자라서 그 꽃처럼 늘 넓은 마음을 가지고 넓게 생각하라는 뜻이 담겨 있지 않을까?

세 사람 공통점

○○○(6학년)

처음 이 책을 읽고 미르와 소희, 그리고 바우가 불쌍하다는 생각을 했다.

부모님 이혼으로 엄마와 단둘이 사는 미르, 부모님이 이혼하고 버려져 할머니와 사는 소희, 마지막으로 어머니가 죽고 아버지와 단둘이 사는 바우. 미르, 소희, 바우는 부모님이 아예 없거나 한 분이 안 계시는 그런 공통점이 있는 것을 알게 되었고, 또 이 책의 미르는 나와 비슷한 점이 있다는 것을 알 수 있었다. 우리 부모님은 내가 일곱 살인가 여덟 살에 이혼하셨다. 그리고 어머니는 어디에 계신지 모르고 아버지와 새어머니와 같이 살고 있다.

또 그때 당시에는 내가 어렸고 부모님이 이혼한다는 말을 이해하지 못했다.

만약 아버지도 나를 버리시고 소희처럼 할머니와 산다면 어떨까?

책 속의 소희는 착하고 예의 바르고 나이에 맞지 않게 어른스럽다. 하지만 나는 소희처럼 어른스럽지도 예의 바르지도 못할 것이고 고개를 늘 숙이고 소심한 그런 아이가 될지도 모른다.

나는 그때 부모님이 이혼하신 것에 대해 왜 이혼했는지 아직 모르고 있다.

마지막으로 바우는 어머니가 돌아가시고 아버지와 단둘이 살고 있는데 어머니가 돌아가신 것이 바우에게는 큰 상처였나 보다. 그 때문에 선택적 함구증이라는 병에 걸려 말을 자유롭게 하지 못하는 것이 너무 불쌍하고 안타까웠다. 그리고 바우가 미르네 어머니와 바우 아빠가 재혼하시는 줄 알고 오해했을 때 아주 귀엽다고 생각을 했다.

나도 솔직히 아버지께서 우리 어머니를 대신해 주실 분이 오셨을 때는 싫었고, 그냥 오빠와 같이 셋이서만 살았으면 좋겠다는 생각도 했다. 하지만 아버지 혼자서 농사를 지으실 것을 생각하니 힘드실까 봐 아무 말도 안 하였다. 또 아버지 혼자서 우리를 돌봐 주실 수 없으시니까…. 마지막으로 이 미르, 바우, 소희는 자신의 아픔을 잘 알기 때문에 또 다른 누군가가 자신과 똑같은 일이 생긴다면 잘 해 줄 것이라는 생각이 들었고 기회가 된다면 다시 한 번 읽고 싶다.

부모님이 없다면 어떤 어려움이 있을까?

정윤규(6학년)

만약 내가 부모님 중 한 분이 없다면 어떻게 될까? 난 지금쯤 얼마나 힘들게 살고 있을까? 난 그 한 분을 대신해서 일을 해야 할 것 같다. 그럼 얼마나 힘든 생활을 할까? 한 곳이 허전하고 부모님 두 분이 다 있는 애들이 부러워질 것 같다. 그래도 난 부모님이랑 며칠 떨어져 있는 일이 많아서 괜찮을 것 같지만, 평생 없다면 지루할 것 같고 왠지 심심할 것 같다.

그런데 미르, 소희, 그리고 바우는 부모님이 한 분씩 없다. 그리고 미르, 바우는 한 분씩이라도 있지만 소희는 부모님께 버림을 받아서 할머니와 단둘이서 산다. 정말 안 됐다. 내가 부모님이 없다면 난 내가 사고 싶은 것, 내가 가보고 싶은 곳, 내가 하고 싶은 것 이런 건 전부 다 못하게 된다. 부모님이 살고 계신다는 게 정말 다행이다. 그리고 내가 바우라면 아빠가 맘대로 그런 짓을 하면 우울증에 걸려서 죽고 싶거나 가출했을 것이다. 하지만 지금은 정말 행복하다고 생각한다. 난 우리 엄마, 아빠, 그리고 내 동생이 다 있기 때문이다.

이 이야기 주인공 셋은 부모님이 한 분씩 없거나 버림을 받았다. 아마 이런 생활에서 바우는 소장님과 자기 아빠가 다시 재혼할 거라고 믿는다. 나는 이런 점을 봐서 부모님이 계시지 않는다면 내가 생각하는 관점도 달라질 것 같은 느낌이 들었다. 그런데 바우는 소장님과 자기 아버지가 재혼한다면 왜 허락을 하지 않을까?라는 생각이 많이 들었다. 만약 바우네 아버지가 소장님과 결혼한다면 지금보다 더 좋을 수도 있다. 가족이 생겨 더 이야기를 나눌 수 있지만 왜 반대할까? 아마 재혼을 한다면 자기 원래 엄마의 묘가 잡초로 형태를 알아볼 수 없게 된다고 그렇게 반대를 했을 것 같다. 난 이런 점이 바우한테 정말 배울 것으로 생각한다. 끝까지 자기 엄마를 늘 생각하는 마음은 정말 본받고 싶다.

'너도 하늘말나리야'란 제목은 땅을 보면서 자라는 나리처럼 쓸쓸하고 쌀쌀한 느낌과 점점 미르와 바우와 좋은 친구가 되어 하늘말나리처럼 해 대신 친구들을 보며 성장하기 때문에 '하늘말나리' 꽃이란 말이 생긴 것 같다. 제목이 '하늘말나리야'인지 어저께까지만 해도 잘 몰랐는데 오늘 알게 되었다. 소희와 바우, 이렇게 헤어질 때 바우가 하늘말나리를 닮은 그림을 그려 주고 소희가 어렵게 살지만, 하늘말나리처럼 꿋꿋하게 하늘을 보며 마음을 열고 살아서 제목이 '너도 하늘말나리야'인 것 같다.

우리 주변에 이런 친구가 있다면 난 도와주고 그런 친구에게 이런 좋은 이야기를 적어 놓은 이런 '너도 하늘말나리야' 이런 책을 전해 주고 싶다는 생각이 들고, "이런 친구가 있으면 도와주어야겠다"라는 생각이 굴뚝같다. 그리고 이런 책이 많이 생기면 다른 애들한테 얘기해 주고 전해 주고 싶다.

《너도 하늘말나리》를 읽고 쓴 세 아이의 글이다. 독후감마다 등장인물들의 공통점을 짚어 낸 것을 볼 수 있다. 책 속 등장인물들의 성격과 행동을 묶어서 생각해 보고, 왜 '하늘말나리야'라고 이름을 붙였는지에 대한 고민도 보인다.

고학년 아이들이 쓰는 독후감에서는 저학년이 생각하는 수준을 한 단계 뛰어넘는 생각의 깊이와 넓이를 맛볼 수 있다. 어른이 된 것 같다. 등장인물의 삶에 대한 성찰과 통찰, 이웃 사람, 우리 사회 문제로 엮어 보면서 자기 삶을 올바르게 가꾸어 간다.

독후감 쓰기는 글을 잘 쓰기보다 자기 삶을 올바르게 가꾸어 가는 데 큰 목적이 있다.

선과 악

도진이(6학년)

장발장이 빵을 훔친 것에 대하여 용서해야 한다. 장발장은 단지 어린 조카들을 위하여 빵을 훔친 것이기 때문이다. 누구나 자기 자식들이나 가족에게 무슨 일이 생긴다면 장발장처럼 행동할 것이다. 만약 내 아버지가 배가 고파서 죽어 가고 있다면 나도 아마 장발장처럼 빵을 훔칠 것이다.

아마 '나는 훔치지 않겠지'라고 생각하고 있다면 큰 오산일 것이다. 자신의 가족이 다 죽어 가고 있는데 먹을 것이 없다면 누구나 다 훔칠 것이기 때문이다. 그래서 나는 장발장이 빵을 훔친 것에 대하여 용서해야 한다고 생각된다. 꼭 용서하라고 하면 아마 빵집 주인이 억울할 것이다. 그래서 우리는 타협을 보아야 한다는 것이다. 장발장을 용서해 주지만 빵집에서 열심히 일해야 되거나 사회에서 열심히 일하여 그 빵집 주인에게 유리를 깬 값을 돌려주는 것이다.

빵을 훔친 것과 유리를 깼다는 것으로 징역 5년을 선고받았다는 것은 너무 했다. 그리고 반대로 생각하면 장발장은 조카들을 위해 빵을 훔쳤기 때문에 장발장이 착해 보이기도 했다. 그러나 조카들에게 빵을 주려다가 19년이라는 세월을 교도소에서 살았기 때문에 장발장은 세상에 대하여 복수심이 생겼다.

여기서 장발장은 조금 잘못된 생각을 하는 것 같다. 아무리 그래도 탈옥을 시도하여 19년 동안 교도소에 있었다. 자기 잘못은 인정 안 하는 것 같아서 장발장이 왠지 이해 불능이기도 하였다. 그러나 장발장은 교도소에서 풀려나고 신부의 집에서 단단히 마음먹고 새 사람이 되기로 약속했다. 장발장은 신부와 한 약속을 지키기 위하여 열심히 일하고 새로운 마음을 가지고 일하다가 9년 뒤 한 마을의 시장이 되어 열심히 일하는 중이었다. 이런 면에서 사람들은 모두 하나씩의 꿈이 있고 그 꿈을 위하여 열심히 노력한다는 것을 깨달았다. 그리고 노력을 하면 무엇이든지 이루어진다는 것을 알게 되었다.

그러나 좋은 일이 있으면 나쁜 일도 있듯이 어떤 경찰이 시장이 범죄자인 것을 알고 신고하는데 이때 장발장은 사랑하는 여인의 딸과 함께 도망을 간다. 그러나 장발장의 여인은 죽게 되고 그 여인의 딸과 도망을 가서 잘 살다가 또다시 경찰들이 장발장을 수색하게 된다. 장발장이 가는 곳에 경찰이 있어서 장발장이 왠지 불안해할 것 같았다. 그러나 내 말이 맞았다. 장발장은 다시 교도소에 가는 것을 두려워하고 있었고 그 경찰들을 무서워하고 있었다. 이렇게 쫓고 쫓기다가 결국은 장발장이 승리하게 된다. 경찰은 법을 너무 엄격하게 따라서 스스로가 심하다고 여겨서 물에 빠져 죽었다. 여기서 조금 아쉬운 점이 있다면 경찰이 죽고 난 뒤 장발장이 어떻게 되었는지도 나왔으면 좋겠다. 왠지 이것은 게임과 같은 것 같다.

장발장처럼 서로에게 베풀며 살면 좋겠다. 이 장발장처럼 서로에게 베풀며 살아가는 사람도 우리나라에 많을 것이다. 사회봉사자, 환경미화원과 같이 이렇게 정해져서 하는 사람들도 있다. 우리처럼 평범한 사람들도 사회 봉사자가 될 수 있다.

우리 학교에서도 불우이웃 돕기를 하니까 우리도 사회봉사자가 되는 것이다. 장발장에게 배울 점은 많이 있지만, 좋지 않은 점도 있다. 딱 눈에 띄는 것이 도둑질이다. 도둑질은 나쁜 것이다. 다른 사람의 물건을 함부로 만지는 것이니 분명 나쁜 것이다. 그리고 탈옥도 나쁜 것이다. 나라면 아마 탈옥을 하지 않고 5년을 기다렸다가 다시 나오는 쪽을 기다릴 것이다. 한편으로는 '장발장이 19년 동안 감옥살이를 한 것은 당연하다.'라고 하는데 그것 또한 맞는 말인 것 같다. 탈옥과 도둑질을 하여서 19년 동안 감옥살이를 한 것이기 때문이다.

그리고 그 당시는 법률이 매우 엄격하였다고 한다. 그래서 어쩌면 장발장이 19년 동안 감옥살이를 당연히 하여야 한다. 그렇지만 조카를 위하여 훔친 것이고 또한 교도소에서 나와 착하게 살았으니 용서되어야 한다고 생각한다.

나도 이다음에 크면 경찰이 되는 것이 꿈인데 여기 나오는 경찰처럼 법대로 꼭 따르진 않을 것이다. 내가 조금만 더 생각을 해보면 더 나은 지식이 많이 보이기 때문에 꼭 법대로 따르진 않을 것이다. 그냥 장발장처럼 남에게 은혜를 베풀며 살아갈 것이다.

긴 장편소설을 읽고 쓴 독후감이다. 책에 대한 재미와 즐거움이 없다면 읽어 내기가 힘들었을 것이다. 이 글에는 자기 생각과 의견이 가득하다. 주장도 뚜렷하다. 읽어 가면서 흥분하고 조마조마하고 불의에 못 참는 마음을 함께 가졌을 것이다. 읽어 가면서 중간중간 비판적으로 본 부분도 잘 드러나 있다.

　독후감 쓰기는 자기 생각 지니기를 연습하는 좋은 방법이기도 하다. 어떤 대상(책 내용)에 대해 자기가 느끼고 생각하는 바를 마음껏 주장하면서 생각을 만들어 가는 활동이다. 그 주장이 틀리거나 올바르지 않아도 된다. 틀리면 고치면 되고, 올바르지 않으면 그 까닭을 찾아 올바른 것이 무엇인지 알면 된다.

7장
학급 문집 펴내기

01 왜
학급 문집을 만드는가?

  학급 문집은 아이들이 쓴 글들을 모아 묶은, 글 모음이다. 나는 여기에 문집은 교사와 아이들의 성장을 보여 주는 '거울'이라고 의미를 덧붙이고 싶다. 공개수업을 하거나 영상으로 녹화하지 않는 이상 수업에서 교사 자신을 객관적으로 보기는 힘들다. 설령 교사가 공개수업이나 촬영 영상으로 자신에 대해 돌아볼 기회를 갖더라도, 아이들이 제대로 배웠는지, 수업 내용을 충분히 소화했는지를 살펴보는 것은 쉽지 않다.

  아이들의 글을 모아 묶는 과정은 이런 궁금증을 풀어 가는 데 효과적이다. 아이들이 수업이나 과제를 하며 쓴 글은 아이들과 함께 공부하면서 나온 결과물로 학습 과정을 잘 보여 준다. 이러한 자료는 아이들이 서로 나눠 보며 어울려 가는 매개체이자 성장의 거름이 된다. 문집을 내는 과정에서 글을 다시 들여다보고 고치고 다듬으면서 학습 효과도 높일 수 있다. 또한 그렇게 만든 문집은 다시 수업에 활용할 수 있는 훌륭한 교재가 된다.

  학급 문집에는 아이들의 솔직한 생각과 의견, 생각, 삶이 담긴다. 그런 자료에서 교사는 아이들을 알아 가고 이해하며 반성한다. 교사로서 성장하기 위해 여러 가지 방법과 수단을 찾으면서 기존에 가졌던 생각과 마음도 바꾸어 간다. 공부할 거리, 도전할 과제도 생긴다. 현장의 생생한 공부 자료, 아이들을 끊임없이 알아 가는 자료로서의 가치가 크다.

  교사마다 수업 방법과 성향, 성장의 속도가 다르다. 아이들과 함께 공부한 기록들이 문집에 담겨 학급 교육과정을 되돌아보게 한다. 돌이켜 보면 지난 과거는 늘 서툴다. 그런 부분이 보이고, 확인도 할 수 있어 교사의 성장 촉진제가 된다. 문집은 그것을 보여 준다. 서툴고 모자란 부분이 담겨 있어 다시 도전한다. 다듬고 다시 준비하고 바꾸어 본다. 아이들의 마음, 눈높이에 맞도록 수업을 연구하고, 삶에 더 가까운 방법을 고민한다. 끊임없이 자신을 달구는 재료가 되는 것이 바로 아이들과 함께 만드는 학급 문집이다.

02 학급 문집 편집 원칙

학급 문집 편집도 내용과 형식에 따라 나눌 수 있다. 글 내용과 함께 글자 크기와 모양, 문단, 맞춤법, 그림과 같은 형식도 따른다. 따로 구분하기보다는 한데 묶어 이야기한다. 학급마다 조금씩 차이가 있겠지만, 지금까지 문집을 만들면서 우리 반만의 편집 원칙을 만들어 보았다.

(1) 학급 아이들 글을 모두 담는다

내가 어릴 적만 해도 학교 교지나 문예집에는 몇몇 아이의 대표 작품만 실렸다. 학교를 대표하는 몇몇 아이 글만 뽑아서 실었던 것이다. 그래서 내용을 읽기보다는 누구의 이름이 실렸느냐에만 관심을 두었다. 지금도 학교 신문에 몇몇 아이들 글만 실리는 경우와 비슷하다.

학급 문집에는 모든 아이의 글을 담아 함께 읽을 수 있어야 한다. 작품 중심으로 몇몇 잘 된 작품만 모아서 내는 책이어서는 안 된다. 문집의 목적은 아이들 모두의 성장을 담아 내는 데 있기도 하다. 아이들마다 성장의 속도가 다 다르다. 빠르기도 하고, 늦기도 하고, 깊기도 하고, 얕기도 하다. 현재가 그렇다고 미래까지 다 그렇지는 않다.

공부 시간에 함께 했던 경험, 솔직하고 진솔한 이야기, 각자 그 나이에 맞는 고민들을 담는다. 자기가 겪지 못한 부분을 다른 아이가 보여 준다. 나와 다른 부분은 언젠가 겪을 일이기도 하다. 고민하지 못한 것들을 다른 친구가 고민하기도 한다. 그런 내용의 공유도 문집의 큰 역할 중 하나다.

모두가 참여하는 일은 평등, 공동체, 참여 정신을 잇는 일이다.

한 사람도 빠짐없이 아이들의 고민과 생각, 생활과 문화를 담자. 모두가 참여해야 모두에게 소중한 가치가 생기고 살아난다. 좋은 글보다 모두 함께 참여하는 의미가 먼저다.

(2) 솔직한 글을 담는다

예전에는 인터넷에 떠다니는 우스갯소리나 유행어 따위를 가져와 문집에 많이 담기도 했다. 자기 생각과 느낌은 없고 어디서 들은 남의 말, 한 번쯤 웃고 넘길 말을 모아 자랑삼아 쓰기도 했다. 갑자기 급하게 만든 문집에는 남 보기 좋은 글에 신경을 많이 쓴다. 무엇인가 있어 보이는 글, 잘된 글을 내야 한다는 마음에 무슨 성공담이나 좋은 일, 착한 일만 담았다. 이런 글만 모이면 재미가 없다. 읽고 싶은 문집이 아닌 문집을 만들기 위한 문집이 되어서 자기 글만 확인하고 잘 보지 않게 된다.

어떤 아이는 자기 삶이 드러나는 것을 부끄럽게 여긴다. 그러나 문집은 잘된 것, 모범적인 것, 자랑할 만한 것만 '드러내는 자리'가 아니다. 솔직한 현재 모습과 고민, 희망, 도전이 다 소중하다. 삶을 찾아야 한다. 그게 글 쓰는 사람의 마음가짐이다. 글로 쓰지 않더라도 생활을 찾는 노력은 끊임없이 이어져야 한다. 그 생활이 말이 되고 글이 된다.

평소에도 글은 정직하고 솔직하게 써야 한다. 부끄럽고 힘들고 짜증 나는 일, 욕하고 질투하고 싶고, 남에게 보여 주기 싫은 것도 솔직하게 털어 내고 받아 주는 것부터가 글쓰기의 시작이다. 솔직하게 한 말을 버릇이 없다고 나무라면 아이들은 말문과 함께 마음의 문도 닫아 버린다. 말로 풀지 못하면 쌓여서 언젠가 터진다. 말보다 행동이 앞서 문제가 일어난다. 그래서 더욱 아이들 말을 잘 들어 주어야 한다. 그리고 말한 그대로 글로 쓰면 된다.

(3) 쉬운 말로 쓴 글을 담는다

어떤 사람은 글에 어려운 말과 내용을 일부러 섞어 넣어 자랑삼으며 뽐내기도 한다. 그러면 말과 글이 어려워진다. 정말 많이 배우고 익힌 사람은 쉬운 말로 이야기한다. 말도 쉽고 글도 쉬워서 많은 사람을 이해시키고 따르게 한다. 아는 척, 잘난 척도 하지 않는다. 누구나 쉽게 쓸 수 있다. 자기 이야기, 자기 생각을 솔직하게 쓰면 된다. 말이 어려우면 그것을 듣는 사람도 이해하기 어렵다. 글도 마찬가지다. 말처럼 쉬워야 한다. 누구나 알아듣는 쉬운 말로 써야 한다.

학기 말 아이들에게 종이 한 장을 주면서 언제까지 글을 써 오라고 하면, 인터넷을 검색하여 복사하고 붙이기를 반복하여 짜깁기한 글을 많이 볼 수 있다. 그런 형태의 글은 평소 학급에서 하는 프로젝트 학습, 모둠별 보고서 쓰기, 발표 수업 때도 가끔 본다. 남의 글과 의견을 가져오는 것까지는 괜찮은데, 참고가 아닌 그대로 따 와 읽어 버리기 형태의 발표가 되어서 문제다.

발표 내용도 어른들이 쓰는 전문 용어를 그대로 읽어서 스스로도 무슨 뜻인지 모르고, 따져 물으면 말을 잇지 못한다. 다른 곳에서 정보를 가져왔더라도 제대로 소화시켜 자기 말로 써야 한다. 자기가 알아들은 말, 친구들이 알아들을 수 있는 말로 만들어 발표하면 당당하게 글을 보지 않고도 말할 수 있다. 말한 그대로 글로 남기면 된다.

(ㄴ) 아이들이 직접 그린 그림을 담는다

학급 문집에는 글과 함께 그림도 담긴다. 그림에는 아이들이 글 내용과 관련하여 직접 그린 그림과 글 사이에 들어가는 그림, 곧 삽화가 있다. 아이들에게 삽화를 그리라고 하면 컴퓨터 자체의 클립아트나 인터넷에 떠다니는 그림을 복사해서 끌어다 쓰기도 한다. 그런 그림은 자기 그림이 아니다. 학급 문집의 주인은 학급 아이들의 것이다. 잘 그리고 못 그리는 것은 문제가 되지 않는다. 중요하지 않다. 아이들이 쓴 글에 아이들이 그린 그림을 담고, 글과 그림이 어울리면 더 재밌게 된다. 자기 글과 그림이 담기면 주인 의식이 생기고 자기 것이란 생각이 더 깊게 든다. 글 사이사이 들어가는 삽화도 예쁜 그림을 골라 붙일 게 아니라 글에 어울리는 상황을 직접 그려 넣으면 좋겠다.

학기 초부터 학급 문집에 아이들이 직접 그린 그림을 넣어야겠다는 마음으로 아이들 그림을 모으지 않고 있다 문집을 만들다 보면 결국 예쁘게 꾸미기 좋은 클립아트 그림을 사용하게 된다. 인터넷에서 공유되는 그림들과 비슷비슷해진다. 물론 때로는 그런 그림들도 필요할 때가 있다. 그런 그림은 아이들의 글이 아닌 곳에 쓰면 된다. 학기 초에 아이들이 직접 그린 그림을 평소에 모아 둔다는 계획을 세워 두는 게 필요하다. 미술 시간에 그린 작품도 필요할 수 있지만, 평소 글을 쓸 때 글과 어울리는 그림을 직접 그리게 한다. 평소 글쓰기 때 못했다면 나중에 문집 글로 정한 다음 다시 글을 읽고 상황에 맞게 그림을 그리면 된다. 자기 손으로 쓰고 그린 작품이 많을수록 문집은 더욱 간직하고 싶은 소중한 책이 된다.

(5) 아이들에게 자기 글을 고칠 기회를 준다

문집에 담는 글은 아이들 각자가 지금까지 쓴 글 가운데 대표 작품들로 가려서 뽑아 낸 것이다. 과거에 썼던 글을 다시 읽어 보면 내용도 새롭고 깊이가 다르게 느껴지기도 한다. 그때는 보지 못한 부분이 드러나게 된다. 그러면 거기에 자신의 새로운 생각을 덧붙이기도 한다.

아이들이 자기 글을 고칠 때는 다른 친구들 작품을 함께 보게 하면 도움이 된다. 그러려면 교과 수업 시간에 글을 고치도록 하는 게 좋다. 맞춤법, 문법, 어법에 맞게 고치지 못해도 괜찮다. 아이들 스스로 자기 글을 직접 고치는 경험이 중요하다. 거기서 아이들은 책임감을 배울 수 있다. 함께 배우는 공동체의 마음도 더불어 익힌다.

내용과 형식은 여럿이 함께 고쳐 나간다. 뚜렷하게 자세히 쓸 부분도 찾고, 자주 틀리는 맞춤법이나 말법, 문장을 찾아 고치면서 공부한다. 개인적으로 자신의 글 쓰는 습관을 객관적으로 볼 수 있는 기회이기도 하다. 그래서 학급 문집은 한 해 한 번보다는 한 학기에 한 번, 최소 한 해 두 번 정도는 낼 필요가 있다. 처음보다는 두 번째 만들 때 내용이 훨씬 풍부해진다. 자주 틀리거나 실수한 부분, 헷갈리는 부분을 찾게 되면서 글을 고치는 힘도 길러져 배우는 기쁨을 함께 얻는다.

03 학급 문집의 종류

(1) 갈래별 글 모음에 따라

일기 문집, 시집, 산문집, 독서 문집, 환경 생태 문집, 견학 문집, 기행 문집 등 어떤 종류의 글을 모으느냐에 따라 문집도 여러 갈래로 구별할 수 있다. 일기, 시, 독서 감상문, 견학 기록문을 모아서 그 자체로 문집을 만들 수 있다. 글이 나올 때마다 복사해서 묶어 내는 것도 좋은 방법이다.

일기는 평소 아이들이 자주 쓰는 글이다. 일기에는 논설문, 설명문, 견학기록문, 감상문이 다 들어 있다. 일기 하나만 제대로 쓰더라도 교과 시간에 배운 것들을 모두 녹여 낼 수 있어, 그것만 모아도 훌륭한 문집이 된다.

시집이나 독서 문집은 한 단원을 마치고 바로 엮어 낼 만하다. 독서 문집은 적어도 책 한 권 정도는 읽어야 해서 시간이 좀 걸린다. 독서 감상문에는 줄거리 요약, 책에 대한 소개, 등장인물이나 저자에게 보내는 편지 같은 형식이 많다. 책을 사 보고 싶은 마음이 들게 자세히 쓴다. 책 읽기가 느슨해질 때쯤 다시 한 번 더 만들어도 좋겠지만, 너무 독서 문집 내는 것에 얽매이면 읽고 싶은 마음까지 해칠 수 있으니 조심해야 한다.

견학 기록문이나 보고서 형태도 행사가 끝나자마자 바로 묶는다. 학교에서 한 해 한두 번 정도는 견학이나 보고서 활동을 할 만한 상황이 생긴다. 이것도 수업 시간에 나온 결과물을 묶는다는 마음으로 하는 것이 좋겠다.

'학급살이(학급 운영)'와 아이들은 해마다 다르다. 학급 문집도 그렇다. 해마다 똑같은 학급 운영을 계획해도 그 과정과 결과는 같을 수 없다. 아이들의 눈높이와 생활이 다르면 학급에서 나오는 글이나 활동 결과물도 당연히 달라진다. 학급 문집에 실린 아이들의 결과물을 보면서 어떻게 학급 생활이 꾸려졌는지 짐작할 수 있다. 아이들의 특성, 수업에서 강조하는 부분에 따라 그 학급만의 개성이 드러난다. 반 아이들이 즐겁게 여기고, 더 깊이 배우고 싶은 부분이 생기면 그 부분이 문집에 두드러지게 돋보인다. 문집의 색깔이 드러나는 셈이다.

(2) 펴내는 주기에 따라

문집을 펴내는 주기에 따라 주간 문집, 월간 문집, 격월간 문집, 계절 문집, 학기 문집, 연간 문집으로 나눌 수 있다.

주간과 월간은 정말 빠듯하고 힘들지만, 한 사람이 한 작품씩만 묶는다고 생각하면 해 볼만하다. 아이들의 글을 자주 보고 나눌 수 있어서 교육적인 효과가 높다. 한 줄 쓰기, 시 쓰기, 책 읽고 서너 줄 남기기와 같은 학급 활동에서 나오는 결과물을 그대로 담아 낸다. 문집의 분량은 몇 장 되지 않지만 여러 아이가 쓴 글을 함께 공유할 수 있는 시간과 기회가 많다. 그래서 부담 없이 글을 쓰고, 서로의 글을 보면서 글을 보는 눈을 빨리 키우는 데 좋다. 빠듯하고 힘들어도 한 달에 한 권 정도 내는 것을 권하고 싶다.

격월간, 계간, 학기 문집은 한 학기에 한두 번, 두세 번 내는 것으로 주간과 월간만큼은 힘들지 않다. 아이들마다 한두 개 작품을 넣어서 묶어 낸다. 처음에는 서툴러도 두 번째부터 아이들이 글을 보는 힘과 참여도 가 높아진다. 주간, 월간보다는 부담이 없고 복사해서 간단히 만들어도 좋다.

학급 문집을 만들기로 하고는, 처음에 일주일이나 한 달에 한 번 만들 어 내다 힘들고 지쳐서 그다음 해부터는 '두 번 다시 하지 않는다'며 포 기할 수도 있다. 그렇다면 아예 하지 않는 편이 좋다. 문집으로 엮을 만 한 주제나 학습 내용, 글쓰기, 일기 글 따위가 충분히 찼다면 그때 도전 과 열정을 내어 보았으면 한다.

연간 문집은 한 해 한 번 내는 문집이다. 많이들 낸다. 평소에 아이들의 글을 모아 두거나 나누었던 글을 묶어서 낸다. 새롭게 쓴 글이라기보다는 이미 쓴 글들을 다듬어 묶었다는 표현이 맞을 것이다. 그래서 학년 말이 되면 아이들은 저마다 자기가 지금까지 쓴 글 가운데 문집에 실을 글을 뽑아서 고치고 다듬는 시간을 갖는다. 그런 과정 없이 문집을 위해 새롭 게 쓴다면 문집을 위한 문집 글이 되기 쉽다. 조심해야 할 일이기도 하다.

(3) 누구와 함께 펴내는가에 따라

학급 문집은 보통 같은 반 아이들이 함께 글을 모아 만든다. 그렇지만 다른 반 아이들과도 함께 만들 수 있고, 아이들 각자 개인 문집을 만들 수도 있다. 문집을 펴내는 아이들이 서로 어떤 관계를 맺고 있느냐에 따 라서도 여러 가지 문집이 있다.

옆 반 아이들과 함께 공동 문집을 만들 수도 있다. 같은 학년 아이들이 모두 참여하는 학년 문집도 가능하다. 다만 학급당 학생 수가 많은 경우 아이들 각자 참여할 수 있는 자리가 줄어든다. 잘못하면 행사용 얼굴 내기에 그칠 수도 있다. 공동 문집은 학급당 학생 수가 비교적 적어서 두 반이 합쳐도 40명 이내라면 좋겠다. 이런 정도는 한 동네에서 오랫동안 지내 온 관계여서 더욱 의미가 깊어진다.

동아리 문집은 비슷한 교육관을 가진 교사 동아리에서 만든다. 특정한 주제를 잡아 서로 다른 반 아이들을 묶어서 서로의 생각을 나눌 수 있다. 시, 주장하는 글, 논설문과 같이 같은 주제로 환경이 다른 아이들의 글을 공유해서 볼 수 있다. 교과 과정이나 학기 중에 만들면 효과가 좋다. 아이들은 또래의 다양한 의견과 생각, 관점을 나눌 수 있고, 교사들에게도 좋은 연구와 실천 거리가 된다.

모둠 문집은 한 반에서 같은 모둠에 있는 아이들이 함께 만든다. 학급 아이들이 많을 때는 모둠이 여럿 된다. 특정 주제에 대한 토론, 토의, 조사한 결과물을 정리하여 보고문 형태로 엮을 때 좋은 방법이다.

수업 시간 미리 문집으로 만들어 글을 발표하면 좋겠지만, 모든 것을 이렇게 문집으로 만들지는 못할 것이다. 여러 가지 표현 방법이 있으니 골고루 쓴다. 아이들과 호흡을 맞추어 꾸준히 하는 것이 중요하다.

개인 문집은 '포트폴리오' 형식으로 한 해 동안 쓴 자기 작품을 모아 그대로 묶어 낸 것이다. 표지와 인사말, 몇몇 부분을 챙겨 넣으면 개인 작품집이 된다. 평소 자기 개인 파일 철에 모아둔 작품을 묶기만 하면 된다. 단점은 자기 작품만 담긴다는 것이다. 그래서 개인 문집은 개인 문집대로 묶어 내고 학급의 전체 아이들 작품을 볼 수 있는 문집을 따로 만들기도 한다.

04 학급 문집에 담기는 내용

학급 문집에는 학급 아이들이 함께 한 고유한 경험이 담겨야 한다. 평소 수업 시간에 쓴 글들을 보면, 그런 내용을 쉽게 찾을 수 있다. 그래서 평소에 아이들 글을 잘 챙겨 두어야 한다.

학급 문집에 담기는 내용에 따라 학급의 특색과 빛깔이 보인다. 여기에 그동안 내가 가르친 학급에서 만든 문집에 주로 담은 내용을 교과, 행사, 학급 활동, 기타로 나누어 보았다.

- 교과: 모둠별 발표 자료, 토론 · 토의, 프로젝트 학습
- 행사: 현장학습, 수학여행, 체험학습
- 학급 활동: 주말 과제, 학급 책 읽기, 방학 과제물, 학급일지, 일기, 학급 특색(시, 생활 글쓰기, 마주 이야기, 그림책 등)
- 기타: 기획, 설문(앙케트), 선생님 글, 학부모 글

교과는 평소 수업 시간에 활동하면서 나온 글이다. 수업 시간 모둠별 과제나 발표 자료를 정리하여 모아 둔 자료다. 발표 뒤 문집에 실을 수 있게 글을 다듬어 두거나, 발표하고 나서 바로 보고서 문집 형태로 낸다.

행사에는 현장학습 보고서, 독후감 대회, 수학여행, 체험학습에 관련된 글을 모은다. 행사가 있을 때는 미리 교육과정과 엮어 활동할 수 있

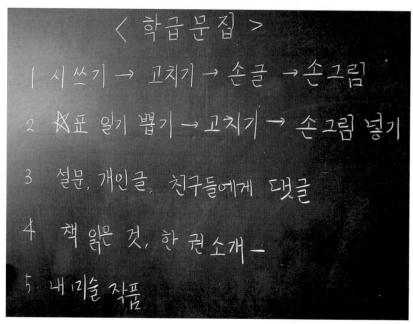

문집에 담을 글을 골라 고치는 시간을 갖도록 한다.

도록 재구성하는 게 좋다. 행사를 위한 끼워 맞추기식 글은 아이들의 삶
이 묻어나지 않아서 재미가 없다. 실적을 위한 글이 안 되도록 한다.

특색이 있고 빛깔 있는 글은 학급 활동에서 많이 나온다. 삶을 가꾸는
글쓰기 활동이 많으면 생활이 담긴 글이 많고, 환경 프로젝트나 상담 활
동이 많으면 환경, 상담 자료가 많이 담긴다. 학급 문집을 보면 그 학급
의 특색이 드러난다.

그 밖의 글에는 기획이나 설문 조사 글, 교사와 학부모 글 등이 있다.
학급 문화에 교사와 학부모의 역할도 있다. 교사의 수업 일기, 생활 글,
학부모가 아이들에게 보내는 편지, 참여 글도 문집의 가치를 높인다.

미리 다른 문집에 실린 글을 읽어 보고 어떤 글이 실리는지 알아보는 시간을 갖는다.

　문집 만들 계획을 세웠으면, 가장 먼저 어떤 글들이 문집에 실리는지 아이들에게 미리 본보기글을 읽게 한다. 학기 초에 여러 가지 문집에 담긴 글이나 실제 문집을 일게 하는 것도 방법이다. 우리 반에는 아이들 수만큼의 문집이 있어서 해마다 한두 시간 정도 문집을 읽는 시간을 가진다. 학급문고처럼 언제든 뽑아서 볼 수 있도록 교실 한편에 늘 꽂아 둔다. 선배들이 낸 문집 글은 아이들에게 좋은 본보기가 된다. 나는 해마다 문집을 내기 때문에 아이들에게 보여 줄 글이 해마다 늘어난다.

　그동안 펴낸 문집의 차례를 뽑아 보았다. 어떤 내용으로 구성되었는지 살펴보니, 학급살이에 따라 그 내용에서 차이가 난다.

　교사 새내기 시절에는 모둠 활동이 많았고, 다음은 갈래별 글쓰기, 나중에는 일기, 시, 개인별 일기, 자기 꿈에 대한 글로 펼쳐지는 모습이 보였다. 연도별로 차례만 훑어봐도 당시의 학급살이 중심이 무엇이었는지 생생하게 떠오른다.

[2000년 여름 호 키난뚱홀] 6학년	[2000년 겨울 호 키난뚱홀] 6학년

1. 겪은 일 솔직하게 쓰기
2. 들은 대로 쓰기
3. 말한 대로 쓰기
4. 글쓰기 과제
  ▶ 30분 동안 주위 소리 새겨듣고
  ▶ 나는 누구일까?
  ▶ 태몽 이야기 듣고
5. 우리 반 홈페이지에 실린 글
  ▶ 우리들 소리
  ▶ 방명록에서
	1. 땀샘 일기장
	2. 살아 있는 시 쓰기
	3. 숙제 다했습니다.
	  ▶ 맨발로 걷기
	  ▶ 눈 감고 지내기
	  ▶ 말 않고 지내기
	4. 글쓰기
	  ▶ 말 때문에 생긴 일 쓰기
	  ▶ 격언이나 속담을 넣어서 겪은 일 쓰기
	  ▶ 1년 동안 가장 기억에 남는 내 일기
	  ▶ 부모님께 들은 4 · 19, 6 · 25, 올림픽 얘기
	5. 마지막 모둠 사진
	6. 우리 반 홈페이지
	  ▶ 우리 반 일지 ▶ 우리들 소리 ▶ 방명록

제10회 우리교육 학급 문집 공모 으뜸상
땀샘 학급 운영(http://chamdali.edumoa.com/munzip/munzip_main.htm)

학급 문집은 주로 한 학기에 한 번, 한 해 두 번 내었다. 2000년에 낸 학급 문집 여름 호에는 주로 일기 글을 중심으로 엮었다. 학급 활동 중심이 삶을 가꾸는 글쓰기였다. 그래서 주제별 글쓰기가 많았다. 달마다 한 편씩 자세히 쓴 일기를 모아 복사해서 글모음을 내었는데, 그 가운데 몇 작품을 골라 학기 말에 다시 문집으로 엮었다.

겨울 호에는 여기에 시 쓰기와 학급 홈페이지에 올렸던 글을 넣었다. 평소 쓴 글을 홈페이지에도 올려서 나눈 자료를 모은 것이다. 학급 운영 주제가 글쓰기인 게 드러난다.

[2001년 여름 호 땀샘반 이야기] 6학년	[2001년 겨울 호 땀샘반 이야기] 6학년

※ 주말 과제 전체 보기
  1. 30분 동안 눈감고 있기
  2. 30분 동안 말 않기
  3. 텔레비전, 라디오, 컴퓨터 안 보기
  4. 두 끼, 세 끼 굶어 보기
  5. 설거지하기
  6. 한 팔 안 쓰기
  7. 청소, 빨래, 정리하기
  8. 높임말 쓰기
  9. 이런 말 듣기 싫어
 10. 듣기 싫은 내 말
 11. 가족 어릴 적 이야기 듣기
	1. 땀샘 인터넷 신문
	2. 그림으로 보는 우리 반 역사
	3. 땀샘 일기장
	4. 시 쓰기 삶 쓰기
	5. 끼리끼리 상담
	6. 이야기 느낌 쓰기
	7. 선생님 글모음

제11회 우리교육 학급 문집 공모 버금상
땀샘 학급 운영(http://chamdali.edumoa.com/munzip/munzip_main.htm)

2001년에도 주말 과제로 다양한 글쓰기를 실천해서 문집을 만들었다. 여름 호에는 주로 주제별 과제로 쓴 일기를 엮어서 만들었다. 보고 듣고 실천한 것을 솔직하게 쓰는 활동이 많았다. 겨울 호에는 이런 첫 학기 때 익힌 글쓰기로 다양한 글쓰기 활동이 이루어졌다. 신문도 만들고, 시 쓰고, 누리집에 또래끼리 상담했던 글, 선생님이 쓴 글도 모아서 묶어 냈다.

1학기에는 주로 아이들 삶에서 글감을 찾는 공부였다면 2학기에는 다양한 활동, 스스로 글감을 찾아 적용해 보는 시간이었다. 아이들이 쓴 글이 나올 때마다 글을 다 묶어서 글모음을 만들었다. 이렇게 따지면 한 달에 한 번꼴로 작은 문집을 꾸준히 만들어 온 셈이다. 학기 말 문집은 이런 월 문집에서 실린 글을 추려서 다듬은 것이다.

[2007년 땀샘반 이야기] 6학년	[2014년 겨울 호 땀샘반 이야기] 6학년
1. 학급일지 2. 나를 소개합니다. 3. 한 그림 그리기 4. 땀샘 일기장 5. 시 쓰기 삶 쓰기 6. 글쓰기 7. 생각을 깨자. 그림책 8. 가장 기억에 남는 일 9. 사진이 있는 이야기 10. 공부 시간에 무슨 일이 11. 물어 보았습니다.	1. 거꾸로 읽는 학급일지 2. 우리 일기 3. 시 쓰기 삶 쓰기 4. 꿈을 이룬 나에게 쓰는 편지+꿈 목록 5. 기억에 남는 일 6. 나를 소개합니다. 7. 학급 설문지 8. 누구는 ○○○입니다.

땀샘 학급 운영(http://chamdali.edumoa.com/munzip/munzip_main.htm-〉 땀샘학급 살이 [학급문집] 보기

　　2007년부터는 학급 문집에 실린 내용이 거의 비슷해진다. '학급일지, 일기, 시 쓰기, 꿈을 이룬 나에게 편지'와 같이 고정되는 게 있고, 한두 가지 학급 특색에 따라 차이가 난다. 아이들과 학급운영 특색이 없어지는 듯하다. 채워지는 이야기와 내용에서만 차이를 보인다. 아이들 삶을 드러낼 수 있는 방법은 꾸준히 고민을 해 봐야 한다. 아이들과 소통하는 방법도 시대에 따라 바뀐다. 하지만 그 안에 담기는 이야기와 고민은 비슷하다. 수단과 방법은 달라도 그 근본은 쉽게 바뀌지 않는다.

05 알맞은 글, 어울리는 그림

   나는 해마다 학급 문집을 만들면서 여러 가지 글을 문집 안에 담아 보았다. 문집을 만드는 횟수가 늘면서 워드프로세서가 아닌, 직접 손으로 쓰고 그리는 활동이 조금씩 많아졌다. 여전히 워드프로세서 작업이 많기는 해도 손맛이 들어가는 문집은 남다르다. 교과나 행사 글 말고도 다양한 방법으로 아이들 글과 그림을 살리는 데 초점을 두고 나 나름대로 알맞은 방법을 추천한다.

(1) 이런 글을 담아 보자

1) 손으로 쓴 글씨 살리기

   정성스러운 손 글은 한눈에 들어온다. 정감이 있다. 천천히 쓰면서 생각도 더 넓어질 것이다. 요즘은 거의 컴퓨터로 글을 쳐서 많이 담는다. 글의 양을 많이 담을 수 있어 경제적이고 효율적이지만, 어느 한 부분은 손 글씨를 살리면 좋겠다. 시, 글쓰기, 한 줄 느낌 남기기, 설문과 같은 주제는 손 글씨로 남길 만하다. 미래에 자기 손 글씨를 다시 보았을 때 좋은 추억이 될 것이다. 손 글씨는 정성이 많이 들어간다. 시간이 걸린다. 나는 공부 시간에 아이들이 발표한 자료를 모아 두었다 문집에 싣기도 한다. 모둠 공부한 것을 모아 두면 문집을 만들기가 쉽다. 그러려면 꾸준히 모으고 정리하는 것이 생활이 되어야 한다. 나는 문집용 파일

1998년 11월 12일 (목요일)   3번

〈빛나리가 된 나〉

선생님께서 사진콘테스트를 연다고 하셨다. 선생님께서 여자 아이들 몇명에게 사진을 도화지에 붙여서 꾸미라고 하셨다. 몇명 아이들중에서 나도끼여 있었다. 우선 청소부터 다 끝낸뒤 사진을 꾸며야 겠다고 생각했다. 청소를 다하고 은정이와 함께 사진을 꾸미려고 교실로 급히 갔다. 그러나 우리가 청소하는 동안 친구들이 열을 다한것이였다. 조금만 이라도 청소가 일찍 끝났으면 친구들을 도울수 있었을 텐데……
은정이와 난 친구들이 깨끗하게 꾸며놓은 사진을 차례차례 보았다. 사진이 전부 웃긴 장면들이였다.
이게 무슨 일인가?
사진을 구경하고 있는데 나의 모습이 사진속에 있는것이 였다. 예쁜포즈도 아닌 빛나리 포즈 였다.
"머리가 반짝 반짝" 이때는 너무 창피했다. 창피해서 고개를 들수 없었다. 내가 창피해 하고 있을때 선생님께서는 괜찮다고 하시며 나를 달래주셨다. 선생님께서 달래주신 덕분에 들수 없던 고개를 조금들수 있었다. 선생님께서 사진을 보시더니 최우수 상은 미녀와 야수이고 우수상은 내가 찍힌 사진이라고 하셨다. 선생님 말을 들었을 때 한편으로는 창피했고, 한편으로는 좋았다. 이제부터 사진을 찍을때는 잘 찍도록 해야겠다. 예쁜 포즈로……

손으로 쓴 글씨는 글쓴이의 정감을 잘 느끼도록 도와준다.

철을 하나 만들어서 그때그때 모아 둔다. 나중에 추려 내기만 하면 되니 편리하다.

손 글씨는 시 쓸 때 많이 쓰인다. 해마다 우리 반 문집에는 아이들 각자의 시를 한 편씩 싣는다. 한 해 동안 자기가 쓴 시 가운데 한 편을 골라서 자기 손으로 쓰고, 그림도 그린다. 완성 작품은 스캔해서 모아 둔다. 학기 말 한두 시간 정도 시를 고르고, 고치고, 그림을 넣는 수업을 한다. 한 나절 정도 걸려 시화 한 편이 완성된다. 정성을 들여야 한다.

공기
최승우

우리학급 특활시간 공기를 했다
하나편저 못받으면 아~아까워
건드리면 아씨

모르고 하나건 드리면
한번만 빅줘
떨어뜨려면 어 실수

언떤애는 떨어뜨렸는데
므~ 아니그든
건드렸는데 줄
어유 하나어더 갔어?
니안겁에
하나는?
4유에

동생
정유라

새벽에 일어나 동생방에 가보니
동생이 이불을 안 덮고 자고 있었다.
몸은 따리 튼 것처럼
둥그랗게 움츠려있었고 벌벌 떨었다.
그래서 이불을 덮어주고
혹시 깰까 바로 나왔다.

미침을 먹는데
동생이 나보고 고맙다고 한다.
엄아는 무슨 일이냐며 물었는데
우리 둘다 벅 웃고는
대답하지 않았다.

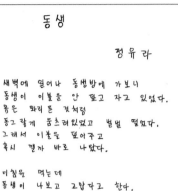

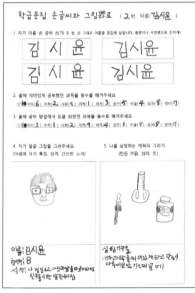

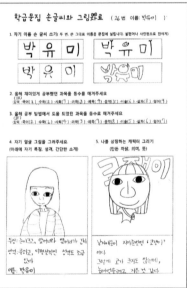

아이들의 손 글과 그림을 살릴 수 있도록 미리 학습지 형태로 모아 둔 아이들 작품들

아이들 손 글씨는 이름이나 조각 그림으로도 활용 가능하다. 머리말, 꼬리말, 차례, 찾아보기에 이름이나 제목을 직접 쓴 글로 활용할 수 있다. 조각 그림 형식으로 쓰기 위해 아이들에게 이름이나 캐릭터를 그리게 하고 스캔해서 필요한 부분만 잘라 워드프로세서에서 필요한 부분에 붙인다. 손이 많이 가지만, 조금만 부지런하면 문집 곳곳에 아이들 손맛을 느끼게 만들 수 있다.

아이들 이름은 손 글씨로 담는다. 직접 그린 그림도 함께 활용한다.

2) 여러 사람 생각 모으기(설문지)

여러 사람 생각 모으기는 학기 말에 해 볼만하다. 아이들 의견을 모두 모아 보면 재미있다. 예전에는 아이들에게 일일이 직접 쓰게 한 뒤 워드프로세서로 작업해 모았지만 요즘은 학급 누리집 게시판에 직접 댓글을 달게 해서 모은다. 먼저 남긴 친구 댓글을 보고 비슷하면 고치거나 보충할 수 있어서 편리하다. 이런 댓글도 미리 학습지에서 직접 손 글로 쓰고 나서 컴퓨터에 입력하게 한다. 이렇게 하면 생각할 시간을 가지고 또 고칠 수 있다. 똑같은 답이 여러 개 나오면 읽는 재미가 없다. 댓글로 남기면 모두 공유가 되어서 드러난다. 친구들 댓글도 읽어 가면서 생각의 폭이 넓어지고 바꿀 수도 있다. 서로 다른 의견과 생각이 있을 때 더 읽고 싶은 마음이 생긴다.

가장 기억에 남는 수업 시간

18 번○○:	수학, 수학 시간에 선생님이 칠판에 문제를 적고 무작위로 번호를 뽑아서 발표를 시키기 때문에 모든 애들이 공포(ㅅㅅ)에 떨었던 시간이었다.	2013/12/16
17 박○○:	사회, 작년까지 사회를 엄청 싫어했는데 이번 연도에 들어서 발표도 하고 그래서 사회 시간이 재미있었다.	2013/12/16
12 정○○:	영어, 영어 선생님의 발음이 좀 웃기고 화를 내실 때 '똑바로 하세요'라고 해서 웃겼다.	2013/12/16
23 이○○:	과학, 과학 시간 때 헬륨가스를 마셨던 수업이 가장 기억에 남는다. 왜냐하면 목소리가 앵앵거리고 웃겼기 때문이다. 이 수업 덕분에 친구들 모두가 웃었다.	2013/12/16

자기 특징을 한마디로 하면?

주○○:	키가 6학년 표준 키보다 작고 머리카락이 거의 허리까지 오고 글씨를 내가 생각하기에 조금 나쁘다(조금이 아니라 많이.) 또 인내심이 없다. 계획하는 것만 좋아한다.
박○○:	승부욕이 강해서 사소한 게임이라도 잘 지려고 하지 않고, 나에게 불리한 게임은 잘 하지 않는 편이다. 조용하고 차분하게 보일 때도 있지만, 떠들 때는 많이 떠든다.
유○○:	눈물이 날 정도로 웃는다. 많이 나대서 아이들한테 욕을 많이 들어 먹는다. 진지한 모습을 할 때면 아이들은 항상 웃는다. 어깨만큼 내려오는 머리와 말을 아주 자주 한다. 공부는 조금 한다.
이○○:	키가 또래에 비해 작은 편, 머리숱도 많다. 수학은 진짜 못한다. 쓸데없는 것에 잔머리를 잘 굴리고 이상한 곳에 승부욕을 느낀다. 인터넷을 붙잡고 살다보니 여러 가지 정보에 대해 잘 안다.

학급 누리집 게시판에 아이들이 댓글로 남긴 글들

3) 내 소개 글

여러 가지의 색깔을 가진, 나

○○○

　　　　6학년 ○○○이다. 키는 160cm에 몸무게는 55kg이다. 얼굴은 동글하고 눈은 크기가 보통이며 안경을 썼다. 시력은 오른쪽이 0.1, 왼쪽이 0.3이다. 코는 낮으며 머리는 눈썹까지 오고 왼쪽으로 넘겼다. 내가 생각해도 난 잘생기진 않고 그냥 평범하게 생겼다. 내 성격은 다혈질이고 잘 웃는다. 남들도 내가 욱 한다는데 나도 그건 인정한다. 내가 승부욕이 강해서 친구들과 공기놀이, 야구, 게임할 때도 지는 것을 싫어해서 항상 욱한다. 고치려고 노력해서 조금 아주 조금 고쳐졌다. 내 가족은 아빠, 엄마, 동생, 나 이렇게 4명이다. 아빠는 나랑 잘 놀아 주시고 집안일도 잘 도와주시고 자상하시다. 엄마는 솔직히 예민해서 잔소리가 조금 많은 편인데 우리 아침을 챙겨주고 저녁 반찬을 일하러 가시기 전에 만들어 주시고 집 안의 청소를 하신다. 마지막 동생은 그냥 논다. 내 습관은 다리를 떨고 손톱을 깨무는 것이다. 그래서 엄마에게 핀잔을 많이 듣는다. 단점은 밝고 눈치가 없다. 그래서 눈치가 없어서 많이 혼난다. 내 취미는 야구. 그래서 항상 주말이나 시간이 나면 밖에 나가서 야구를 한다. 나는 싫어하는 것 다 빼기 때문에 콩, 파프리카, 빼고는 거의 다 잘 먹는다. 내 꿈은 야구선수, 경찰, 판사 3가지인데 내가 가장 되고 싶은 꿈은 야구 선수이다. 내 모델인 박찬호 선수처럼 미국에서 내 공을 던져 보고 싶기 때문이다.

○○○에 대한 탐구 보고서

○○○

내 생김새는 일단 머리카락은 원래 살짝 곱슬기가 있었는데 머리를 잘못 자르는 바람에 끝이 약간 파마가 된 롤링 자갈이 되어 버렸다. 길이는 단발에서 좀 길어서 이젠 어깨까지 온다. 머리색은 고동~검정인데 검정에 좀 더 가까운 편이다. 얼굴은 긴 편이다. 턱이 긴 게 콤플렉스다. 쌍꺼풀이 있는데 한쪽은 진하고 한쪽은 약간 풀려서 짝짝이다. 가끔씩 피곤하면 똑같아진다. 보라~검정이 섞인 안경을 썼고 보조개가 있다. 피부색은 전형적인 동양인의 약간 노란 피부다. 속눈썹은 짧고, 촌병 때문에 볼에 홍조가 있다. 키는 좀 큰 편이다. 손이 다른 애들에 비해서 길고 크다. 최근 들어서 살이 엄청 쪘으며 꾸준히 찌고 있다. 내 성적은 한때는 높은 상위권이었지만 날이 갈수록 낮아지고 있다. 뇌가 퇴화되고 있는 것 같다. 성격은 친구 정 모양의 말을 빌리자면 털털하고, 아무한테나 돈을 잘 빌려준다고 한다. 애들을 놀리고 장난치는 것을 즐기는 편이다. 성격이 좀 딱딱해서 돌직구를 날리기도 하고, 위로를 잘 못한다.

내 버릇, 습관은 강박증이 약간 있다. 색연필, 책들은 무지개 빨, 주, 노, 초, 파, 남, 보로 순서대로 정리되어 있어야 하고 번호대로 책이 꽂혀 있지 않으면 신경이 쓰인다. 그리고 깔 맞춤을 좋아한다. 그리고 손가락으로 나도 모르는 사이에 책이나 책상을 두드리고 있다. 친구 이 모양의 말로는 굉장히 시끄럽다고 하는데 나는 잘 모르겠다. 손톱을 물어뜯을 때도 있고 낙서를 많이 해서 교과서나 공책에서 낙서가 없는 페이지를 찾기가 하늘의 별따기만큼 힘들다. A형인데 그다지 A형의 성격은 아니다. 혈액형 성격은 나에게 잘 맞지 않는 것 같다.

자기소개 글은 학기 초에 해 볼만하다. 자기 취미, 이름 삼행시, 살아온 정보 따위를 학기 말에 나열하는 것은 별 의미가 없다. 학기 말이라면 한 해 동안 살아온 삶을 기록하거나 자기 고민, 꿈이나 성격의 변화를 써 볼만하다.

6학년이라면 초등학교 시절을 통틀어서 어떻게 살았는지, 어떤 고민을 했는지 써 놓으면 좋겠다. 나중에 어른이 되었을 때 자신의 생김새뿐만 아니라 생각과 가치관도 함께 살펴볼 수 있다.

4) 친구에게 한 마디씩 남겨 주기

이런 활동을 롤링페이퍼라고도 한다. 종이를 돌려 가면서 친구들에게 한 마디씩 남긴다. 미리 친구들에게 할 이야기를 적어서 인쇄하기도 하고, 칸만 비워 두었다 문집이 나오면 직접 써 주기도 한다.

친구마다 서로 다른 말을 써 주는 아이가 있는가 하면 장난삼아 욕하거나 단점만 꼽아서 써서 기분을 상하게 하기도 한다. 되도록 서로 좋은 말, 칭찬하는 말, 장점, 힘을 북돋아 주는 말로 쓰게 한다. 우리 반도 처음에는 빈자리를 만들어 두었다가 문집이 나오면 동그랗게 둘러 앉아

문집이 나온 뒤 친구들에게 남기는 말을 쓸 수 있게 만들었다.

친구들에게 남기는 말은 친구의 장점을 잡아서
써 주도록 한다.

문집에 친구들에게 남기는 말을 적는 데 한두 시간이 걸린다.

돌려 가면서 써 주었다.

요즘은 학급 누리집 게시판에 아이들 각자 이름을 올려서 모두 댓글을 달아 주는 수업을 한다. 자기 댓글만 달고 다른 사람 댓글을 보지 않으면 같은 의견이 많이 생긴다. 그래서 먼저 댓글을 단 사람 뒤부터는 되도록 앞 사람이 낸 의견에 다른 관점으로 본 특징을 잡아 쓰게 한다. 같은 의견을 최대한 줄여 반 친구에 대한 깊은 관찰과 관심을 갖게 한다. 두 번의 학기 말에 똑같은 활동을 해 보면 바뀐 성격과 특성이 보인다.

선생님은 ○○○ 이다.

- 최○○: 장점과 단점을 가득 채운 어른/ 다른 애들을 가르칠 때에는 집중하며 화도 내지만 재미있는 선생님
- 이○○: 책벌레/ 늘 우리에게 책을 강조하시고 책 사는데 돈도 아끼시지 않고 좋은 책을 항상 권해 주심
- 백○○: 화산/ 평소에는 휴화산 같이 조용 하지만 우리 반 아이들이 잘 못하면, 활화산이지만, 공룡을 멸망 시켰을 듯한만큼 화를 내기 때문이다.
- 김○○: 천국과 지옥을 왔다 갔다 하는 선생님/ 어쩔 때는 우리에게 잘해주시고 우리를 웃게 해주시는데 어쩔 때는 엄청 무섭고 다 부셔서 안 좋을 때도 있다.
- 박○○: 물변/ 같이 학교생활을 할수록 점점 좋은 마음이 채워지는 느낌이 들어 좀 더 좋아지는 거 같아서 그렇다. 가끔씩 웃겨줘서 편한 모습으로 다가오는 거 같은 데 화를 낼 때는 무섭다.
- 김○○: 완벽주의자/ 한번 말한 일은 끝까지 하고 절대 포기를 못한다. 어떨 땐 싫을 때도 좋을 때도 있지만 본받을 점이 수없이 많다. 항상 힘이 넘치는 모습을 본받고 싶고 포기를 모르는 마음가짐을 가지니깐 보기 좋다. 그리고 완~~전 똑똑하다.

---

26. 정★★ 는 ○○○ 이다.

- 안○○: 햄스터/ 햄스터처럼 눈이 크고, 뛸 때 햄스터같이 뿔뿔뿔 기어 다니는 것 같다. 햄스터가 무는 것처럼 입 앞에 손가락을 대면 먹으려 한다.
- 윤○○: 곤충/ 머리가 더듬이처럼 양쪽으로 갈라져 있고 머리가 작아서
- 지○○: 영어를 잘 한다. 영어 시간 때 뭐든지 발표를 다 잘 해서
- 최○○: 어떤 일에도 최선을 다하는 6학년 4반 애/ 숙제를 하더라도 정확하게 해고 모둠활동을 할 때에도 적극적이게 열심히 잘 하기 때문
- 백○○: 발차기/ 수업 시간에 내 의자에 계속 발차기를 하고 솔직히 조금 아프기도 하다. 자리를 바꾸고 싶다는 생각도 해 보았다. 어쨌든 다리 힘은 좋은 것 같다.
- 안○○: 이상한 사람/ 공부를 잘한다. 맑은 것 같은데 정색을 한다. 정색 왕이다. 그리고 자기가 때려 놓고 자기가 아프다고 하고 그렇게 사람을 짜증나게 만든다. 엄청 좀 짜증나는 애이다.
- 이○○: 빛나는 별/ 항상 나를 감싸 주고 배려해 주는 친구이고 내가 모르는 게 있으면 언제든지 가르쳐 주는 나의 소중한 친구

학급 누리집 게시판에 올려놓은 이름 밑에 댓글을 달게 하면 학급 친구들의 성격과 특성을 알 수 있다.

(2) 어울리는 그림을 그려 보자

1) 자세히 그리기

자신의 삶과 관련된 이야기나 사물 등을 자세히 그리게 하면 관찰력뿐 아니라 생각하는 힘도 키울
수 있다.

　자세히 그리기는 글보다 그림이 중심이다. 인상 깊은 장면이나 사물
을 꼼꼼하게 살펴서 보인 대로 솔직하게 그리도록 한다. 이호철 선생님
의 《연필을 잡으면 그리고 싶어요》(보리출판사)를 참고하면 좋다. 자세

히 그리기는 삶을 가꾸는 글과 같다. 화가나 작가처럼 그리라는 것이 아니다. 현재 자기 삶의 한 부분을 남기는 의미로, 자세히 정성스럽게 그리면 된다. 자기 생활 이야기와 사건을 담아 낸다. 인상 깊은 장면을 그리기 위해 어떤 장면을 그릴 것인지 고민하면서 보면 사물과 상황이 달리 보인다. 그림에 이야기를 담는다. 그런 그림은 두고두고 다시 보게된다.

2) 글과 어울리는 그림 그리기

일기나 시, 자기 글에 어울리는 그림은 자기가 손수 그린다. 글 내용에 어울리는 장면은 자기가 가장 잘 안다. 아이들은 낙서하듯 그리기를 좋아한다. 그렇게 편안하게 생각하고 그리면 된다. 못 그린 그림은 없다. 재주 있는 사람만 그리는 것이 아니다. 다른 사람과 비교할 필요도 없다. 현재 내가 그릴 수 있는 최대의 노력으로 정성스럽게 그리는 게 중요하다. 한 올 한 올 정성스럽게 보이는 대로, 생각한 대로 그리면 건강한 그림이 된다. 정성이 담긴 그림과 대충 그린 그림은 느낌이 다르다.

시장 아저씨

김동혁

시장에는
아줌마와 아저씨가
구석구석 우구여 앉아
물건, 음식을 판다.

"이것좀 먹고 사가이소"
"아줌마 좀 사가이소 맛있습니더"
하는 아저씨가 여러곳에 앉아 있다.

시장 아저씨는
하나라도 더 팔려고
저녁 늦게도록 장사를 한다.

시장 아줌마

김강산

시장에 어떤 아줌마는
구석에 쪼구리고
"맛있는 사과 사이소!"
소리치지만
쳐다보지도 않는 사람들......

낮이 지나고 밤이와도
아직도 없다.
날씨도 춥다.
그래도 가만히
있는 아줌마...

밤중에 장사 끝은
별로 없어도
그 아줌마는
그냥 계신다.

12월 9일 월요일 맑니

별명짓기

별명짓기 놀이를 하였다. 생각나는 별명은 지장면 집 나무젓가락
신주구슬, 보조개웃자, 옥구슬이다. 내 별명은 "수다쟁이 아줌마"다. 니
는 키다리가 되서 은빈이보다 1000m나 더 커지고 싶다. 그래서 우주
보다 더 길어져서 우주를 마음껏 구경하고 싶다.

• 수다쟁이 아줌마! 키도 많이 많이 자라고 싶으니?

10월 7일 흐림

가온을 실험다. 나 혼자할 땐 "흠바르
고 거 지위에 삳바" 라고 했시 유상이랑
한 땐 "에리마로고 음바르게 삳서"라고
나한다. 제나면 유산인 "에이바르게 삳
서" 난 언제 "에이마로고 흐바르게 삳서"로
나한다.

• 받진 기운이가 ~ 어떠기기 기운을 정확히 어떻을까?

우리가 살고 있는 경상남도 김해에서 비행기 수락사고 났다. 죽
국비행기가 한국으로. 오다가 수라캔는데 129명이나 죽었다. 그 중에서
나행인도 51명이나. 살았는데 많이 대처서 병원에서 치료중이다. 병래
비행이서 무서운 비행기가 가득이 죽어서 읍고 순쳐하는 것을 보니
비행기가 위험하게 하기 싫다는 생각이 났었다. 비행기는 빨리 갈 수
있고 일리 갈 수도 있어서 좋은데 위험한 것 같다.

11월 5일 화요일 흐림

단체법

단체법을 받았다. 처음엔 왜 우리가 단체법
을 받는지 몰랐다. 하지만 곧 쓰레기 안 줍
고 정리를 안 해서 그랬다는 걸 알았다. 맞
이 아팠다. 허리도 무섰고, 무릎, 다리, 발까
지 아팠다. 10분도 넘게 땀을 뻘고 있으니
내 몸 멍한이는 흙앉더. 나도 울고 싶었다.
참았다. 친목이 바짝 갔다. 마사고 말으니 허
리가 너 아팠다. 다음부터는 오번 받침장 쓰
고, 쓰레기 줍고, 책상 밑 사물함을 정리해야
겠다. 모이 반성한다.

글 내용에 어울리는 그림을 직접 그리게 한다.

아이들이 그림을 다 그리면 스캔해서 편집하면 된다. 예전보다 훨씬 좋은 편집 환경이 갖춰졌다. 요즘은 스마트폰으로 찍어 스캔하는 앱도 있어서 편리하다. 기술과 방법이 발전하는 만큼 우리의 노력과 도전, 열정도 발전해야 한다.

3) 추억이 깃든 물건

학기 말에는 아이들에게 기억에 남는 곳이나 물건 등도 그리게 한다. 한 해 동안 가장 많이 갔던 곳이나, 인상 깊었던 물건을 찾아서 그리도록 한다. 한 학기에 한 번씩 해 보면 의미있는 그림이 많이 나온다. 이런 그림만 모아서 그림책으로 만들어 내기도 한다.

"5학년에 들어와 내가 맡은 OHP 관리. 펴는 건 잘하지만 아직도 접을 때는 계속 긁힌다. 정말 무지 심하게 긁혀서 처음부터 겁먹고 들어가고 때론 재수 없다 생각하고 그랬지만 화면 내릴 때는 정말 재밌었다. 긁혀서 고생을 했지만 보람이 있는 것 같아 좋았다."

"내가 기타를 그린 이유가 선생님이 우리들에게 노래를 가르쳐 주시면서 기타도 쳐 주면서 노래를 가르쳐 주어서 가장 기억에 남는다. 노래를 부르면서 기타도 쳐 주셔서 노래도 기억에 남는다."

"우리 반 표지판이다. 5가 좀 삐뚤어진 것 같다. 우리 7반 표지판을 보면 땀샘반이 생각날 것 같다."

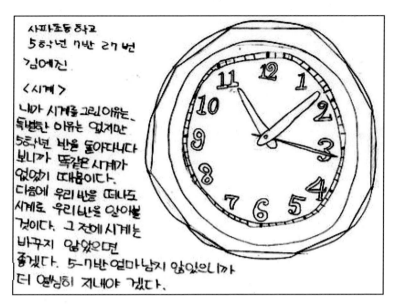

사파초등학교
5학년 7반 27번
김예진

<시계>

내가 시계를 그린 이유는
특별한 이유는 없지만
5학년 반을 돌아다니다
보니까 똑같은 시계가
없었기 때문이다.
다음에 우리 반을 떠나도
시계로 우리반을 알아볼
것이다. 그 전에 시계는
바꾸지 않았으면
좋겠다. 5-7반 얼마 남지 않았으니까
더 열심히 지내야겠다.

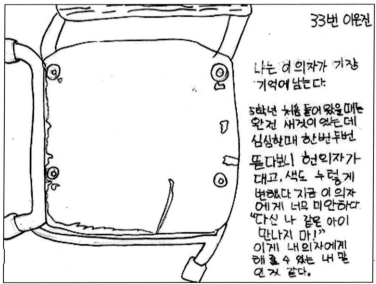

33번 이원건

나는 이 의자가 가장
기억에 남는다.

5학년 처음 들어왔을 때는
완전 새것이였는데
심심할때 한번두번
뜯다보니 헌의자가
되고, 색도 누렇게
변했다. 지금 이 의자
에게 너무 미안하다.
"다신 나 같은 아이
만나지 마!"
이게 내 의자에게
해 줄 수 있는 내 말
인 것 같다.

아이들에게 기억에 남는 곳이나 물건 등을 그리게 하고 그 이유를 적게 하면 재미있고 의미 있는
그림이 많이 나온다.

사연이 있는 곳과 물건이기에 붙여진 설명도 의미가 깊다. 자기 생각, 자기 마음이 담긴 소중한 자료다. 남들이 보지 못한 자기만의 눈과 생각이 모아졌다.

4) 그밖에 여러 가지

학급 문집은 한 반 선생님과 아이들이 함께 만든다. 한 반 수업을 위해 담임교사 말고도 전담·양호·보건·영양 교사와 같은 여러 선생님의 수고가 곁들여진다. 그런 선생님들을 빠짐없이 챙겨 보자. 한 학급이 있기까지 많은 사람과 관계를 맺고 있다는 것을 알 수 있다. 고마움을 알아 가는 공부가 된다.

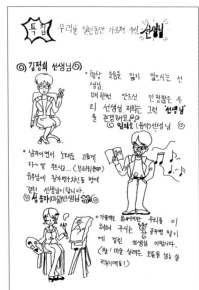

일 년 동안 수고해 주신 선생님들의 고마움에 대해서도 생각해 보게 한다.

작은 학교라면 모든 선생님을 다 그려도 좋겠다. 교장, 교감선생님까지 학교 식구 모두 다 그려 보는 것이다. 만화를 잘 그리는 아이가 대표로 그려도 좋다. 재미있게 별명을 붙여도 보고 개성껏 우리 반만의 그때 그 시절 추억을 담아 보자.

같은 주제 아래 학급의 모든 아이가 참여하면 의미가 더 커진다.

〈나의 꿈과 좌우명은요~〉에는 한 칸씩 모두 아이가 참여해서 자기 꿈과 그 꿈을 상징하는 그림을 그렸다. 같은 주제로 모두가 참여한 그림은 의미가 있다. 자기 손으로 그려서 하나하나 소중하다. 여럿이 함께 한 자리가 따뜻하다. 좋은 문집은 이런 과정에 모두 즐겁게 참여하여 만든 것이다. 소중한 경험이 고스란히 문집에 담긴다.

한 해 동안 가장 기억에 남는 장면을 각자 그림으로 그려서 모아도 재미있다. 한 사람당 세 칸을 주고 기억에 남는 장면을 그리게 한다. 중복된 내용이 나오기 때문에 세 가지 그림 가운데 중복이 안 된 그림을 한 가지씩만 뽑아서 모은다. 시간대별로 묶으면 반 전체 역사가 된다. 똑같은 사건이어도 다른 느낌과 감정, 이야기로 엮어진다.

5) 표지, 간지, 차례(찾아보기) 만들기

먼저 표지 그림은 반 아이들에게 공모를 해서 뽑는다. 아이들 그림 가운데 표지에 어울리는 개성 있는 특별한 그림을 찾아서 만들 수 있다. 표지로 쓸 만한 그림이 없다면, 아이들 각자 자신이 그린 그림으로 표지를 만들기도 한다. 아이들이 그린 그림을 다 모아서 문집 한 권씩 다르게 표지를 만드는 것이다. 문집 표지에 아이들 각자가 그린 서로 다른 그림이 들어가면, 그 문집의 표지는 자기만의 것이 된다. 문집에 자기 것이 많이 담겨야 아이들은 문집을 더 소중하게 여긴다.

앞표지에는 문집 이름, 연도, 학년, 반이 들어간다. 또 반 아이들 전체 사진이나 특별한 목록, 아이들 대표 작품, 그림 등이 담긴다.

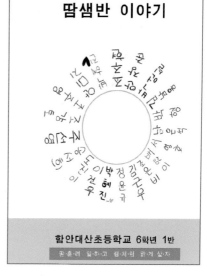

앞표지에는 문집 이름, 연도, 학년, 반이 들어간다.

뒤표지에는 만든 사람, 학년, 반, 자기 이름 쓰는 곳도 있다. 문집을 만든 날짜와 아이들 이름, 참여한 인원수와 같은 정보를 담는다.

뒤표지에는 만든 사람들의 이름과 만든 날짜를 넣는다.

문집이 나오면 각 권마다 아이들 이름을 직접 써 준다.

　자기 이름을 쓰는 곳을 만들어서, 문집을 만들고 난 뒤 직접 자기 손으로 이름을 쓰거나, 교사가 써 주기도 한다. 나는 문집이 나오면 마지막으로 아이들 이름을 하나하나 써 준다.

　간지에는 차례에 따른 제목과 앞으로 나올 내용에 대한 간단한 설명이 담긴다. 때로는 간지에 아이들 작품이나 기념사진을 싣기도 한다. 미술 작품, 설문 같은 것을 넣어서 잠깐 쉬어 간다는 의미를 두기도 한다. 어떤 때는 문집이 나온 뒤 직접 써서 기록할 수 있는 자리로 만들기도 한다.

땀 흘 려 일 하 고

차 례

샘 처 럼 맑 게 살 자

찾아보기

차례

찾아보기

차례(찾아보기)에는 제목 차례와 이름 차례가 있다. 제목 차례는 갈래별 글로 묶는다. 이름 차례(찾아보기)는 아이들 이름별로 쪽수를 써 놓았다. 한글 워드프로세서의 '찾아보기' 기능을 활용하면 자동으로 만들어 준다. 편리하다. 자기 글을 쉽게 찾아볼 수 있고, 편집하면서 아이들 글이 골고루 실렸는지 확인할 수도 있다. 손이 좀 많이 가지만 익숙해지면 빨라지고, 책 한 권 전체를 다루면서 쓰이는 특수한 기능을 다 활용할 수 있다.

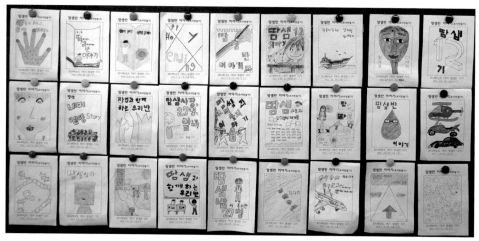

학급 문집 표지를 공모하여 한 작품을 뽑기도 하지만, 각자 자기 그림으로 자기만의 문집 표지를 만들 수도 있다.

06 학급 문집
만드는 차례

(1) 문집 읽기와 글쓰기 지도

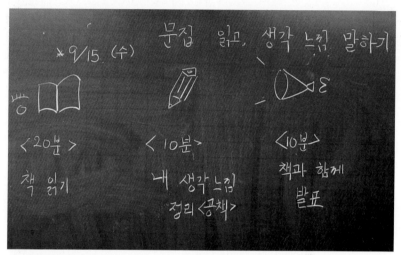

학급 문집을 만들려면 문집이 무엇인지 먼저 읽고 생각하게 하는 것이 중요하다.

학급 문집을 만드는 까닭은 앞에서도 이야기했다. 학급 문집을 만들어 본 아이들이 많지 않으면 막연히 하라는 대로 따르기만 할 수 있다. 문집이 무엇인지 모르고, 알아도 직접 만들어 본 경험이 없으면 왜 만드는지 이유도 알지 못한다. 따라서 문집을 만들기 전에 어떤 글이 실리고 써야 하는지 직접 문집을 보면서 느끼도록 한다.

문집을 만들 계획이 서면 학기 초 아이들에게 알린다. 왜 만드는지,

문집 읽는 시간을 가져서 문집에는 어떤 글들이 담기는지 살펴볼 기회를 갖는다.

어떤 점이 좋은지 이야기해 준다. 평소 공부하면서 쓴 글과 그림, 작품들을 잘 모아서 문집에 담는다고 일러 준다. 자기 삶이 드러나는 일기나 행사 글, 교과 활동 역시 담긴다고 알려 준다. 선배들의 문집을 자주 읽어 보면서 어떤 글을 담을 것인지 함께 감을 잡아 간다. 학급문고에 선배들이 만든 학급 문집을 늘 꽂아 두고 수업 시간에도 자주 활용한다.

그동안 아이들을 가르치면서 학급 문집을 열 번 정도 내고 나니 그 문집들만으로도 반 아이들 모두가 한 권씩 잡아서 읽을 정도가 되었다. 학급 문집을 몇 번 만들지 못했다면 다른 반 문집이나 아이들 글만 모아 둔 책을 찾아 읽히면 된다. 요즘은 학교 도서실에서도 빌려 읽을 수 있는 환경이 됐다.

학기 초나 중간에 선배들이 만든 학급 문집을 읽게 한다. 그러고 보면 학급 문집은 한 해 동안 어떤 학급 활동이 이루어졌는지 알 수 있는 역사책이기도 하다.

올바른 삶과 꿈을 정하는 목표도 좋지만, 이렇게 학습 결과물을 만든다는 목표도 하나 잡아 둔다. 삶을 가꾸는 그 모습 그대로 담는 것이다. 고민과 걱정, 희망, 도전, 용기가 담긴 삶의 모습을 고스란히 담으면 오래 간직하고 싶은 추억이 된다. 모든 활동을 문집에 담는다는 목표를 세워 두면 앞으로 꾸릴 활동에 교사와 아이들 모두 진지함과 적극성이 높아진다.

(2) 내용 얼거리 짜기

먼저 문집에 어떤 내용을 담을 것인지 정한다. 전체 차례를 먼저 정한다. 어떤 글과 그림, 표지 그림, 간지를 만들 것인지 미리 계획한다.

학기 초에 문집 얼거리를 미리 짜기도 하지만, 학기 말에 모은 자료를 중심으로 정리하는 차원으로 짜기도 한다. 학급운영 계획을 세울 때 교과, 행사, 생활지도를 짜듯이 미리 학급 문집에 담을 내용을 정해서 전체 얼거리를 잡는다. 올해 아이들에게 어떤 부분이 더 필요하고 노력해야 하는지 다시 한 번 목표와 방향을 잡는다. 이렇게 잡아도 아이들의 특성과 성향에 따라서 방법과 내용이 조금씩 달라진다. 그래서 문집 내용도 해마다 조금씩 차이가 나지만 큰 흐름과 차례는 비슷하다.

학급살이에 따라 이벤트나 기획물이 생긴다. 프로젝트 학습, 교과 재구성, 학급 행사와 같은 학급만의 문화가 드러나는 활동은 학급 특색이 된다. 학급 문화가 드러나고 학급 문집에서 나름의 색깔이 드러난다. 환경, 생태, 연극, 신문, 논문과 같은 형태로 문집의 색깔이 짙게 나타나는 문집도 나오고 있다. 학기 말 설문지는 아이들에게 직접 질문할 내용을 신청 받아서 꾸린다.

(3) 글 모으기와 일 나누기

문집에 담을 글은 평소에 조금씩 모으거나 학기 말에 한꺼번에 모으는 방법이 있다. 학급일지, 아이들 일기 등은 평소에 꾸준히 기록하고 모은다.

일기는 문집에 담을 만한 글을 일기장에 표시(별표)해 두고, 동의를 얻어 학급 누리집에 직접 치게 해서 올린다. 올리면서 다시 고치고 자세히 쓸 수 있다. 이렇게 챙기면 아이들마다 서너 편은 나온다.

학교나 학급 행사 글도 아이들이 직접 다듬어 학급 누리집에 옮겨 담게 한다. 학교 누리집에 이렇게 각종 글을 모아 두면 나중에 쓸모가 많다. 또한 자기 글을 언제든지 고치거나 다듬을 수 있어 편리하다. 예전에는 원고를 모으고, 고치고, 그림 그리는 일을 나누어서 역할을 주기도 했지만, 요즘은 각자 스스로 해결하고 참여하게 한다.

(4) 편집하기

편집은 아무래도 교사의 손길이 많이 간다. 따로 편집부를 꾸릴 수도 있지만, 그렇게 해도 보통은 교사가 마무리를 하게 된다. 차례를 정하고 분량도 계산한 뒤 전체 쪽수를 뽑아 몇몇 아이에게 편중되지 않도록 한

학급 문집에 들어갈 글은 자기가 직접 뽑고, 고치기도 직접 한다.

다. 글이 모자란 아이들이 참여할 만한 활동을 주며 알맞게 채워 간다.

문집 제목, 표지 그림은 아이들에게 공모해서 모두가 참여할 기회를 준다. 문집 내는 사람, 내는 날짜, 차례, 학급 교훈 등이 빠지지 않았는지 살펴보고, 글 내용과 어울리는 조각 그림도 넣는다.

최종적으로 틀린 글, 머리말, 꼬리말 편집 등은 한 사람이 일관되게 해야 체계가 잡힌다. 워드프로세서의 고급 기능(머리말, 꼬리말, 제목 차례 표시, 색인, 스타일, 매크로)이 이런 작업에서 효과적으로 쓰인다. 물론 아이들 손 글씨로 만든 문집은 그럴 필요가 없다. 모두 손 글로 만든 문집이라도 아이들과 함께 가편집한 자료를 다시 한 번 살펴본다. 어차피 다른 친구들 글도 다 보게 되니까 서로 바꿔 가면서 틀린 부분이나 잘못된 부분을 서로 찾아보게 한다.

최종 인쇄 전에 틀린 글자, 잘못된 문장, 어법에 맞지 않는 부분을 찾아 고친다.

(5) 문집 인쇄

문집은 보통 인쇄소나 복사 집에 맡긴다. 학교에서 직접 복사하여 묶기도 한다. 인쇄소에 넘길 때 살펴야 할 부분이 있다. 편집할 때와 인쇄한 후 결과물의 글꼴이 서로 맞지 않을 때가 간혹 있다. 글자가 깨지거나 쪽수, 문단 글자 폭, 줄 간격이 어긋날 수도 있다. 최종 인쇄(복사) 전에 꼼꼼히 챙긴다.

화면만 보지 말고 직접 프린트한 결과물을 보고 최종 인쇄물을 확정한다. 아이들에게 자기가 나온 쪽수대로 나누어 주면서 다시 한 번 더 교정을 보도록 한다.

(6) 함께 읽기, 기념 촬영, 여백 활용

문집이 나오면 함께 읽는 시간을 잡는다. 여전히 틀린 글이나 잘못된 글이 나오기 마련이다. 그대로 두기도 하지만, 서로 읽어 가면서 함께 고치기도 한다.

문집을 들고 기념 촬영을 하거나 미리 찍어 둔 사진을 인화해 문집의 표지 다음 쪽에 붙여 주기도 한다. 그밖에 문집에 직접 쓰는 설문이나 친구들에게 하는 마지막 한 마디와 같은 글을 서로 남긴다. 인쇄해서 나

문집과 함께 마지막 기념사진을 현상해서 문집의 표지 다음 쪽에 붙인다.

온 문집은 다 똑같지만 이렇게 각각의 사진과 설문, 친구들이 남겨 주는 말이 달라서 각자 다른 문집이 된다.

앞서도 여러 번 말했지만 학급 문집은 한 해 동안 꾸준히 준비해야 한다.

단번에 글을 모아 만들려면 대부분 시간에 쫓기게 된다. 글을 모으는 것만으로도 힘겨워서 글을 고쳐 볼 겨를이 없다. 갑자기 하려니 평소 쓰지 않던 말, 꾸민 글이 나오기 쉽다. 그래서 평소 꾸준히 모으는 것이 중요하다. 문집의 효과와 가치는 글 고치기 과정을 거치면서 높아진다. 글을 쓰는 능력과 눈을 한껏 높일 수 있는 기회를 놓치지 않았으면 한다. 학급 문집 만드는 일이 학급문화와 학급살이의 꽃이 되었으면 한다.

삶과 교육을 바꾸는
맘에드림 출판사 교육 도서

나는 혁신학교에 간다

경태영 지음 / 값 14,000원

공교육을 바꾸겠다는 거대한 희망을 품고 시작된 '혁신학교'. 이 책은 일곱 개 혁신학교의 이야기를 담고 있다. 지금 우리 교육이 변화하는 생생한 현장의 모습과 아이들이 꿈을 키우고 행복하게 공부하는 희망의 터로 새롭게 자리매김하는 학교들을 이 책에서 만날 수 있다.

혁신학교란 무엇인가

김성천 지음 / 값 15,000원

교육공동체가 만들어내는 우리 시대 혁신학교 들여다보기. 혁신학교 전반에 관한 이야기를 다루고 있는 책으로, 공교육 안에서 혁신학교가 생기게 된 역사에서부터 혁신학교의 핵심 가치, 이론적 토대, 원리와 원칙, 성공적인 혁신학교의 모습을 보이고 있는 단위학교의 모습까지 담아냈다.

학부모가 알아야 할 혁신학교의 모든 것

김성천, 오재길 지음 / 값 15,000원

학부모들을 위한 혁신학교 지침서!
'혁신학교에서는 무엇을, 어떻게 가르치고 있는지, 교사·학생·학부모는 어떻게 만나서 대화하고 관계를 맺어 가는지, 어떤 교육 목표를 지향하고 있는지 등 이 책은 대한민국 학부모들의 궁금증에 친절하게 답을 한다.

덕양중학교 혁신학교 도전기

김삼진 외 지음 / 값 14,500원

이 책의 1부는 지난 4년 동안 덕양중학교가 시도한 혁신과 도전, 성장을 사실과 경험에 기반한 스토리텔링 방식의 성장기로 전개하고 있다. 그리고 2부는 지역사회와 협력하여 펼치고 있는 교육 프로그램, 배움의 공동체 수업 등을 현장 사례 중심의 교육적 에세이 형태로 담고 있다.

학교 바꾸기 그 후 12년

권새봄 외 지음 / 값 14,500원

MBC PD 수첩에 방영되어 화제가 되었던 남한산초등학교. 아이들이 모두 행복하고, 얼굴 표정이 밝은 아이들. 학교가는 것을 무엇보다 좋아하고, 방학을 싫어하는 아이들. 수업과 발표를 즐겼던 이 학교를 졸업한 아이들이 그 후 12년의 삶을 세상에 이야기한다.

교사는 수업으로 성장한다

박현숙 지음 / 값 12,000원

그동안 교사는 수업에서 아이들을 만나지 못해왔다. 관계와 만남이 없는 성장의 결손을 낳았다. 그리하여 우리 아이들과 교사들은 모두 참 아프고 외로웠다. 이 책에서는 교사, 학생, 학부모, 지역사회가 공동체로서 서로 관계를 맺을 때에만 배움은 즐거운 활동으로서 모두가 성장하는 삶의 일부가 될 수 있음을 보여준다.

교사와 학부모가 함께 읽는 주제 통합 수업

김정안 외 지음 / 값 15,000원

'서울형 혁신학교'로 지정된 7개 혁신학교들이 지난 1~2년 동안 운영한 주제 중심 통합 교육 과정과 수업 사례를 소개한 책이다. 이 학교들의 교육과정은 전국적으로 이루어지는 혁신학교들의 성과를 반영하였고, 자신의 지역사회의 실제 환경과 경험을 살려 실제 수업에 적용한 것이다.

혁신교육 미래를 말한다

서용선 외 지음 / 값 14,000원

혁신교육은 2009년 이후 공교육 되살리기의 새로운 희망이 되어왔다. 이러한 정책을 입안하고 추진하는 데 기여해왔던 6명의 교사 출신 연구자들이 혁신교육 발전에 필요한 정책 과제들을 모아 하나의 책으로 제시한다. 이 책은 교육철학, 교육과정, 교육행정과 학교 운영(거버넌스) 등에서 주요 이슈들을 정리하고 혁신교육의 성과와 과제가 무엇인가를 보여준다.

수업을 살리는 교육과정

서우철 외 지음 / 값 16,500원

최근 교육과정을 재구성하는 논의가 활발한 가운데, 이 책에서는 개별 교과목과 교과서의 형식에 얽매이지 않고 아이들의 발달을 고려하여 주제를 중심으로 교육과정을 재구성하여 통합적으로 운영하는 방법과 구체적인 실천 사례를 설명하고 있다. 이러한 과정은 같은 학년을 맡고 있는 교사들의 토론과 협력을 통해서 이루어진 것임을 이야기한다.

수업 딜레마

이규철 지음 / 값 14,000원

이 책을 관통하는 키워드는 '사람'이다. 저자의 노하우를 전수하는 것이 아니라, 수업 속에서 딜레마에 맞닥뜨려 고통 받고 있는 선생님들의 고민을 담고, 신념을 담고, 그것을 이겨내기 위한 한 분 한 분의 마음을 담고 있다. 이런 고민 속에 이 책을 집어 든 나를 귀하게 여기며 다시 한번 교사로 잘 살아보고 싶은 도전을 하게 한다.

좋은 엄마가 스마트폰을 이긴다

깨끗한미디어를위한교사운동 지음 / 값 13,500원

스마트폰에 대한 아이들의 집착은 대단하다. 스마트폰은 '재미있고 편리하다.' 그러나 스마트폰 때문에 아이들은 시간을 빼앗기고, 건강이 나빠지고, 대화가 사라지며, 공부와 휴식, 수면마저 방해를 받는다. 이 책은 이러한 사례들을 생생하게 소개하고 부모들에게 아이들의 스마트폰 사용에 어떻게 대응해야 하는지 대안을 제시한다.

엄선생의 학급운영 레시피

엄은남 지음 / 값 14,000원

34년 경력의 현직 교사가 쓴 학급운영의 생동감 넘치는 지침서. 초등학교에서 아이들은 문자와 숫자를 익히는 것보다 학교와 교실에서 낯설고 모험적인 사건을 겪으면서 더 많은 것을 배운다. 이 책은 초등학교에서 교과서 지식보다 더 중요한 역할을 하는 학교생활과 학급문화를 만드는 데 담임교사의 역할을 다룬다. 교사와 아이들이 서로 존중하고 신뢰하는 관계를 어떻게 만들어야 하는지 구체적인 경험과 사례로 설명해준다.

진짜 공부

김지수 외 지음 / 값 15,000원

혁신학교가 추구하는 '진짜 공부'와 '진짜 스펙'이 무엇인지 보여주는, 졸업생들의 생동감 넘치는 경험담. 12명의 졸업생들은 학교에서 탐방, 글쓰기, 독서, 발표, 토론, 연구, 동아리, 학생회 활동을 통해 자신들이 생각하지도 못한 진짜 공부를 경험했음을 보여준다. 이 책을 통해 수능시험이 아니라 정말로 청소년 스스로 하고 싶을 즐기면서 성장하는 것이 우리 사회에 필요한 것임을 새삼 느낄 수 있다.

수업 디자인

남경운, 서동석, 이경은 지음 / 값 15,000원

서울형 혁신학교의 대표적인 수업 혁신을 담은 이야기. 아이들이 서로 협력하면서 배우는 수업을 목표로 삼은 저자들은 범교과 수업모임을 통한 공동 수업설계를 대안으로 제시한다. 아이들은 교사의 설명을 통해 배우는 것이 아니라 서로 '옥신각신'하며 함께 문제에 도전할 때 수업에 몰입하고 배우게 된다. 이 책은 이러한 수업을 위해서 교사들이 교과를 넘어 어떻게 협력하고 수업을 연구해야 하는지 잘 보여준다.

아이들이 가진 생각의 힘

데보라 마이어 지음 / 정훈 옮김 / 값 15,000원

미국 공교육 개혁의 전설적 인물 데보라 마이어가 전하는 교육 개혁에 대한 경이롭고도 신선한 제언. 이 책은 학교 혁신의 생생한 기록을 통해 우리가 학교에서 무엇을 왜 가르치고 배워야 하는지에 대한 근원적인 성찰을 담고 있다. 아이들이 지성적으로 생각하는 마음의 습관을 배우는 것이 얼마나 중요하고 그것을 위해 학교가 무엇을 해야 하는지를 일깨워준다.

어! 교육과정 아하! 교육과정 재구성

박현숙 ·이경숙 지음 / 값 16,500원

교육과정 재구성을 고민하는 교사를 위한 현장 지침서. 이 책은 저자들이 학교 현장에서 교육과정 재구성이라는 화두를 고민하고, 실행한 사례들이 담겨져 있다. 책의 내용은 주제 통합 수업, 교과 통합 수업, 범교과 주제 학습, 교과 체험 학습, 프로젝트 수업 등 학교 현장에서 적용해 큰 성과를 본 것들을 세밀하게 소개하면서 교육과정 재구성작업의 노하우를 펼쳐보인다.

행복한 나는 혁신학교 학부모입니다

서울형혁신학교학부모네트워크 지음 / 값 16,000원

이 책은 학부모가 자신의 눈높이에서 일러 주는 아이들의 혁신학교 적응기일 뿐만 아니라, 학부모 역시 학교를 통해 자신의 삶을 고양 시켜가는 부모 성장기라는 점에서 대한민국의 모든 학부모들에게 건네는 희망 보고서이기도 하다. 혁신학교가 궁금한 모든 학부모들이 이 책을 통해 혁신학교 학부모로서의 체험을 미리 하는 데 부족함이 없을 것이다.

일반고 리모델링 혁신고가 정답이다

김인호, 오안근 지음 / 값 15,000원

교육 환경이 열악한 지역에 있던, 서울의 한 일반계 고등학교가 혁신학교로 4년간 도전과 변화를 겪으면서 쌓은 진로, 진학의 비결을 우리 사회 모든 학생, 학부모, 교사, 시민 등에게 낱낱이 소개해주는 책. 이 책은 무엇보다 '혁신학교는 대학 입시에 도움이 안 된다.'는 세간의 편견을 말끔히 떨어 없앤다. 이 책에서 저자들은 '결과' 중심 교육과정을 '과정' 중심으로 바꾸고, 교내 대회와 동아리 활동, 봉사 활동을 장려함으로써 대학 진학에 놀라운 결과가 어떻게 이루어질 수 있었는지를 보여주고 있다.

우리가 신뢰하는 학교, 어떻게 만들 것인가?

데보라 마이어 지음 / 서용선 옮김 / 값 15,000원

이 책의 저자인 데보라 마이어는 보수와 진보를 막론하고 미국 공교육 개혁 분야에서 가장 신뢰받는 실천가이자 이론가로 평가받는다. 학교 안에서 '신뢰의 붕괴'를 오늘날 공교육이 직면한 가장 큰 도전으로 인식한다. 이 책의 원제 〈In Schools We Trust〉에서 나타나듯, 저자는 신뢰할 수 있는 공교육의 조건이 무엇인지 자신의 경험 속에서 제안하고, 탐색하고, 성찰한다.

교사, 어떻게 살아야 하는가

김성천외 지음 / 값 15,000원

오랫동안 교육현장에서 교육과 연구를 병행해 온 저자 5인이 쓴 '신규 교사를 위한 이 시대의 교사론'. 이 책은 학교 구성원과의 관계맺기부터 학교 현장에서 맞닥뜨리게 되는 여러가지 문제들과 극복 방법, 교육 개혁에 어떻게 주체로 설 수 있는지, 어떤 과정을 통해 개인의 성장을 도모해야 하는지 등 신규 교사의 궁금점에 대해 두루 답하고 있다.

리셋, 교육과정 재구성
서울신은초등학교 교육과정 연구회 모임 지음 / 값 16,000원

서울형 혁신학교인 서울신은초등학교 교사들이 1학년부터 6학년까지 모든 학년의 교육과정을 재구성하고 실천한 경험을 모두 담았다. 이 책에 소개된 혁신학교 4년의 경험은 진정한 학습이란 몸과 마음을 통해 경험함으로써, 생각이나 감정을 다른 사람과 주고받음으로써, 과거 경험을 새로운 지식으로 다시 생각함으로써 실현된다는 점을 잘 보여주고 있다.

다섯 빛깔 교육이야기
이상님 지음 / 값 16,000원

이 책은 충북 혁신학교(행복씨앗학교)인 청주 동화초등학교의 동화작가 출신 선생님의 한해살이 이야기를 놀이 교육, 생태 환경 교육, 생활 교육, 수업 이야기, 공동체 교육 등 다섯 가지 이야기로 구분하고 모았다. 여기에는 이오덕 선생의 "아이들의 삶을 가꾸는 교육"을 고민하던 저자가 동화초등학교 아이들을 만나면서 초등학생의 특성에 맞도록 활동 중심으로 교육과정을 재구성하는 한편, 표현 위주의 교육을 위한 생활 글쓰기 교육 실천이 바탕을 이루고 있다.

만들자, 학교협동조합
박주희 · 주수원 지음 / 값 14,500원

이 책은 학교협동조합이 무엇인지, 어떤 유형의 학교협동조합이 가능한지, 전국적으로 현재 학교협동조합의 추진 상황은 어떠한지, 국내외 사례를 통해 소개하고 안내하는 한편, 학교협동조합을 운영하는 원리와 구체적인 교육방법을 상세하게 풀어놓고 있다. 저자들이 책에서 풀어놓은 실천적 지침들을 따라가다 보면 학교협동조합은 더 이상 상상이 아니라 학교 구성원의 필요와 의지, 실천으로 극복할 수 있는 실현 가능한 미래라는 점을 알 게 된다.

땀샘 최진수의 초등 수업 백과
최진수 지음 / 값 21,000원

초등학교에서 20여 년간 아이들을 가르쳐온 저자가 초등학교 수업에 대해서 기록하고 연구하고 실천하며 쌓아온 경험을 바탕으로 초등학생들과 수업을 함께하는 방법을 담고 있다. 아이들의 학습 동기, 아이들이 수업에 참여하는 방법, 칠판과 공책을 사용하는 방법, 모둠 활동, 교과별 수업, 조사와 발표 등 초등학교 교사가 아이들을 가르칠 때 알아야 할 가장 기본적이면서도 가장 중요한 모든 것을 다루고 있다.

혁신 교육 내비게이터 곽노현입니다

곽노현 편저 · 해제 / 값 17,000원

서울시 18대 교육감이자 첫 번째 진보 교육감으로서 혁신 교육을 펼쳤던 곽노현은, 우리 사회 전반을 아우르는 주요 교육 현안들을 이 책에서 포괄적으로 다루고 있다. 2014년 3월부터 1년간 방송된 교육 전문 팟캐스트 '나비 프로젝트' 인터뷰에 출연한 전문가들과 나눈 대화와 그에 대한 성찰적 후기를 담고 있다. 이 책은 그야말로 우리가 '지금 알아야 할 최소한의 교육 이야기'를 포괄하고 있다.

무엇이 학교 혁신을 지속가능하게 하는가

권성호, 김현철, 유병규, 정진헌, 정훈 지음 / 값 14,500원

독일 '괴팅겐 통합학교', 미국 '센트럴파크이스트 중등학교', 한국 혁신학교의 사례들을 통해 성공적인 학교 혁신의 공통점을 찾아내고 그것을 지속가능하도록 만들기 위해서 필요한 것은 무엇인지를 보여준다. 독자들은 이 책에서 괴팅겐 통합학교의 볼프강 교장이 말한 것처럼 "좋은 학교"를 만들기 위한 학교 혁신에 세계적으로 보편적이라고 할 만한 공통점을 찾을 수 있다.

교과를 꽃 피게하는 독서 수업

시흥 혁신교육지구 중등 독서교육 연구회 지음 / 값 16,500원

이 책은 지난 5년 동안 진행된 혁신교육지구 사업의 일환으로 학교에서 고군분투하며 독서교육을 이끌어왔던 독서지도사들이 실천 경험을 엮어낸 것으로 청소년기 학생들에게 장래 진로, 사랑, 우정, 삶의 지혜를 찾는 데 도움을 주는 독서교육을 잘 보여주고 있다. 특히 이 책에 소개된 국어, 수학, 과학, 사회, 도덕, 미술, 역사 등 다양한 교과와 연계한 협력수업은 독서교육의 새로운 전망을 보여주는 결실이다.

혁신학교의 거의 모든 것

김성천, 서용선, 홍섭근 지음 / 값 15,000원

저자들은 이 책에서 혁신학교에 대한 100가지 질문에 답하면서 혁신학교의 역사, 배경, 현황, 평가와 전망을 구체적인 증거를 통해 설명하고 있다. 이 책에 서술된 혁신학교에 관한 100문 100답을 통하여 우리 사회에 필요한 교육은 무엇인지, 교사와 학생들이 더 즐겁게 가르치고 배우면서 성장할 수 있는 교육을 위해 필요한 것이 무엇인지, 그것을 위해서 우리 사회 시민 각자가 자신의 위치에서 무엇을 하면 좋은가를 더 깊이 생각해볼 기회를 얻을 것이다.

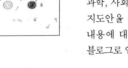

교실 속 비주얼씽킹

김해동 / 값 14,500원

이 책은 비주얼씽킹 기본기부터 시작하여 교과별 수업, 생활교육, 학급운영 등에 비주얼씽킹을 응용하는 방법을 설명하고 있다. 특히 교사들이 초등학교 1학년부터 고등학교 3학년까지 국어, 수학, 영어, 과학, 사회 등 모든 교과 수업에 비주얼씽킹을 활용할 수 있도록 수업지도안을 상세하면서도 간결하게 제시하고 있다. 또한 독자들이 책 내용에 대해 더욱 풍부한 이미지와 자료를 접할 수 있도록 저자의 블로그로 연결되는 QR코드를 담고 있다.

교육과정-수업-평가 어떻게 혁신할 것인가

이형빈 지음 / 값 15,500원

이 책은 교육과정 사회학자 번스타인(Basil Bernstein)이 제시한 '재맥락화(recontextualized)'의 관점에 따라 저자가 장기간에 걸쳐 일반학교 한 곳과 혁신학교 두 곳의 수업을 현장에서 면밀하게 관찰하고 심층 인터뷰와 설문조사를 통한 연구를 바탕으로 무기력과 불평등을 재생산하는 교실을 민주적이고 평등한 구조로 바꾸기 위해 교육과정-수업-평가를 어떻게 혁신해야 하는지 제안하는 내용을 담고 있다.

혁신학교 효과

한희정 지음 / 값 15,000원

이 책에서 혁신학교 효과를 살펴보기 위해서 저자는 혁신학교가 OECD DeSeCo 프로젝트에 제시된 '핵심 역량'을 가르치고 있는지, 학생·학부모·교사가 서로 배우는 교육 공동체를 이루고 있는지, 학생의 발달을 위한 다양한 교육과정을 운영하고 있는지, 교사의 자율성과 전문성을 강화하고 있는지, 자치적이고 민주적인 학교문화를 가지고 있는지, 지역사회와 협력하고 있는지를 다른 일반 학교와 비교하여 설명한다.

교실 속 생태 환경 이야기

김광철 지음 / 값 15,000원

아이들이 자연과 친해지고 즐길 수 있도록 교육하는 것은 쉬운 일이 아니다. 특히 도시 지역에서는 더욱 어렵다. 그래서 이 책은 도시 지역 학교에서도 쉽게 실천에 옮길 수 있는 다양한 생태·환경교육을 폭넓게 다루고 있다. 이 책에서 저자는 계절에 따라 할 수 있는 20가지 환경교육 프로그램을 제시하고, 그 방법, 순서, 재료 등을 상세히 설명해준다

이제는 깊이 읽기

양효준 지음 / 값 15,000원

교과서에는 수많은 예화와 발췌문이 들어가 있다. 이런 자료들은 교육부가 교육과정에서 요구하는 기준에 맞춰 어떤 이야기, 소설, 수필, 논픽션 등에서 일부만 가져온 토막글이다. 아이들은 교과서에 수록된 작품이나 이야기 전체를 읽지 못한 상태에서 단편적인 지문만 읽고 이해를 해야 하기 때문에 책을 읽으면서 생각하고 공감할 수 있는 기회와 흥미를 찾을 수 없게 된다. 이 책은 이러한 문제를 개선하기 위해서 한 권이라도 책 전체를 꾸준히 읽어가는 방법인 '깊이 읽기'를 대안으로 소개하고 있다.

인성의 기초가 되는 초등 인문학 수업

정철희 지음 / 값 15,500원

이 책은 아이들의 올바른 인성 교육을 위한 새로운 방법으로서 인문학 수업을 제시하고 있다. 이 책에서 설명되고 있는 인문학 수업은 교사가 신화, 문학, 영화, 그림, 역사적 인물의 일대기 등에서 이야기를 찾아 아이들에게 제시하고, 아이들이 그 이야기에 나오는 여러 문제와 인물 등에 대해 자신의 감정을 스스로 공책에 기록하고 일상의 경험과 비교하고 토의와 토론을 통해 자신의 생각을 발전시키는 수업이다.

수업, 놀이로 날개를 달다

박현숙, 이응희 지음 / 값 13,500원

이 책은 교육계에서 최근 가장 중요한 과제로 삼고 있는, OECD의 여덟 가지 핵심 역량(DeSeCo)에 따라 여러 놀이들을 분류해서 설명하고 있다. "놀이에 내재된 긴장의 요소는 사람의 심성, 용기, 지구력, 총명함, 공정함 등을 시험하는 수단이 되므로" 그것은 학생들의 역량을 키우는 수단이 된다. 이 책의 저자들은 수업이 놀이를 만났을 때 어떻게 핵심 역량이 강화되는지 이야기하고 있다.

더불어 읽기

한현미 지음 / 값 13,500원

이 책은 교사들이 학습공동체를 통해 교직의 전문성과 자율성을 새롭게 발견하며 성장하는 이야기를 다룬다. 우리 사회의 기존 교육 제도는 효율성이라는 명분으로 교사들을 통해 아이들에게 경쟁을 강요하면서 교사들 역시 서로 경쟁하도록 만드는 시스템을 가지고 있다. 이 책에서 저자는 이러한 비인격적인 제도와 환경 아래서 교사들이 교사로서 행복을 되찾기 위해서는 교사들 서로 협력하며 같이 배우면서 아이들과 함께 성장할 수 있어야 한다고 말한다.

독자 여러분의 소중한 원고를 기다립니다

맘에드림 출판사는 독자 여러분의 소중한 원고를 기다리고
있습니다. 원고가 있으신 분은 nurio1@naver.com으로
원고의 간단한 소개와 연락처를 보내주시면 빠른 시간에
검토하여 연락을 드리겠습니다.

발행일   2016년 7월 1일 초판 1쇄 발행

지은이   최진수

발행인   방득일

편 집   신윤철

디자인   강수경

마케팅   김지훈

발행처   맘에드림

주 소   서울시 도봉구 노해로 379 대성빌딩 902호

전 화   02-2269-0425

팩 스   02-2269-0426

e-mail   nurio1@naver.com

ISBN 978-89-97206-44-5 03370